U0113256

《法治推进下的数字经济规范发展》一书是国家社科基金后期资助项目"数字经济与竞争法治研究（19FFXB028）"和南开大学文科发展基金科学研究类青年项目"服务保障数字经济健康发展司法案例研究"的阶段性成果，同时受到2022年度南开大学数字经济交叉科学中心资助。

互联网法治文丛

法治推进下的
数字经济
规范发展

THE NORMATIVE DEVELOPMENT OF
DIGITAL ECONOMY
ADVANCED BY RULE OF LAW

陈 兵 著

社会科学文献出版社
SOCIAL SCIENCES ACADEMIC PRESS (CHINA)

目　录

自序

以法治促进数字经济规范发展

当前，全球经济发展出现严峻挑战，各国都面临巨大考验。自2020年新冠肺炎疫情突然发生以来，经济停滞与衰退的阴影就笼罩在每个国家的头顶。直至2022年受新冠肺炎疫情与国际形势的影响，石油、天然气、粮食等重要战略和民生资源的价格都在不同程度上涨，国内外经济贸易的发展都经历了不同程度调整，全球产业链、供应链、价值链也都受到系统性影响。就业与民生、安全与稳定、生态与环境、发展与竞争等人类社会普遍关注和关心的主题似乎都有些不如意。中国作为全球最大的发展中国家更需要凝神聚气、稳中求进、以我为主、沉着应对，寻找突破困境的路径与方法。

压力催生动力。中国克服重重困难，坚持全国一盘棋的战略，抵御疫情风险以及外来影响因素，更因势利导发展数字经济，促进中国经济持续复苏，为经济高质量发展奠定基础。特别是疫情期间，数字经济已逐渐渗入人民的生活，成为发展的支柱性产业。无论是居民医疗、餐饮服务、民众就业、学生教育，还是疫情防控、社会治理，都有数字经济的身影。数字经济已然成为关涉国家经济与社会发展、基层社会治理、企业生产经营、民众生活就业的基础业态和关键设施，对各行各业方方面面都有着极深的影响。

当前，以数据和算法为要素、以信息通信技术为基础、以数字平台企业为生产组织结构的数字经济，如零工经济、无接触经济、直播经济、智能经济等新经济业态和模式，在高速发展、创造极大的社会财富、增加社会就业的同时，也引发了由于其野蛮生长，特别是在资本无序扩张加持下带来的诸多经济纠纷与社会治理问题，亟待在法治的框架下予以矫正和规范。当然，规范数字经济是为了让其持续健康发展，规范是手段，发展是目的，切不可因噎废食，这就对我国数字经济监管工作提出了更高要求，需要将数字经济发展过程中不断出现的各种新业态、新模式、新行为及新要素的监管与治理放在市场化、法治化、国际化的框架和背景下科学审慎地展开，在科学规范、公平有序的基调下推动数字经济规范发展。

2022年1月12日，《国务院关于印发"十四五"数字经济发展规划的通知》，明确了"十四五"时期推动数字经济健康发展的指导思想、基本原则、发展目标、重点任务和保障措施。可见，数字经济的发展已成为我国经济发展新阶段的重要组成部分，是推进经济由高速发展转向高质量发展的动力引擎和变速器，其中规范发展更是实现我国由数字经济大国迈向数字经济强国的必由之路。

一 法治为数字经济规范发展定方指向

法是治国之纲维，法是国之重器。法治必然也必须成为指导、规范及规制国家经济社会各方面的重要依据，尤其是在面对历史境遇之际，法治对秩序稳定、经济发展、国家安全、人民幸福的意义比以往任何时候都更加重要，法治必须作为总览全局的关键抓手和实践基础。

数字经济作为新经济业态和高科技创新产业，其发展离不开科技创新、资本合作、组织重构、模式创建、政策支持、法治规范等诸多要素的合力推进，是典型的全要素经济发展，由此对数字经济发展内涵的解读与规范问题的应对，需要从多维度、多学科、多场景展开。其中，强技术性和高创新性是数字经济发展的典型特征，如数据经济依托互联网、大数据、云计算、人工智能、区块链等技术加速创新，已成为数字经济在全球范围内进一步发展升级的关键。由此观之，数字经济的发展必须立足"高与新"，不仅是技术的高新，还应包括产业、制度、模式等方面的高新，这就需要依靠法治为数字经济发展中的"高与新"筑牢底线、划出红线、设置高压线，保障数字经济在安全明确的环境下健康发展。

值得注意的是，自 2015 年我国提出"互联网＋"行动计划以来，直至 2020 年底，其间以"互联网＋"形态为代表的数字平台经济得到飞速增长，在一定程度上与我国政府秉持的包容审慎的监管政策与措施密不可分，但同时也存在一些运行风险，监管领域也出现了一些机制不适应的问题。2020 年 11 月，资本无序扩张在互联网金融领域的极限风险值的出现，引发了行业监管机构和市场监管部门的一系列专项治理行为。这些行为虽然取得了一些成绩，但是也影响了短期内市场主体的信心和投资者对市场未来的预期。为此，2022 年 4~6 月，中共中央政治局、全国政协、中央全面深化改革委员会以及全国人大常务委员会等通过会议、集体学习、专题研讨、审读立法等形式讨论了数字经济规范发展问题。特别是在 2022 年 6 月 24 日，十三届全国人大常委会第三十五次会议通过了《反垄断法（修正草案）》，该修订后的《反垄断法》于 2022 年 8 月 1 日起正式施行，其中对平台经济领域关键要素的反垄断规制引起大家的广泛关注，及时有效地回应了当前社会各界的普遍关切，同时也为下一步针对平台经济展开精细化有效性的监管提供了法律依据。

至此，经由 2020 年底以来的强化反垄断与防止资本无序扩张的中央经济工作会议要求，至 2021 年 2 月 7 日《国务院反垄断委员会关于平台经济领域的反垄断指南》出台，至 2022 年 6 月 24 日《中华人民共和国反垄断法（修正草案）》二次审议通过，其间还经历了中央和地方各部门、机构及地方政府针对数字经济规范发展所做的密集性的政策制定及实施，规范性文件征求意见稿的发布、修正及通过等，我国基本上通过市场化、法治化的方式，初步建立起了数字经济规范发展的制度框架、行动指南及规范守则。虽然还存在制度规范、监管机构、原则、方法上的协调与协同问题，但是总体上已经有效地遏制住了数字经济野蛮增长与资本无序扩张的现实危害与潜在风险，守住了系统性金融风险的底线，也为安全发展筑牢了制度基石。从这个意义上讲，我国数字经济规范发展的基础和预期是好的，为下一步数字经济高质量创新发展奠定了基础、指明了方向。

事实上，自党的十八大以来，习近平总书记就对我国数字经济发展做出了一系列重要论述、重大部署，指引我国数字经济发展取得了显著成就，为经济社会健康发展提供了强大动力，为数字经济长远化发展和传统经济形态创造性转型奠定了基础、廓清了目标。

"十三五"以来，我国就深入发展数字经济战略，不断完善数字基础设施，加快培育新业态，加快推进数字产业化和产业数字化。党的十九届五中全会通过的《中共中央关于制定国民经济和社会发展第十四个五年规划和二〇三五年远景目标的建议》，明确提出要"加快数字化发展"，并对此做出了系统部署：发展数字经济，推进数字产业化和产业数字化，推动数字经济和实体经济深度融合，打造具有国际竞争力的数字产业集群。

十三届全国人大四次会议通过的《中华人民共和国国民经济和社会发展第十四个五年规划和 2035 年远景目标纲要》进一步提出要"加快数字化发展 建设数字中国",在"十四五"期间要迎接数字时代,激活数据要素潜能,推进网络强国建设,加快建设数字经济、数字社会、数字政府,以数字化转型整体驱动生产方式、生活方式和治理方式变革。2022 年 1 月,国务院印发《"十四五"数字经济发展规划》,也为数字经济发展做出了更为细致的国家级战略部署,提出要保障数字经济安全、激活数字经济国际合作等具体发展思路和深层发展规划。与此同时,各项法律法规同步做好制定、修订及实施工作,在充分理解和贯彻落实党和国家有关数字经济发展的战略部署、统筹安全与发展的前提下,锚定数字经济深度融合的长期目标不动摇,依法科学治数,有效释放制度激励和制度规范的价值,推动数字经济规范发展,以实现更高水平的数字经济创新发展。

二 法治为数字经济规范发展保驾护航

数字经济的发展并不是一帆风顺的,其在全球范围内都遇到了来自社会各层面的挑战。美国新布兰代斯主义的回潮,对 GAFA [Google 谷歌、Apple 苹果、Facebook 脸书(现为 Meta 元宇宙)、Amazon 亚马逊]几大数字科技巨头的反垄断挑战,还涉及数据安全监管等其他有关可持续发展的关注;欧盟自 2018 年 GDPR(General Data Protection Rule,通用数据保护条例)正式施行以来,更加严格地加强了对数字科技巨头的监管,随后 2019 年 2 月德国联邦卡特尔局就脸书滥用市场支配地位行为做出了行政处罚,由此在全球范围内掀起了对数字科技巨头的反垄断调查和处罚,中美两国也加入其中。一时间,以平台经济为典型代表的数字经济在全球范围的发展都遇到了极大挑战。如何安全合规且高效创新地激励数字经济持续健康发展成为全球共同面对的问题。我国在这方面做了卓有成效的努力，获得了国际社会的普遍关注，逐步建立健全促进数字经济规范发展的系统性、立体化的法律体系，不断改进和完善相关监管机制、原则、规则及方式方法。

当然，这一过程仍然存在一些不足，一方面是由于数字经济作为一种新业态、新模式、新产业、新技术的融合存在，还有诸多看不清、看不明之处，需要假以时日细细观察，这就导致现有的法治思维和法治方法应用在数字经济治理初期时，难免显得有些供给不足。另一方面也由于数字经济所具有的规模经济效应、聚合叠加效应、不特定扩散效应、交叉网络效应、多行多市竞争效应等致使现有的监管机制及其相关部门在定位功能、释放作用时，往往会出现"叠床架屋""多头监管"的情况，可能出现瞬时间急中生乱。为此，更需坚持运用法治思维和法治方式，依法科学治理，从法治的安定性、可预期性、可操作性的维度立足当下、着眼长远，围绕数字经济规范发展中的基础问题、关键问题构设系统规则，丰富治理工具，提高监管能力。

首先，建立健全数字经济领域的相关立法，注重立法的科学性、系统性及整体性，为规范数字经济发展提供治理依据。近年来，无论是《民法典》的制定与施行，还是《网络安全法》《电子商务法》《数据安全法》《个人信息保护法》《反垄断法》等专项法律的出台、修正及实施，都在法律层面为数字经济规范发展搭建了基本的规则框架，使得数字经济领域的各项治理活动有法可依、依法而治。同时，也需要关注到随着数字经济发展的逐步深入，所呈现出的问题亦愈发复杂，对其治理能力和工具的要求越来越高，相应规则的设计与完善也向更深层次发展，诸如《关于平台经济领域的反垄断指南》《互联网信息服务算法推荐管理规定》《移动互联网应用程序信息服务管理规定》《互联网平台分类分级指南（征求意见稿）》

《互联网平台落实主体责任指南（征求意见稿）》《网络数据安全管理条例（征求意见稿）》等，都努力回应数字经济发展中不断涌现的行为规制问题、结构调整问题及要素治理问题，加强数字经济治理进一步走深走实，实现治理行为的精准化与有效性，着力推动数字经济发展的市场化、法治化及国际化。

其次，对数字经济发展中暴露出来的问题需依法及时跟进，采取有效措施，从规则的细化与更新上下功夫，保障制度有效供给，同时做好规则的解释适用工作，将法治从纸面落到每一个具体案件。其中的挑战与困难主要表现在以下三个方面。

（1）基于传统经济领域的竞争政策与法律在面临数字经济领域新型竞争行为挑战时显得力不从心。诸如强制"二选一""数据垄断""大数据杀熟""自我优待"等行为，虽然从行为外观上，在传统经济领域早已有之且不难识别，但是在数字经济下经营者利用数据与算法、技术及平台规则来实施这类行为时，为执法机关和司法机构如何适用现行法律法规予以规制带来了挑战。简言之，在数字经济下即便是传统经济领域的垄断行为、不正当竞争行为、不公正交易行为等，基于新业态、新模式、新技术等因素的包裹、渗入及变形，其违法性的识别及相关证据的收集、储存、认定都面临困难，特别是相关证据之间可形成完整的证据链，且能具有现行法律所规定的证明力的证据标准时受到的挑战就更大。从根本上讲其背后是科技对法律的挑战，体现的是法律制定与实施如何回应的问题。

（2）当前尚缺乏促进数字经济发展的中央层面的综合性立法。立法层次不高、立法体例较为分散、立法原则性表述偏多，相关规范性文件的制定与实施仍然存在各自为政、部门驱动的状态，无法为数字经济各参与主体提供充分有效的行为指引、义务规范、及时保护及系统救济，立法的整体质量有待提升。为此，亟待从中央层面统筹制定体现数字经济特征的基本法，系统规范数字经济发展中的基本问题和关键问题，以数字经济运行特征和关键要素为抓手，做好立法协调、主体协同及权能协作，以科学细致的制度安排促进精准有效的监管实施。

（3）围绕数字经济运行的核心要素，做好规范数据和算法的制度设计及实施。数据和算法是数字经济有效运行的核心原料和底层逻辑，故全球范围内关于数字经济监管的部门和机构基本上会围绕数据治理、算法规制等方面展开制度设计并实施监管，这一点在美国和欧盟的相关立法、典型案例中都有体现。我国对数字经济发展中的数据与算法的基本立法、具体规则及规制方法还有待进一步完善，特别是对数据、算法分类分级的具体规则以及不同场景下数据、算法所关涉的多元主体间权益、责任的分配与承担上还缺乏具体操作规则。为此，有必要进一步精细化数字经济发展中的规则设计，以科学先进的制度规则来支撑数字经济持续健康发展。

最后，立基法治、遵循法治改革现行市场经济监管体制机制，为数字经济规范发展提供相应的法治化监管体系，实现良法善治。自党的十八大以来，针对数字经济的快速发展，优化、升级、完善现有市场经济监管体制机制，补短板、升格局、扩工具、强能力成为应对数字经济规范发展所需的市场经济监管体制机制改革的方向和目标。例如，以中央网信办作为国家网络安全、数据信息安全的主管部门在 2021 年先后牵头制定了《数据安全法》《个人信息保护法》，2021 年底国家反垄断局挂牌成立，2022 年初国家发展改革委等 9 部门发布了《关于推动平台经济规范健康持续发展的若干意见》等，都为数字经济规范发展提供了坚实且清晰的监管基础。

值得注意的是，随着数字经济向纵深发展，数字数据技术和信息通信技术进一步融合创新使数字经济的发生场景越来越广泛，在此基础上推动数字经济全场景、全周期、全覆盖地向数字社会迈进，形成了具有跨域链接与全时共在、行动自主与深入互动、职能操控与高效协作等特征的数字经济与数字社会协同发展，数字经济与数字社会下的多元共治成为必然趋势。这一点在《"十四五"数字经济发展规划》中也有提及，要强化跨部门、跨层级、跨区域协调监管，明确监管范围和统一原则，合理划分权责边界。强化事前事中事后全链条监管，完善协同会商机制。在这一过程中，如何强化协同监管，建立和发挥多部门、跨地区联席联动机制，做好部门和地区间的"互联互通互认"，提高监管效能，其核心即在于依法依规监管，通过法治建立和夯实多主体、多部门、跨地区协同监管的最大公约数和最小化原则。

三 数字经济发展推动法治能力建设

产业数字化与数字产业化共同构成了数字经济发展的目标，在这一目标实现的过程中，各类要素的数字化和数字化的要素都将也必将对法治产生深刻甚至颠覆式的影响。与此同时，将各类数字化要素与要素数字化形态运用到法治建设与完善中，必将有助于法治资源的挖掘、配置及使用效率的提升。正所谓，依法治数，以数链法，数法结合，提质增效。

首先，数字经济作为一种新经济形态，其核心要素的强科技特征与高创新性有别于传统经济形态。因此监管部门对数字经济进行治理时，需要依法提升数字化水平，提高认识数字经济下市场主体竞争行为的能力，即数字经济发展促进依法治数能力的提升。如"数据""算法""API端口""直链""互操作""深度学习"等概念，只有监管部门真正厘清并掌握其内涵，才能有针对性地对其提出相应的规制要求，区分哪些是技术行为，哪些是市场行为，哪些是客观结果，哪些是主观动机，并在此基础上做出具体判断，实现精准化有效性监管，以高水平监管促高质量发展。这不仅能够提升监管部门法治化监管能力，促使相应的法理依据与法制体系与时俱进，而且能通过科学合法有效的监管保障促进数字经济健康可持续发展，两者相互促进、共同发展。

其次，产业数字化与数字产业化的融合发展必然会使得整个司法运行过程的数字化升级，提高法院系统应对数字经济纠纷裁判的能力与效率，推动司法数字化与智慧司法不断走向数智司法的融合。从 2016 年 9 月 27 日中国庭审公开网开通，同年 11 月 11 日，最高人民法院联合中国电子科技集团公司等单位共同成立"天平司法大数据有限公司"作为智慧法院建设的研究中心，到 2017 年 8 月 18 日杭州互联网法院、2018 年 7 月 6 日广州互联网法院、2018 年 9 月 9 日北京互联网法院先后正式挂牌成立，再到 2021 年 8 月 1 日《人民法院在线诉讼规则》正式施行，司法数字化和智慧司法的建设逐步走深走实。

与此同时，国内不少法学院校也积极投入司法大数据、智慧司法学科的建设与研究。如吉林大学在 2015 年 10 月 15 日成立了国内首家由法院与高校共同建立的司法数据应用研究中心，在全国司法数据应用研究领域具有重要影响；随后不少高校和科研院所也联合司法实务部门设立相关研究机构，共同推动了智慧司法、司法数据化理论与实践的发展。上述案例充分展现了硬件提升、制度支撑以及理论研究多维度共同发展的过程，其不仅提高了数字经济领域的纠纷解决效率，更让整个司法系统的工作效率上升了一个台阶。

最后，如前所述，数字经济已然存在于市场经济运行的各类场景，其影响不局限于市场经济领域，而是全面覆盖到社会生活的方方面面。数字经济已经从生产经营和日常生活的一个场景，成为经济社会发展的整个背景。由此可见，数字经济发展对法治的影响已从早期的解决合同纠纷、竞争纠纷、劳动（务）纠纷等扩展延伸至社会治理的各方面，例如数据安全、算法正义等，在这一要求下法治建设及实践必须进行系统性、整体性的升级与革新，朝着数智化、精准化、科技化方向发展，融入更多的科技元素，提高法治本身的质量。

正所谓，法治是最好的营商环境。法治不仅可以通过事前事中事后的全周期模式来预防和治理数字经济发展中存在的或不断涌现的各种违法违规的行为，还可以通过法治运行来激励和促进数字经济的创新发展。在人类历史上，制度昌明、社会稳定的时期，其经济生产和社会生活也是丰富且有序的。高质量的制度可以给社会成员一种稳定的可信赖的预期和信心，激励社会成员有序生产和生活，其重要性不言而喻。虽然马克思主义经典作家将制度（法治）作为上层建筑，是对同时期经济生产的一种记录和反映，是反作用于经济基础而存在的形式，但是随着社会发展、社会结构和组织形态不断演变，制度（法治）本身则也作为社会经济生产力的一个组成部分，这种情形在数字经济背景下尤为明显。例如，广义上平台规则（制度）的准公共立法，其与传统意义上的国家立法在数字经济的现实运行中都发挥着指引、规制、约束平台经济领域诸多参与者的作用，甚至有些平台规则本身就构成了平台竞争的优势。如 2022 年 6 月 24 日，全国人大常务委员会二次审议通过的《反垄断法（修正草案）》，明确将"平台规则"作为数字经济下经营者经营行为所使用的要素与"数据和算法、技术、资本"等并列，由此可见，如推展开来，规则、制度、法治等传统上层建筑的要素，在数字经济下组成新经济生产与消费的要素——传统经济活动的四个环节（生产、分配、交换、消费）在数字经济下已经被极大地缩简为生产与消费两大环节，产消者①的概念已然兴起——是数字经济中社会生产力的组成部分和表现形式之一。

---

① 有关数字经济时代"产消者"（prosumer）概念的具体论述，请参见陈兵《人工智能场景下消费者保护理路反思与重构》，《上海财经大学学报》2019 年第 4 期，第 140~151 页。

四 数字经济发展呼吁法治全球化协作

全球数字经济时代的到来，给人类生产生活带来了极大便利，包括但不限于经济高速增长给人类生活带来的富足和幸福，充分应用数字技术和信息通信技术给人类生活带来的便捷和快乐，各类公共服务在数字化作用下精细化和有效性得到极大提升，人类可用可享的服务类型愈来愈多。但与此同时，人类社会及其基本制度也正在面临着数字经济高速发展带来的前所未有的挑战，从治理理念、组织结构、原则规则、方式方法等方面都需要与数字相结合，做出相应的调整。

当前，数字经济的运行已然从经济领域扩展至全球治理的融合场景，法治作为现代文明社会的基本治理模式需要运行在数字治理这样一个底层操作系统之上，且这个系统本质上有着跨越国（边）境的能力和需求。如，在全球数字主权公共政策制定和治理领域，无论是欧盟、美国、英国抑或中国、印度、日本等，都面临着数据跨境流动的治理与协作问题，数据主权和数据治权的关系有待深入研究[1]。

鉴于此，在积极探索和建设具有中国特色的社会主义法治体系以回应数字经济在全球的高速发展之际，除关注数字经济所具有的强技术特征外，还需要从数字经济的基本要素，包括数据、算法、（平台）规则等的社会属性出发，关注其在全球范围内的不同认知基础和运行价值理论，做好国内规则与国家规则的有效衔接，概言之，数字经济健康持续的发展必须建立在全球法治协作的基础上。

当前，坚持"以我为主"统筹安全与发展，推动全球命运共同体建

---

[1] 有关数据跨境流动治理中数据主权与治权的分析，参见陈兵、徐文《数据跨境流动的治理体系构建》，《中国特色社会主义研究》2021年第4期。

设，应对全球数字经济运行带来的挑战与机遇，需要在法治上下功夫。法治是可以传承文化、回应现实、沟通中西、弥合分歧的重要制度和保障，也是坚持中华民族道路自信、理论自信、制度自信、文化自信的集中体现。中国数字经济时代的法治探索与建设，必将成为全球数字经济社会治理不可或缺的内容和形态。

第一编

数字经济发展推动竞争政策调整

构筑数字经济发展新格局
着力公平有序高质量发展

　　2022 年 1 月 12 日，国务院印发《"十四五"数字经济发展规划》（简称《规划》），《规划》的出台立足新发展阶段，贯彻新发展理念，顺应并应对新发展格局下的新形势与新挑战，把握数字化发展的新机遇，明确了我国数字经济健康发展的指导思想、基本原则、发展目标、重点任务和保障措施，有助于推动我国数字经济健康有序发展。

　　随着互联网信息技术和数字数据技术的发展，数字经济成为继农业经济、工业经济之后的主要经济形态，数据也已成为一种重要的新型生产要素。2020 年，我国数字经济的核心产业增加值占国内生产总值（GDP）的比重达到 7.8%，数字经济为经济社会持续健康发展提供了强大动力。

　　数字经济发展速度之快、辐射范围之广、影响程度之深前所未有，正推动生产方式、生活方式和治理方式发生深刻变革，成为重组全球要素资源、重塑全球经济结构、改变全球竞争格局的关键力量。

《规划》指出，发展数字经济是把握新一轮科技革命和产业变革新机遇的战略选择。数字经济是数字时代国家综合实力的重要体现，是构建现代化经济体系的重要引擎。当前，数字经济也是世界主要国家高度重视和发展的经济形态，各国纷纷出台战略规划，采取各种举措打造竞争新优势。

《规划》的出台不仅为我国数字经济产业发展提供了具体指引，同时在竞争政策、发展与安全、监管方式与方法等方面做出了调整和细化，将有助于推动数字经济更好地实现健康有序发展，为数字经济的全球竞争打造竞争新优势。

促进数字经济公平竞争、安全有序发展

《规划》强调，要坚持公平竞争、安全有序。突出竞争政策基础地位，坚持促进发展和监管规范并重，健全完善协同监管规则制度，强化反垄断，防止资本无序扩张，推动平台经济规范持续健康发展，建立健全适应数字经济发展的市场监管、宏观调控、政策法规体系，牢牢守住安全底线。

近年来，虽然我国数字经济发展速度飞快，但在发展过程中，不乏出现平台企业滥用数据优势，实施垄断行为或不正当竞争行为，威胁市场公平及竞争秩序等问题；亦有企业为谋取私利，过度采集用户数据甚至国家数据，对个人隐私安全、国家安全产生严重威胁。

可见，随着数字经济竞争新模式和新行为不断涌现，公平竞争所涉及的利益维度也在不断扩大，不仅涉及企业之间的商业竞争利益，同时还会涉及个人用户隐私安全以及国家核心数据和重点行业、地区等重要数据安全等维度。

因此，《规划》将公平竞争与安全有序并列，实际上也是对竞争政策内涵和辐射范围的适时适度的"扩维"。理论上，竞争政策是政府用于决定市场竞争机制运作条件的一系列方法和制度工具。这意味着竞争政策不仅包括《反垄断法》和《反不正当竞争法》，还包括一系列与竞争相关的法律和政策。

《规划》为应对新经济发展的形势，一方面强调竞争政策，为市场公平竞争秩序提供保障，促进数字经济发展。另一方面，强调在发展的同时也需要坚守安全底线，避免因竞争而威胁到国家安全以及个人安全。

若要促使竞争政策在保障竞争的同时兼顾安全底线，就需要运用竞争与安全相关的法律政策进行协同。对此，《规划》也着重对安全问题制定了具体方案，提出要确保重要系统和设施安全有序运行，加强网络安全基础设施建设，强化跨领域网络安全信息共享和工作协同，健全网络安全应急事件预警通报机制，提升网络安全应急处置能力，开展常态化安全风险评估。

加快数据要素市场化流通

《规划》指出，数据要素是数字经济深化发展的核心引擎。数据对提高生产效率的乘数作用不断凸显，成为最具时代特征的生产要素。《规划》强调要充分释放数据要素价值、激活数据要素潜能，以数据流促进生产、分配、流通、消费各个环节高效贯通。

早在 2020 年 4 月发布的《中共中央　国务院关于构建更加完善的要素市场化配置体制机制的意见》中就已提出要"加快数据要素市场化"建设与发展，并将数据作为与土地、劳动力、资本、技术并列的生产要素。

2020 年 5 月，《中共中央　国务院关于新时代加快完善社会主义市场经济体制的意见》再次强调加快培育发展数据要素市场，建立数据资源清单管理机制，完善数据权限界定、开放共享、交易流通等标准和措施，发挥社会数据资源价值。推进数字政府建设，加强数据有序共享，依法保护个人信息。

然而，近年来数据要素的市场化配置仍然面临较大阻碍。一方面是源于数据要素的特殊性：数据不同于传统要素，数据具有非排他性、可复制性、瞬时性等特点，往往难以用建立于工业时代之上的物权制度对数据进行精准确权，至今尚未建立一套明确的数据确权规则。因此，数据在市场化配置过程中，往往会因为数据权属不明、权益分配不均而产生纠纷。另一方面，由于数据要素已成为企业之间竞争的关键要素，一些企业为排除、限制竞争，通过实施强制"二选一"、封锁屏蔽等行为构筑"数据壁垒"，也抑制了数据要素在市场内的有效流通。

为进一步优化数据要素的市场化配置，《规划》提出，要加快构建数据要素市场规则，培育市场主体，完善治理体系，促进数据要素市场流通。

对于如何实现数据要素市场化流通，《规划》将数据交易作为促进数据要素市场化流通的主要途径，明确提出加快构建数据要素市场规则，鼓励市场主体探索数据资产定价机制，规范数据交易管理等具体措施，以此回应当前数据资产定价不清、数据权利难以确认的困境，提出要鼓励市场主体探索数据资产定价机制，推动形成数据资产目录，逐步完善数据定价体系。

除数据交易制度的建立有助于数据要素的市场化流通外，《规划》还提出强化高质量数据要素供给，支持市场主体依法合规开展数据采集，聚焦数据的标注、清洗、脱敏、脱密、聚合、分析等环节，提升数据资源处理能力，也有助于提高市场中可进行流通的数据要素的数量和质量。

强化跨部门、跨层级、跨区域协同监管

《规划》对数字经济领域的治理体系提出了具体的完善方案，提出要探索建立与数字经济持续健康发展相适应的治理方式，制定更加灵活有效的政策措施，创新协同治理模式。

《规划》还强调要明晰主管部门、监管机构职责，强化跨部门、跨层级、跨区域协同监管，明确监管范围和规则，加强分工合作与协调配合。其中，"跨部门、跨层级、跨区域协同监管"对于提升数字经济领域的监管效能、形成监管合力尤为重要。

跨部门监管。由于数字经济领域涉及交通、金融、医疗等多个领域，在对其进行监管的过程中，通常需要协调不同监管部门之间的权限职责。然而，目前监管部门间的协调联席机制仍待完善，在一定程度上影响了数字经济领域的监管效能，因此，亟待完善多部门的会商制度，健全信息共享、共商共研、重点舆情联合应对等联动机制，建立跨部门的协同监管。

跨层级监管。当前，数字经济呈现出扁平化和去中心化的特征，而行政管理体系以科层制为主，因此，这种科层制监管治理体系在应对扁平化的数字经济时，可能会在治理过程中出现不协调的问题。因此，需要打通现行的科层制行政治理结构和权限之间存在的壁垒，建立监管部门间跨层级的协同。

跨区域监管。凭借互联网信息通信技术和数字数据技术的融合适用，数字经济的发展能无限制地突破地方行政区划的局限。对照当前存在的"条块分割"的治理模式，在实践中已经造成了数字经济发展难以回避的制度性"区域壁垒"的问题，不同地区的监管部门之间联动存在不同程度的障碍，难以有效形成监管合力。因此，需要加快转变以个案监管执法合作为主的协调机制向深层次制度连接方式转变，打破条块分割，建立跨区域监管执法联动响应和协作机制。

《规划》还提出，要加快建立全方位、多层次、立体化监管体系，实现事前事中事后全链条、全领域监管，这一点在 2021 年 12 月 17 日的中央全面深化改革委员会第二十三次会议上亦有强调。

与"跨部门、跨层级、跨区域协同监管"不同的是，全方位、多层次、立体化监管体系是全方面深层次的监管协同，不仅包括制度协同，还包括具体监管工具协同、监管部门协同以及监管模式协同。两者有机结合将更有助于形成有效的监管合力，切实管出公平、管出效率、管出创新、管出活力。

完善多元共治新格局

《规划》提出，要建立并完善政府、平台、企业、行业组织和社会公众多元参与、有效协同的数字经济治理新格局，形成治理合力，鼓励良性竞争，维护公平有效市场。《规划》所构筑的多元共治新格局主要包括以下四个层面。

一是政府层面。政府不仅需要强化对数字经济领域的监管，完善数字经济公平竞争监管制度，同时还需要加快健全公平竞争审查机制，尤其是要避免过度监管干预市场竞争，阻碍数字经济的正常发展。

二是企业层面。数字经济的发展离不开数字化企业的支撑，数字化企业尤其是平台企业的有序发展，也是数字经济实现高质量发展的关键。为此，不仅需要进一步明确平台企业主体责任和义务，同时还需要企业自身形成有效的自我约束，自觉遵守法律法规和行业规范，主动维护市场公平竞争秩序。

　　三是行业层面。数字经济涉及众多领域和行业，为监管带来较大压力。若能发挥行业组织牵头抓总、以点带面的作用，通过制定行业规范，维护市场公平竞争秩序，发挥行业正向自律管理职能，那么不仅能够保障行业实现高质量发展，也能有效纾解政府职能部门的监管压力。

　　四是社会公众层面。由于社会公众是数据要素的主要生产者，且数字化服务又是满足人民美好生活需要的重要途径。因此，若要使数据要素取之于民且造福于民，就需要让社会公众参与到平台经济的治理与监督之中。为此，需要畅通社会公众诉求表达、权益保障的渠道，充分开展社会监督、媒体监督、公众监督，以有效维护公众利益和社会稳定。

　　《规划》从发挥数据要素作用、健全数字经济治理体系、强化数字经济安全体系等多个方面，对"十四五"时期数字经济发展做出总体部署，有助于把握我国在数字经济发展过程中的重点与难点，更好应对数字经济发展过程中面临的挑战，进一步提高数字经济治理体系和治理能力现代化水平，为我国数字经济发展营造更为科学合理、规范有序的市场环境，推动我国数字经济不断做强做优做大。

　　（原文首发于《第一财经日报》2022 年 2 月 15 日 A11 版，收录时有调整）

新发展格局下公平竞争要旨与进路

2022 年中央经济工作会议，于 2021 年 12 月 8~10 日在北京举行，会议明确 2022 年的经济工作要稳字当头、稳中求进，并对宏观政策、微观政策、结构政策、科技政策、改革开放政策等政策提出了具体要求。会议指出，必须坚持高质量发展，坚持以经济建设为中心是党的基本路线的要求。这是此次中央经济工作会议的亮点与重点之一。

强调"坚持以经济建设为中心"，充分体现了党中央对当前经济发展面临三重压力的清醒认识和准确判断。经济的发展离不开市场，市场的运行必须以公平竞争秩序为基础和保障，失去了公平竞争的市场经济无从谈起。中央经济工作会议强调，要提振市场主体信心，深入推进公平竞争政策实施，加强反垄断和反不正当竞争，以公正监管保障公平竞争。

中央经济工作会议对公平竞争政策实施的强调，值得关注。在疫情冲击下，全球经济政治局势复杂多变，国际大循环受到严重影响，许多地方面临的经济发展压力较大。保障市场经济公平竞争，落实公平竞争审查制度，加强反垄断和反不正当竞争，营造公平的市场经济竞争环境，能更好地提振各类企业积极参与市场经济发展的信心和能力，做到以公正监管促公平竞争，以公平竞争促高质量经济发展。

基于此，从当前我国市场经济竞争治理法治现况和具体问题的角度，结合此次中央经济工作会议精神，保障和落实公平竞争可聚焦为以高水平创新推动高水平市场竞争、科学推进反垄断与反不正当竞争夯实公平竞争、落实公平竞争审查制度三个方面。

以高水平创新推动高水平市场竞争

此次中央经济工作会议，在微观政策领域提出"加强反垄断和反不正当竞争""强化知识产权保护"，充分体现了对"竞争与创新"两者一致性与互配性的准确定位和正确认识，即只有激励高水平创新才能更好实现高水平市场竞争，同时只有扎实市场公平竞争的底线，才能让各类企业诚实、踏实地做好研发创新。

当前，我国经济社会步入新发展阶段，创新显得重要且必要。高水平创新有助于市场主体，特别是能帮助那些具有头部优势地位的企业摆脱低水平竞争，推动市场公平竞争上层次、上水平。

同时，只有保障和维持高水平的市场竞争，特别是鼓励和支持那些具有颠覆性创新能力和可能的中小企业，保障它们的公平竞争机会和空间，才能释放更多更优的创新因素，让企业时刻处于创新的状态，与新进入的中小企业展开有效的公平竞争，这样有助于相关市场及相关领域内经济的高质量发展。

科学推进反垄断与反不正当竞争夯实公平竞争

中央经济工作会议明确提出加强反垄断和反不正当竞争，以公正监管保障公平竞争，与此同时，也强调"调整政策和推动改革要把握好时度效，坚持先立后破、稳扎稳打"。

加强反垄断和反不正当竞争，应起到提振市场主体信心、激发市场主体活力的作用，避免以不当执法，冲击市场主体的创新积极性，使市场丧失活力。这就对执法机构提出了科学执法的要求，同时也与鼓励创新相呼应。

特别是在数字经济时代，面对国内外经济发展形势，"扩内需保就业保民生"与互联网平台经济的健康发展密切相关，为互联网平台经济领域的市场公平竞争与公平交易建立科学适度合理的竞争治理法律机制显得非常重要。

目前，在互联网平台经济领域的竞争执法与司法过程中面临新问题，数据的安全保障与有效利用需要有机协调，平台企业的创新积极性需要得到切实保障，在竞争执法与司法过程中亟须对法律适用的方式方法进行相应的改革与创新，确保平台经济领域竞争治理的时效度，保障其在发展中规范、在规范中发展。

鉴于互联网平台经济领域跨界竞争特征明显，竞争关系的边界难以划清，此时在市场监管之外，由行业主管部门及时有效介入互联网行业平台，对企业竞争行为的合规治理监管也是很有必要的。

近期由工信部主导的平台互联互通，就是以行业内竞争治理来推动市场公平竞争秩序建设与维护的典型，可为消费者的权益实现以及中小企业创新发展提供保障，补充市场监管的不足，协力平台经济领域市场公平竞争秩序的建设和发展。

多年以来,平台屏蔽等行为屡屡发生,不仅损害竞争者利益,也给消费者造成不便。从行业监管角度,由行业主管部门及时予以行政指导,也符合互联网平台经济领域瞬息万变、动态竞争的特点。

在此基础上,行业监管与市场监管合力,可为互联网平台经济领域的竞争治理提供多元工具,有助于更好地实现对中小企业和广大消费者权益的保护,践行"以公平竞争促进共同富裕实现",在平台经济领域走深走实。

落实公平竞争审查制度

会议提出要促进多种所有制经济共同发展,优化民营经济发展环境,依法保护各类市场主体产权和合法权益,政策要一视同仁、平等对待。

公平竞争的市场环境、对外开放的经济政策,要求摒除地方保护、区域封锁和行业壁垒、企业垄断,以及杜绝违法给予优惠政策或减损市场主体利益等不符合建设全国统一市场和公平竞争的现象。

通过公平竞争审查制度的完善与落实,为各类企业发展营造公平竞争的市场环境。同时,对反垄断与反不正当竞争的科学合理推进,规范和矫正企业特别是优势企业的不公平竞争行为,建立和健全社会公平竞争的理念和行为规范,以公平竞争的市场化机制来激励企业的创新投入,促进市场经济的高质量发展,这些既是本次中央经济工作会议的具体要求,也是未来我国市场经济竞争治理的长期目标和行动方向。

(原文首发于《新京智库》App 2021 年 12 月 15 日,收录时有调整)

建设全国统一大市场需持续
推进公平竞争审查

2021 年 12 月 17 日，中央全面深化改革委员会第二十三次会议召开，审议通过了《关于加快建设全国统一大市场的意见》等政策。会议提到，构建新发展格局，迫切需要加快建设高效规范、公平竞争、充分开放的全国统一大市场，建立全国统一的市场制度规则，促进商品要素资源在更大范围内畅通流动。

加快建设全国统一大市场

公平竞争既是市场经济的基本原则，也是市场机制高效运行的重要基础。随着市场经济的不断发展，很多行业和地区的竞争日益充分，在这个阶段，建立全国统一开放、竞争有序的市场体系成为迫切需要。

当前，中国经济站在新周期起点，经济由高速增长阶段转向高质量发展阶段。促进公平竞争有助于提振市场主体信心，推动大中小企业形成良性互动的发展格局，激发各类市场主体的活力，优化营商环境，以科技创新引领高质量发展，为市场主体创新发展提供更强的动力。

由于地方保护、指定交易等行政性垄断现象的存在，使得区域间、行业间的商品、服务和要素的自由流动仍面临重重阻碍，这些也成为妨碍全国统一大市场建设的堵点和痛点。

自2016年7月起，国务院各部门、各省级人民政府及所属部门陆续启动公平竞争审查工作，现已取得一定成效。据统计，在全面落实公平竞争审查制度过程中，各级政府部门单位已审查新出台政策措施文件85.7万件，发现和纠正违反审查标准的4100件；清理存量政策措施189万件，修订废止妨碍全国统一市场和公平竞争的近3万件。

随着公平竞争审查制度实施的深入推进，目前暴露出审查覆盖面不全、审查规范性不高、审查结论准确性不强、审查工作力量不足、审查机制不完善等问题，需进一步深入推进并完善公平竞争审查制度的实施。

早在2021年12月8~10日召开的中央经济工作会议上就明确了"深入推进公平竞争政策实施，加强反垄断和反不正当竞争，以公正监管保障公平竞争"的政策导向，要求持续深入推进公平竞争审查。

中央全面深化改革委员会第二十三次会议强调，"不断提高政策的统一性、规则的一致性、执行的协同性，以统一大市场集聚资源、推动增长、激励创新、优化分工、促进竞争。要加快清理废除妨碍统一市场和公平竞争的各种规定和做法。"

公平竞争审查提振市场主体信心

公平竞争审查是政府有意识地对公权力干预市场经济的能力所采取

的内部控制机制。针对政策制定机关制定的市场准入、产业发展、招商引资、招标投标、政府采购、经营行为规范、资质标准等涉及市场主体经济活动的规章、规范性文件和其他政策措施进行公平竞争审查，评估政策、规范的制定对市场竞争的影响，以对行政机关实施排除、限制竞争行为，形成有效的预防性约束。

早在《国务院关于在市场体系建设中建立公平竞争审查制度的意见》（国发〔2016〕34号）中就明确公平竞争审查应按照"市场准入和退出标准""商品和要素自由流动标准""影响生产经营成本标准""影响生产经营行为标准"四项标准予以审查。

2021年7月，市场监管总局等部门联合发布了《公平竞争审查制度实施细则》（以下简称《细则》），在审查方式、审查标准、监督手段等方面进一步细化有关规定，以更高的质量、更大的力度推进公平竞争审查制度深入实施，对着力维护全国统一大市场和公平竞争具有重要意义。

具体而言，《细则》首先细化了前述四项标准，使公平竞争审查标准的可操作性更强；其次引入了第三方评估制度，一定程度上避免了行政机关自我审查的问题，使得公平竞争审查更具公正性；最后明确了竞争政策优先的基本原则，同时也列举了维护国家安全、扶贫救灾、环境保护等几种优于竞争政策的其他政策例外情况，体现了公平竞争政策的优先地位。

2021年10月，《反垄断法（修正草案）》提请全国人大常委会第三十一次会议审议，并向社会征求意见。其中第5条"国家建立健全公平竞争审查制度"，为公平竞争审查制度实施提供了明确的市场基本法依据。

公平竞争审查制度的目的正是要确立竞争政策的基础地位，确保政府制定出台与市场经济活动相关的政策措施，符合市场公平竞争的要求和相关上位法律法规的规范，包含了对市场竞争的公平性以及所涉及的相关市场竞争规则的合法性审查在内的全面性审查制度。通过公平竞争审查制度的走实走深，为各类市场主体营造公平竞争的统一大市场环境，提振市场主体发展信心和动能。

重点关注地区封锁等问题解决

整体市场地区封锁由来已久，地区保护长期盛行，不利于商品、服务和要素在全国范围内的自由流动和合理配置，导致产业难以互联互通、信息资源无法充分共享、公共服务衔接不畅，阻碍了全国统一大市场的建设。

例如，部分地方政府给予本地经营者财政奖励、价格补贴等优惠政策，而对外地经营者予以歧视性、差别性规定，限制外地商品、服务进入本地市场或者阻碍本地商品运出和服务输出。

又如，通过提高市场准入门槛，或者设置不合理和歧视性的退出条件，对特定商品、贸易、服务采取限制流动的措施，甚至对资本、人才、技术等关键生产要素的自由流动形成束缚。

再者，对市场的地区封锁还会进一步拉大不同市场主体间的发展差距，不合理地增加了市场主体的经营成本，严重扭曲甚或破坏了市场公平竞争的秩序，妨碍全国统一大市场的建立。

为此，在深入推进公平竞争审查制度，加快建设全国统一大市场的过程中，需要重点关注妨碍平等便利自由进退市场、以奖补方式变相指定交易和实行地方保护、影响经营者平等使用生产要素等社会关注度高、反应比较强烈的问题，及时清理具有地方保护色彩和行业封锁的地方性政策法规，严格审查增量政策法规中影响商品、服务、要素跨市场、跨区域公平自由流动的各项内容，为打造统一高效、公平合理的市场竞争环境夯实制度基础和监管工具。

可以相信，随着公平竞争审查制度的不断推进，中国公平竞争的市场环境将得到进一步改善，能够有效促进各类市场、行业、地区间的相互开放和互联互通，有望加速实现高效规范、公平竞争、充分开放的全国统一大市场。

（原文首发于《新经纬》App 2021 年 12 月 21 日，收录时有调整）

深入推进公平竞争审查何处着力？

当前，随着公平竞争审查制度实施的广泛展开并逐渐步入深水区，需进一步深入推进和完善公平竞争审查制度的实施。应以公平竞争审查制度实施以来的突出问题为导向，找准症结所在，深入推进公平竞争审查制度精准下沉，提振市场主体信心，有效激发市场活力。

以《反垄断法》修正为契机夯实公平竞争审查法治基础

《反垄断法》与公平竞争审查制度作为两大竞争政策工具，两者互为表里、相辅相成：前者是后者基础性法律依据的来源，后者则是保证前者实现立法目的的重要制度措施之一。因此，在 2021 年 10 月全国人大常委会对社会公布的《反垄断法（修正草案）》（全称为《中华人民共和国反垄断法（修正草案）》）中，新增第 4 条 "国家强化竞争政策基础地位"和第 5 条"国家建立健全公平竞争审查制度"等对应内容，这也是此次中央经济工作会议能够做出公平竞争政策应迈向"深水区"判断的重要依据。因此，《反垄断法》的修正进程应当有所提速，以便尽早夯实公平竞争政策各项制度的法治基石。

加快相关行业立法修法为公平竞争审查实施提供依据

实践中在省级行政机关实施公平竞争审查时，部分行业所处的市场领域可供参照的上位法规或单薄或空白，在很大程度上使公平竞争审查工作仅能覆盖政府工作的业务流程，而难以有效约束其具体的业务内容，该现象在教育、养老、殡葬服务等与民生关系密切的行业市场上较为明显。例如，鉴于老龄化社会压力加剧，省级民政部门按照国家要求尽可能向社会开放养老服务市场，但在履行公平竞争审查职责时，仅有民政部 2020 年修订的《养老机构管理办法》等少数依据可参照；再如，在殡葬服务业领域，省级民政部门所依据的上位法规仅有 2012 年修正的《殡葬管理条例》，其规定尚难以为当前诸多的"私人定制"服务市场提供公平竞争审查的具体依据。

增强公平竞争审查制度实施的适应性与灵活性

公平竞争审查制度自 2016 年施行以来，目前已在政府机构内部涉及市场主体经营相关政策文件中逐渐扎实，各地方建立健全相应机构和人员负责该项工作。然而，因各地经济发展、营商环境及法治水平不尽相同，在具体实施中依据"四个方面""十八个不得"进行审查时，仍存在对标准理解不一致、实施不规范的情况。这一方面固然有由于相关机构和人员对政策文件及具体制度实施方法的理解不到位、能力有待提升等原因，另一方面也存在公平竞争审查制度自身适应性和灵活性不足的问题。

例如，在福利彩票市场上，地方各级政府既不能任由代销点随意布局，又希望多增网点以提升销售收入，而福彩中心等部门做出是否准予开设的决定，通常只能根据当地市场情况、承办人个人经验、现场位置等标准来确定，且不同地方有关此事项的规定亦不尽相同，有的地方甚至没有相关文件。又如，少数民族殡葬服务行业，因其信仰和文化的不同，非专业人员或特定组织难以从事相关市场经营活动，且在遗体处置方式上，现有的国办和一般民办服务机构均难以接手。类似的由特殊行业所形成的特定市场，如何增强公平竞争审查制度实施的适应性和灵活性，需要进一步调适。

公平竞争审查制度的实施是否完全以规范性文件为主要的审查对象，如此可能会导致相关主体以不出台相关文件为由，绕过公平竞争审查的情况发生，以及存在推进公平竞争审查制度实施的实质目的和效果如何厘定的问题。事实上，在有关公平竞争审查制度落实的评估工作中，已经发现通过绕过公平竞争审查来达到其排除、限制竞争目的或效果的行为或事件发生。

重视对公平竞争审查制度实施的第三方评估

在实施效果评估层面，包括公平竞争审查在内的各项制度举措需要通过社会反馈予以印证，故选取政府机关与其服务对象之外的第三方机构进行评估十分必要。根据《市场监管总局关于发布公平竞争审查第三方评估实施指南的公告》，第三方评估旨在帮助政策制定机关"提高审查质量、确保审查效果，推动公平竞争审查制度深入实施"，是深入推进公平竞争审查制度实施不可或缺的一环，也是各地方相关机构和部门落实本地区和本部门内公平竞争审查制度的应有内容之一。换言之，第三方评估本身就构成了公平竞争审查制度实施的一个重要组成部分，对第三方评估制度的实际运用、效果反馈、定期施行等方面的评价，在很大程度上也是对公平竞争审查制度落实情况的评价内容。

在实践中，通过强化第三方评估制度，能够协助政策制定机关加深制度理解和提高审查质量，帮助地方各级人民政府和所属行政机关及其授权的具有公共管理服务职能的机构在制定涉及有关市场经营活动的政策、规范、标准等文件时，协调好"上传下达""上下互动"的关系。

以省级人民政府所属委办局与省内各市级人民政府间的关系为例，省级主管部门主要起承上启下的作用，具体落实还需下一级人民政府负责制定详细政策文件。故省级主管部门在制定文件时大多沿用了国务院上级部门的文件表述，尤其是包含"鼓励、倡导、加快、推动"等在内的指导性文件。基于此，省级主管部门在公平竞争审查时很难发现问题。当下一级人民政府及相关部门在制定具体措施进行配套落地时，部分涉及市场主体经营活动的内容便会转化为详细的标准要求，其中潜在的排除、限制公平竞争的风险随之增高。因此，第三方评估结果可以做到上级主管部门与下级政府间政策文件的一些关联性，做好承接落地工作，能给予相对客观的判断，有助于做好两者在各自职权范围内的协调与沟通。

此外，目前市、区、县一级的基层人民政府及所属行政机关普遍存在"人少事多"现象，加之以数字经济为代表的新业态不断下沉三四线城市，其典型的多业态多市场交叉的特征，让原本捉襟见肘的行政力量，在面对市场主体经营活动的规范与治理上更加困难。通过第三方评估可以在一定程度上帮助被评估对象提高审查效能，同时收集并转呈基层工作实况，协助上级部门多维度了解公平竞争审查制度在基层的落实情况，合理制定、调整相关具体审查内容和要求，协调多部门调配相应行政资源向确有需要的相关部门精准投放。

以公平竞争审查落实中央经济工作会议精神

尽管目前还存在诸多制约公平竞争审查制度实施的问题，但是该制度的实施取得的成绩十分显著。正是由于公平竞争审查不断走深走实，相关的具体问题才会不断显现。因此要聚焦对问题的解决，以更好地推动公平竞争审查工作的展开。在《中华人民共和国反垄断法（修正草案）》中写入公平竞争审查制度，各地方人民政府及所属行政机关将是否进行公平竞争审查纳入政府绩效考核内容，开展第三方评估的省区市范围日益扩大，等等。可以预见，在中央持续强调"公平竞争"对我国经济高质量发展的重要意义，深入推进公平竞争政策实施以公正监管保障公平竞争的坚定意志和具体要求下，公平竞争审查制度的施行将会取得更大成绩，是充分贯彻落实 2021 年中央经济工作会议精神，推动微观政策实施的具体抓手。

（原文首发于《21 世纪经济报道》App 2021 年 12 月 31 日，收录时有调整）

以公平创新规范的市场竞争
推动经济高质量发展

中央经济工作会议指出，要提振市场主体信心，深入推进公平竞争政策实施，加强反垄断和反不正当竞争，以公正监管保障公平竞争。在各项微观政策制定与施行中，应当进一步推进市场主体公平竞争，重点帮助中小企业解决困难，增强其发展信心，同时加大科技创新的保护力度，形成良好的创新氛围，规范市场主体健康发展。

保障公平竞争，提振市场主体发展信心

最新数据显示，全国市场主体总量已突破 1.5 亿户，承载 7 亿多人就业，是市场经济活动的重要参与者，是经济稳定发展的基础贡献者，更是保就业保民生的关键守护者。其中 99% 以上的企业是中小微企业，个体工商户数量也已突破 1 亿户，带动近 3 亿人就业。然而，受到复杂的国际经

济局势和新冠肺炎疫情的影响，中小微企业生产经营面临的困难增多，特别是大宗商品价格上涨，给中小微企业带来的成本压力较大。对此，中央加大对市场主体的纾困帮扶力度，进一步深化"放管服"改革，优化营商环境，帮助市场主体渡过难关。

深化公平竞争政策的落实，有助于消减那些限制、排除公平竞争的现象，增强市场主体发展的信心。公平竞争审查制度是行政主体及授权的组织机构，围绕市场主体参与市场经营的全过程、全周期、全场景所涉及的市场要素、经营成本、进退自由、机会公平等展开的全覆盖、全内容的规范性自我审查与集中审查，以及第三方评估审查相结合的评估检查制度。其目的是通过组织机构建设、制度规范审查、实施效果评估等方法，科学规范政府调控和干预市场经济的权力，为政府之手戴上保护套，廓清和框定政府参与市场经济"放管服"的基本架构和行为底线。

2021 年 6 月 29 日，国家市场监督管理总局等部门联合发布《公平竞争审查制度实施细则》（简称《细则》），公平竞争审查的机制与程序得到了进一步的规范，审查流程、征求意见机制、联席会议制度、定期评估制度等环节得到了进一步的细化与完善。2021 年 10 月 19 日，《反垄断法（修正草案）》提请全国人大常委会第三十一次会议审议，并向社会征求意见。其中第 5 条规定"国家建立健全公平竞争审查制度"，为公平竞争审查制度提供了明确的上位法依据。公平竞争审查制度的目的正是要确立竞争政策的基础地位，确保政府出台的政策措施符合公平竞争要求和相关法律法规。

《细则》坚持竞争政策优先的精神，规定除了出于维护国家经济安全、扶贫救灾、节约能源等特殊情况，政策措施不应产生排除、限制竞争的风险，将竞争政策置于优先地位。具体到审查标准上，《细则》从市场准入与退出标准、商品和要素自由流动标准、影响生产经营成本标准、影响生产经营行为标准四方面出发，要求政策制定机关在制定政策文件时不得对市场主体进入和退出市场造成不正当的干预，应避免对商品、要素的流动造成不正当的阻碍，需防止给予特定经营者财政优惠政策，要杜绝强制经营者实施垄断行为、违法披露或强制经营者披露生产经营敏感信息、违法违规干预商品和服务价格等要求。

总体来看，公平竞争审查制度通过构建事前审查与事后追责的系统实施架构，避免政府在解决市场失灵时，因过度干预而带来政府失灵，实现政府调控与市场调节的协调统一。深入推进公平竞争审查制度的落实，有助于减少企业特别是中小微企业、民营企业进入与退出市场中遇到的阻碍，实现商品和要素的自由流通，帮助企业在生产经营的成本与交易机会方面获得更加公平的待遇。各类市场主体可以平等使用生产要素，公平参与市场竞争，提振市场主体发展的信心。

激励创新竞争，增强市场主体发展动能

创新是引领发展的第一动力。中央经济工作会议指出，加强经济基础，应当增强科技创新能力。保持平稳健康的经济环境，宏观政策上应引导金融机构加大对实体经济特别是小微企业、科技创新、绿色发展的支持。同时，加快科技政策扎实落地，一方面，企业创新主体的地位得到强化；另一方面，科技体制改革得到进一步推动，对国家实验室、科研院所等科技创新主体进行重组与改革，深化产学研结合，为市场主体创造良好的创新环境。

当前，数字平台经济领域的企业创新受到普遍关注，特别是对头部企业与中小企业在创新竞争上的价值贡献与实现机会的争论一直存在。在实

践中，我国现行法律法规及相关征求意见稿都已明确地表明公平竞争与创新发展之间的互促关系，即中小企业在公平竞争的市场环境下，其对创新发展的贡献不容忽视，创新竞争与公平竞争对增强市场主体发展的动能都很重要。

2021 年 2 月 7 日，国务院反垄断委员会发布了《国务院反垄断委员会关于平台经济领域的反垄断指南》（简称《指南》），将"促进平台经济规范有序创新健康发展"作为目的之一，提出反垄断执法机构在对平台经济领域开展监管时应当遵循激发创新创造活力这一基本原则，在考察行为是否构成垄断协议时，可以考虑行为对创新的影响。在考察经营者市场支配地位时，也应当考察相关市场的创新、经营者的技术创新能力、技术创新的频率等因素。同时，考虑到大型企业对初创企业频繁进行的"扼杀式收购"可能会对市场的竞争秩序带来损害，在进行经营者集中的审查时也应考量集中对经营者创新动机和能力的影响、收购是否会影响创新等因素。

除市场监管领域外，在行业发展领域，国家互联网信息办公室发布的《网络数据安全管理条例（征求意见稿）》明确，互联网平台运营者不得利用数据以及平台规则等，在平台规则、算法、技术、流量分配等方面设置不合理的限制和障碍，限制平台上的中小企业公平获取平台产生的行业、市场数据等，阻碍市场创新。

可见，激活市场主体的创新活力，不仅体现在中央经济工作会议的各项具体要求中，也体现在市场监管部门和行业主管部门的具体法治行动中。依法激励和保障创新竞争，将是我国增强市场主体发展动能，共同营造良好的科技创新氛围，推动经济高质量持续发展的基本主线和工作抓手。

恪守规范竞争，统筹市场主体发展安全

相较于 2020 年经济工作会议中提出的"强化反垄断和防止资本无序扩张"这一重点任务，2021 年会议在明确"加强反垄断和反不正当竞争，以公正监管保障公平竞争"的基本要求的同时，还要求"要发挥资本作为生产要素的积极作用，同时有效控制其消极作用""要为资本设置'红绿灯'，依法加强对资本的有效监管，防止资本野蛮生长"。

在市场经营中，市场主体应做到有所为、有所不为。近 10 年来，随着我国互联网经济的高速增长甚至野蛮扩张，违规违法经营活动显现。其中有两点尤为值得警惕：其一，在数据与算法、技术、资本等资源上占据优势的头部平台企业实施"二选一""大数据杀熟""自我优待"等违法竞争行为或不公正交易行为，扰乱了市场的公平竞争秩序；其二，大量资本涌入消费金融、基础教育、公共交通、新闻媒体、数据算法等关乎国计民生的行业和领域，实施或涉嫌违规经营行为，对国家安全、社会公共利益以及人民群众的日常生活等，造成了不同程度的危害，甚至是无法挽回的损失。故此，会议为资本设置"红绿灯"，旨在规范有关市场主体合法经营，在法律框架下，鼓励和保护市场主体规范竞争，引导资本发挥积极作用。

（原文首发于《第一财经日报》2022 年 1 月 4 日第 A11 版，收录时有调整）

公平竞争与安心经营共同驱动数字经济发展

2022 年 3 月 5 日，十三届全国人大第五次会议在北京开幕，会议在2022 年政府工作任务"深入实施创新驱动发展战略，巩固壮大实体经济根基"中明确提出要促进数字经济发展。完善数字经济治理，释放数据要素潜力，更好赋能经济发展、丰富人民生活。据中国信息通信研究院 2021年 4 月发布的《中国数字经济发展白皮书》显示，2020 年我国数字经济规模已达 39.2 万亿元，占 GDP 比重为 38.6%，同比名义增长 9.7%。在疫情冲击和全球经济下行叠加影响下，数字经济已成为稳定经济增长的关键动力。

2021 年数字经济领域受到了力度空前的持续监管和穿透式监管，不少头部平台相继受到相关监管部门调查与处罚，这对之前该领域频发的违法实施垄断、不正当竞争行为、不公正交易行为，以及资本无序扩张的经营乱象予以了有效规制，公平竞争的市场环境得到了一定程度的恢复。与此同时，由多部门持续实施的密集型、穿透式、规范化监管对该领域市场主体的经营信心在客观上也造成了冲击，致使市场主体经营预期逐渐转弱，投资者信心不足。可见，公平竞争的市场环境与安心经营的法治环境已成为促进数字经济规范持续发展的双轮。

为此，在此次政府工作报告中明确提出"强化政府监管责任，严格落实行业主管部门、相关部门监管责任和地方政府属地监管责任，防止监管缺位。加快建立健全全方位、多层次、立体化监管体系，实现事前事中事后全链条全领域监管，提高监管效能。抓紧完善重点领域、新兴领域、涉外领域监管规则，创新监管方法，提升监管精准性和有效性"，从加强部门协同、优化制度体系、创新治理工具三个维度促进数字经济规范健康持续发展。

一　加强监管部门协同　形成监管合力

数字经济场景下的新业态通常会涉及多个行业与市场，表现出显著的"多行多市"的跨界动态竞争特性。以头部平台企业为典型代表，其中多数已发展为数字经济平台企业集团的组织形态。在自成体系的经营生态系统内，平台集团组织具有显著的跨界与跨区特性：依托互联网线上融合线下的模式能够在任意区域内提供多种商品或服务，业务范围涵盖多个行业、对应多个市场。因此仅针对某一行业甚或行业内某一细分市场进行的分业分市监管，已很难从根本上有效约束头部平台企业所营造的数字生态。

2021年9月9日，工信部有关业务部门召开"屏蔽网址链接问题行政指导会"，要求各平台按标准限期解除屏蔽、实现互联互通。时至今日，因种种原因，"互联互通"虽取得一定成效，但距离工信部的要求仍有差距。此次"互联互通"是一种以行业监管为主要推动力的行业内市场竞争治理活动，意在兼顾行业创新发展、市场公平竞争及消费者安全保障等的多重要求，其多重目标交织在一起，在一定程度上也增加了此次以行业主管部门为主，推动行业内市场竞争治理目标顺利达成的难度。与此同时，也反映出当前和未来数字经济治理的常态即涉及多重目标在内的涉及多部门监管职能的全面性、多层次、立体化的监管治理图景。

又如，除工信部推动的"互联互通"治理行动外，在我国数字经济领域的监管治理活动还涉及网信办、交通运输部、央行、银保监会、税务、发改委、市监总局等多个部门单独或联合展开的治理活动。从近期监管实效看，虽然基于行业主管部门牵头的行业监管，基于监管部门自身的纵向监管优势，在行业内相关市场监管的效果上，执法效果明显，针对性和灵活性兼具，但是与市场监管部门主导下的相关市场竞争治理相比，其持续性、稳定性、规律性可能需要进一步观察。特别是在牵涉到地方政府切身利益时，行业监管政策与执法行动在落实落地过程中存在演变为"运动式""选择式"执法的风险，给市场主体造成难以安心经营发展的困惑。

为防止各监管部门因监管范围不统一、分工协作不到位而产生的对数字经济发展监管缺位的风险及危害，2021 年 1 月 12 日国务院印发《"十四五"数字经济发展规划》（以下简称《规划》），明确提出要"明晰主管部门、监管机构职责，强化跨部门、跨层级、跨区域协同监管，明确监管范围和统一规则，加强分工合作与协调配合"。此次政府工作报告中再次重申该要求，可见国家层面在探索建立与数字经济持续健康发展相适应的治理模式上的基本方向和主导思路，即推动行业发展监管和市场竞争监管更加紧密地连接，完善数字经济治理由监管个案向深层次制度连接转变，创新监管理念与方式。

二 优化制度体系 提高监管效能

在此次政府工作报告中提出"加快建立健全全方位、多层次、立体化监管体系，实现事前事中事后全链条全领域监管，提高监管效能"，这一要求进一步肯定了 2022 年 1 月 18 日国家发改委等 9 部门联合发布的《关于推动平台经济规范健康持续发展的若干意见》（以下简称《意见》）相关内容。根据《意见》的指引，监管部门可从"完善制度规则"与"提升监管水平"两方面采取具体举措。

第一，建立健全规则制度。《意见》在开篇便提及《反垄断法》《数据安全法》《个人信息保护法》等重要立法的修订和配套工作，意在为平台经济等数字经济新业态提供更加完备的监管依据。此外，《意见》还要求及时出台平台数据处理规则、价格行为规则、金融监管规则体系、平台信息公示制度、信用约束和社会监督机制、跨境数据流动"分级分类＋负面清单"监管制度、互联网信息服务算法安全制度等，进一步丰富数字经济监管制度体系，使得监管部门有法可依、有章可循。

第二，提高监管能力和水平。《意见》围绕强化竞争监管执法、加强金融领域监管、强化数据和算法安全监管等内容要求相关部门"加强全链条竞争监管执法""加强穿透式监管"，以堵塞监管漏洞、避免执法活动在薄弱环节"掉链子"。特别是平台经济领域的垄断和不正当竞争行为出行领域的非法营运行为、支付过程中的排他或"二选一"行为、滥用非银行支付服务相关市场支配地位行为等，市场监管、质量监管、安全监管、金融监管等相关部门对此必须做到有法必依、执法必严、违法必究。

目前，我国数字经济监管制度体系已初具雏形，但仍需不断加强法律的完备性、规则的一致性、执行的同步性。经由制度文本的健全优化与监管水平的不断提高，数字经济监管效能将稳步提升。相关部门也能够在协同治理中避免"运动式""选择式"执法，最大限度地为数字经济从业者提供公平竞争的市场环境与安心经营的法治环境。

三　创新治理工具　紧跟监管趋势

2022 年我国经济发展所面临的内外部压力依然较大，但数字经济仍有发展潜力。早期粗放式、野蛮式发展致使该行业严重内卷、资源过度集中、科技创新乏力。为此，政府工作报告中要求"完善数字经济治理，释放数据要素潜力，更好赋能经济发展、丰富人民生活"。结合报告中提到的"抓紧完善重点领域、新兴领域、涉外领域监管规则，创新监管方法，提升监管精准性和有效性"，以及《规划》《意见》等重要政策文件中的相关内容，可从以下三个维度理解、创新数字经济治理理念与工具。

其一，主体协同、制度优化、工具创新三者是一个有机整体。前两者是工具创新的前提基础，新型治理工具则为监管部门和监管体系提供技术支撑。尤其在数字经济场景下，大数据、算法、人工智能等前沿科技的深度应用促使相关部门必须及时转变监管理念、更新规则制度体系。

其二，创新治理工具需要积极融合数字信息技术手段，以"监管科技"实现"科技监管"。例如建立违法线索线上发现、流转、调查处理等非接触式监管技术，建设监测预警、线上执法、信息公示等监管系统，支持条件成熟的地区开展数字化监管试点创新等。

其三，依托多元共治格局创新治理工具的来源与形式。新时期的数字经济治理不仅依靠政府部门，还需借助行业自律，督促数字企业依法合规经营，鼓励行业协会牵头制定团体标准、行业自律公约。此外，也需加强社会监督，探索公众和第三方专业机构共同参与的数字经济外部监督新机制。

　　政府工作报告指出，2022 年我国经济发展仍然面临需求收缩、供给冲击、预期转弱三重压力，政府工作要"坚持稳字当头、稳中求进"。在数字经济领域，经由监管主体的同步同频、监管制度体系的优化完善、治理工具的高效创新，将有力保障数字经济领域公平竞争、市场主体安心经营发展，共同驱动数字经济规范持续健康发展，让人民群众更好分享数字经济发展带来的红利。

　　（原文首发于《第一财经日报》2022 年 3 月 8 日第 A11 版，收录时有调整）

《反垄断法》首修　回应现实锚定未来

《反垄断法》在全球范围内通常被誉为建设与发展市场经济的"经济宪法"，其制定和修改对于某国或某区域的市场经济发展秩序的维护和建设方向的明确具有重大意义。

一　回应现实突出重点布局未来

新修订的《反垄断法》根据现实问题和情势变化分别在总则、垄断协议、滥用市场支配地位、经营者集中、行政垄断、法律责任等部分都做了一定程度的修改，尤为重要地体现在以下几个方面。

第一是对立法目的进行修改，在原有的基础上增加了"鼓励创新"作为新目标，表明创新将成为在衡量相关行为是否构成垄断，排除、妨害竞争的重要因素，即使存在争议，但也为法律留下了接口，不排除接下来发挥更大的作用。

第二是强调了国家坚持市场化、法治化原则，强化竞争政策基础地位，将建立健全公平竞争审查制度正式写入《反垄断法》，有利于进一步厘清市场与政府的关系，同时有助于完善公平竞争审查制度的刚性约束要求，是对《反垄断法》未来适用空间和功能的扩容与强化，特别是对于建立全国统一大市场的保障作用将得到有力体现。

第三是对数据与算法、技术、资本和平台规则等要素的关切，多处修改都涉及数据与算法等数字经济关键要素的监管问题，明确要求不得利用该类要素及市场地位实施垄断行为，体现了对数字经济下市场竞争监管的及时、必要且适度的回应，既关注到了以数字经济为代表的新经济对《反垄断法》实施所带来的挑战，同时也充分认识到《反垄断法》作为市场经济的基本法对所有经济业态和形式都将普遍适用，其经营者不应具有特殊指向，而应依据具体经营行为及其特征、效果展开精细化、有效性监管。

第四是对垄断协议部分做了进一步细化，对垄断协议的概念、安全港制度、轴辐协议等做了较为细致的设计。在回应现实的同时，也为完善相关制度预留了空间，特别是对安全港制度和轴辐协议的制定，在保障可操作性的同时也兼具必要的弹性及解释空间，当然下一步也面临一些挑战，有待实践中完善。

第五是强调反垄断执法的灵活度与能动力，在经营者集中部分对"未达到国务院规定的申报标准，但有证据证明该经营者集中具有或者可能具有排除、限制竞争效果的，国务院反垄断执法机构可以要求经营者申报"及"中止审查"的规定为反垄断执法提供了灵活的可裁量、可选择的处置工具。

第六是建立健全经营者集中分类分级审查制度，依法优化对涉及国计民生等重要领域的经营者集中审查，提高审查质量和效率，对反垄断执法做出了更为精细化的指示，并且大幅提高惩罚的力度，包括提高罚款数额等。

以上 6 项对《反垄断法》相关条款的修改为国家反垄断执法机构提供了更为明确、细致、精准的执法规则和方法，有望大大提高我国反垄断执法的效率和质量。同时，新修订的《反垄断法》第 11 条规定了"加强反垄断执法司法，依法公正高效审理垄断案件，健全行政执法和司法衔接机制"，这也为提升《反垄断法》实施效能，健全完善了立体化、全方位的系统机制。

尽管此次《反垄断法》的首次修正做了多项调整，但其修正并不仅聚焦于解决具体相关问题，更多是对我国社会主义市场经济发展的一种长远发展方向的设定，是作为风向标意义的立法行动，是为建设以竞争政策为基础的现代化市场经济法治国家迈出的关键一步。《反垄断法》的修订象征着我国对于市场经济治理的全面革新升级，从各个维度开启市场经济法治建设的新征程，不仅经济发展步入新阶段，对于经济发展的治理也进入了新阶段。

二　运用系统思维推动市场竞争监管常态化

《反垄断法》的修改并不是单枪匹马地独行作战，而是与当前多项竞争政策形成联动机制，使得整个市场经济竞争法治体系更立体、更丰富。首先，新《反垄断法》增加第 40 条，"禁止通过政企合作协议、备忘录等方式滥用行政权力排除限制竞争"，对政企合作给予关注，这与 2022 年《建设全国统一大市场》中对地方行政垄断的高度关注不谋而合，2022 年 6 月 9 日，国家市场监督管理总局也通报了本年第一批制止滥用行政权力排除、限制竞争执法专项行动案件。这一修改实际上是"遏制地方行政垄断"这个方向上的重要一环，构成了治理这一问题的法治体系。

其次，新《反垄断法》增加第37条，规定"国务院反垄断执法机构应当健全经营者集中分类分级审查制度，依法加强对涉及国计民生等重要领域的经营者集中的审查，提高审查质量和效率。"强调对经营行为进行分类分级的精细化管理，早在2021年10月29日国家市场监督管理总局也发布了《互联网平台分类分级指南（征求意见稿）》，形成先政策法规后法律的体系结构，有条不紊地推进对经营行为的治理。

最后，为回应数字经济发展，《反垄断法》对算法、数据进行了多次强调，对平台规则也多予关注。新《反垄断法》在总则部分增加第9条，要求"经营者不得利用数据和算法、技术、资本优势以及平台规则等从事本法禁止的垄断行为。"此外，还在"滥用市场支配地位"章节，增加第22条第2款，规定"具有市场支配地位的经营者不得利用数据和算法、技术以及平台规则等从事前款规定的滥用市场支配地位的行为。"这体现了对于平台经济发展的关切和回应。对平台经济以及对数据、算法等要素的关注是新经济发展阶段的重点，无论是《数据安全法》《个人信息保护法》，还是《平台经济领域反垄断指南》都是对数字经济提供有效经济制度供给的重要组成部分，《反垄断法》的修改无疑是在竞争政策领域添加了重要支撑。

可以清楚地看到，对《反垄断法》所做的各项修改都与其他法律法规、政策文件交相呼应，形成相应的法治体系，从而系统化地解决问题。这表明我国市场经济法治体系愈发成熟，市场经济法治化监管向立体化、系统化、常态化方向推进，努力做到科学立法、协同监管，最终实现良法善治的法治目标。

三　做好分类分级推动反垄断监管精准化

新《反垄断法》有助于进一步提高市场经济法治化治理的水平与能力，集中体现在对管理的区分度的提高，表现在两处改动。一是对"安全港"规则的优化与明确。新法对"安全港"规则进行修改，不包括竞争者之间订立的横向垄断协议。其原因在于：横向垄断协议的垄断效果相对更明显，危害也更严重。纵向垄断协议在实务和理论界都存在一定争议，更适用于用合理性原则去分析。"安全港"规则细化后，对于涉及上下游关系的企业来说，有了更清晰的标准做指引，合规成本更可控。对不同垄断协议给予不同的利益衡量，而并非一刀切，是立法水平提高、立法内容细化的表现。

二是要求对各主体进行分类分级监管，细化监管规则。新《反垄断法》增加第37条，规定"国务院反垄断执法机构应当健全经营者集中分类分级审查制。"这不仅对提高监管效能具有重要意义，对于企业来说，不同类型的企业也有了明确遵守的规则，有助于大型企业合规经营，小型企业释放创新活力，共同推动市场经济公平竞争、有序竞争、高效竞争，使执法水平也得以同步提高。

《反垄断法》带来立法、执法水平的提高不仅仅是单独一方面的提升，它还代表着我国市场经济立法和执法的方向，以及市场经济法治建设与发展的新起点，将粗放式的法律监管替换为精细化有效性的监管方式，通过更为细致的指导和规制推动市场经济规范健康发展。

四　以监管促发展，以威慑促合规

2021年以来，反垄断执法部门对多家平台企业的违法并购案开出了单张 50 万元的顶格罚单。新《反垄断法》实施后，将加大对经营者违法实施集中的罚款金额。根据新法第 58 条，经营者违反本法规定实施集中且具有或者可能具有排除、限制竞争效果的，处上一年度销售额 10% 以下的罚款；不具有排除、限制竞争效果的，处 500 万元以下的罚款。新修改的《反垄断法》引入刑事责任条款、新增个人责任、大幅提高处罚力度，但这并不是国家在对于市场的高压化遏制，而恰恰相反地起到促进和推动作用。加强规制是希望遏制平台经济的乱象，使其能够更加平稳健康地发展。任何行业都需要科学有效的监管，聚焦监管的目的是给被监管企业明确"不可为"的界限，从而使其更加明白"可为"的范畴与空间，从而达到促进发展的效果，是指引而不是枷锁，是国家法治资源的有效释放而不是权力的滥用，特别是通过加大监管力度和惩罚力度，形成"勿以恶小而为之"的合规理念，采取"以重刑去轻罪"的预防手段来促使企业更好地遵守《反垄断法》要求，实现外部监管与内在合规的良好结合。

一方面，《反垄断法》将严格限制主体行为、大幅提高惩罚力度明示于法律纸面，不仅可以对相关主体起到宣示性的威慑作用，更能提高法律的明确性和公信力，使得相关主体能够更为规范地沿着正确的方向发展，其依法合规开展的经济活动反而不会再束手束脚，也使得执法更为透明、有力。

另一方面，提高惩罚力度也是对新时代的回应，基于目前各行业企业的体量，诸如阿里、腾讯、美团等超大型平台企业，50 万元人民币的罚单对其来说已经很难构成压力，其违反成本甚或可以忽略不计，如果继续按照旧法进行惩罚则会使《反垄断法》丧失执行力和威慑力，难以保证市场公平和维护市场秩序。

总体来说，此次《反垄断法》的首修一方面对制度设计进行了创新，另一方面也是对现实问题的积极且必要的回应。《反垄断法》的修正不仅是一次简单的修法行动，更为我国反垄断执法、司法常态化提供了制度基础和行动方向，是我国为不断健全完善市场经济治理规则所做出的积极努力，奠定国家在市场经济监管中尊重市场化、恪守法治化的基本思路与要求，是开启新发展格局下社会主义市场经济法治建设新征程的扎实一步。

（原文首发于《第一财经日报》2022 年 6 月 30 日第 A11 版，收录时有调整）

第二编

数字经济新业态发展催生法治需求

加快法治化、数智化交管建设，
提升应急交运能力

2022年4月7日，交通运输部召开物流保障协调工作机制会议，国家发展改革委、工信部、公安部、商务部、卫健委等机构成员单位参加会议。会议研究部署了做好货运物流保通保畅工作。近期全国本土疫情多点频发，疫情防控形势严峻、任务繁重。党中央、国务院高度重视统筹做好疫情防控和经济社会发展工作，要求促进国际国内物流畅通，全力保障货运物流特别是重要生产生活物资运输畅通，维护产业链供应链稳定。

为此，须坚持推动法治化、数智化交管能力建设，以纾解物资流转压力，防范与消解统筹疫情防控与经济社会发展中应急决策可能造成的次生风险，根据疫情形势变化，精准优化交通管控措施，确保货运物流安全畅通，以系统观念统筹做好疫情防控工作，实现经济社会高质量发展。

一 疫情防控应急交通治理的难点与痛点

2022 年 3 月以来，新一轮新冠肺炎疫情在全国多地散点暴发，地方疫情防控措施不断升级，多地交通运输受到影响，货运物流不畅，生活生产物资供应受到影响。同时，如何推动法治化、数智化交管能力建设亦是推进新时代国家治理体系和治理能力现代化进程中亟须回应的重要命题。

当前新冠肺炎疫情防控常态化情境下，一旦出现零星散发病例，各地政府及各级交通运输主管部门通常会相继采取交通管制措施以阻断疫情传播，交通管制措施常常为疫情防控争取到宝贵时间，起到显著效果。

针对此类硬隔离交通管制措施，在 2020 年 1 月 30 日已经发布的《交通运输部关于统筹做好疫情防控和交通运输保障工作的紧急通知》中强调疫情期间需坚持"一断三不断"与"三不一优先"等原则。2022 年 4 月 11 日，《国务院应对新型冠状病毒感染肺炎疫情联防联控机制关于切实做好货运物流保通保畅工作的通知》（国办发明电〔2022〕3 号）发布，指出要深入贯彻落实党中央、国务院决策部署，统筹疫情防控和经济社会发展，全力保障货运物流特别是医疗防控物资、生活必需品、政府储备物资、邮政快递等民生物资和农业、能源、原材料等重要生产物资的运输畅通，切实维护人民群众正常生产生活秩序。

随后，4 月 14 日，《国务院联防联控机制综合组交通管控与运输保障专班关于全力做好货运物流保通保畅工作的通知》（交运明电〔2022〕81 号）发布，指出要统筹疫情防控和货运物流保通保畅，统筹发展和安全，科学精准施策，着力细化实化举措，持续加强跟踪督导，全力打通运输堵点，切实保障货运物流畅通高效，切实保障产业链供应链安全稳定，维护人民群众正常生产生活秩序。

相关政策文件制定发布的核心要义在于：第一，各地方要贯彻落实党中央、国务院决策部署工作，对于中央指示精神中保障人民正常生活所需、维护社会正常生产秩序的原则性规定不能突破，需切实保障群众应急出行需求，防范擅自设卡、拦截、断路等行为的发生。第二，涉及全国重要防疫物资运输、生活保障物资运输的公路交通管制需保证畅通，高速公路、国省干线等重要交通要道不得无故封闭，更应保障应急运输车辆的优先通行。第三，应当在应急交通治理中采取分级分类实施管制措施的原则，密切关注疫情防控形势变化，对需要采取暂停交通运输服务的应当提前报请当地政府或疫情防控机关批准，并及时向社会公众公布，不得"一封了之"。第四，坚持全国一盘棋，不断增强大局意识和全局观念，不得对疫情防控措施层层加码、简单实行"一刀切"劝返、违规设置防疫检测点、擅自阻断运输通道，要确保货运物流保通保畅，为打赢疫情防控攻坚战和促进经济社会发展提供有力支撑。

事实上，早在2004年的《突发公共卫生事件交通应急规定》中就有相关条款内容，该规定第3条指出，在突发公共卫生事件中要遵循统一领导、分级负责的交通应急工作原则，在确保疫情的传播和蔓延得到控制的前提下做到交通不中断、客流不中断、货流不中断。同时，国内防控需求加之境外输入考验要求全局化应急交通治理体系的建立与完善，行政行为碎片化、部门主义、地方主义在一定程度上导致治理能力的弱化，抗疫战线不断拉长对持续防疫、根据形势变化调整防疫方向提出了更高的要求。应对突发公共卫生事件时，临时性政策和决定具有空间及时间上的局限性，导致应急治理渠道不通畅，限制了治理效果，目前亟须因应完善应急交通治理体系。

二 着力提升应急交通治理的关键抓手

习近平总书记多次强调:"疫情防控越是到最吃劲的时候,越要坚持依法防控","疫情防控正处于关键时期,依法科学有序防控至关重要"。着力提升应急交通治理需要把握好两条主线:一方面充分发挥制度优势,在法治轨道上完善集中统一高效的应急交通法治体系,更好发挥法治固根本、稳预期、利长远的作用;另一方面应坚持依法科学有序防控,关注应对重大突发公共卫生事件的交通运输基础设施,以及辅助应急交通治理实施的软件系统,切实推进依法防控、科学防控、联防联控,创新数智化应急交通治理方式方法,以此为抓手统筹好疫情防控与经济社会发展,确保在阻断病毒传播的过程中,确保货运物流安全畅通。

完善应急交通治理法治体系

应急交通治理路径优化的首要任务是充实法律制度供给,形成系统化应急交通治理法制体系。

第一,加快应急交通治理专门立法的修改、废止及补充,优化各位阶立法之间的衔接适用。从《传染病防治法》《突发事件应对法》等顶层立法着手梳理,完善其中与当前应急交通治理要求不相符的部分。结合本次疫情防控中应急交通治理经验,针对《突发公共卫生事件应急条例》《突发公共卫生事件交通应急规定》等专门立法进行全面审查,尤其注意法律责任的归责主体随近年来机构改革的变更。横向比对突发事件相关立法中应急交通治理的相关内容,消除相抵触、相矛盾的法律规范,使各项专门立法能够达到相互补充、指引清晰的效果,切实增强立法的适用性。还需在其中补充对数智化技术的使用方法及规范体系的相关规定,从立法层面将治理技术的提升纳入治理体系。

第二，加快综合应急交通法规体系的完善，建立能够统筹突发公共卫生事件下各类交通运输相关法治问题的应急交通治理模式。此前国家层面已经意识到综合交通运输体系构建对实现交通强国建设目标的重要作用，此次疫情发生再次提示加速建成综合交通法规体系的紧迫性。综合应急交通法规体系需把握交通运输领域"龙头法"的推进，同时兼顾对各运输领域法律及配套法规规章的制定、修订，最终形成应急交通治理的制度合力。

创新数智化应急交通治理方式方法

应急交通治理的方式方法亟待更新，需要以科学技术促进治理能力和治理水平的提升，尤其是伴随着数字全球化以及人工智能时代的到来，数智化应用已经成为社会生活和国家治理中不可或缺的关键技术，在本次疫情防控中，其已在疫情监测分析、病毒溯源、资源调配、防控救治等方面充分展现了数智化治理的优越性。

交通运输行业作为天然的大数据应用行业，拥有来源广泛、种类繁多、规模庞大的数据资源，充分发挥交通运输数据要素的应用价值，重塑应急交通治理模式，提升应急交通治理的科学决策性以及社会服务性，推进交通治理体系和治理能力现代化建设是实现交通强国战略的必然要求。故此，应从以下三个方面加强应急交通数智化治理能力建设。

第一，构建数字智慧化的应急交通治理体系。"数字智慧化"是数智化的基石，通过在大数据中融入智慧算法，使数据要素价值得到充分释放，激活数据要素生命力与创造力，实现应急交通治理的数字智慧化。为此，一方面依据《数据安全法》及相关法律法规，加紧研究制定交通运输数据分类分级、数据脱敏、数据溯源以及数据标识等方面的实施细则，以最大限度规范交通治理主体在交通运输中获取数据要素的实用价值。另一方面应建立应急交通治理数据采集、传输、交换共享以及安全保护等各个环节的规章制度，以规范交通治理主体的相关数据行为，着力提升交通数据算法应用的规范性、体系性、实效性，为深入推进数字智慧化的应急交通治理奠定制度基础。

第二，推进智慧数字化的应急交通治理建设。"智慧数字化"运用数字技术赋能人工治理，是从"人工"到"智能"的提升，以此实现应急交通治理的智能化与数字化。为此，首先需要构建起覆盖全部运输方式、多级行业管理的综合交通运输数据要素目录，完善目录采集、更新和发布机制，以有效统合综合交通运输行业的总体数据资源。其次，以大数据、云计算、人工智能、物联网等数据数字为基点，升级完善现有的交通数据要素共享平台，建立综合交通政务数据共享机制，推进数字信息基础设施与应急交通治理的一体化建设。

第三，筑牢数智化应急交通治理的数据安全屏障。数据要素是重塑全球经济结构、改变全球竞争格局的关键力量，数据安全是数智化应急交通治理的基石。要构建交通运输系统的数据安全保护规范，规范交通治理主体的数据行为，全面识别梳理交通运输领域涉及国家安全、国民经济命脉、重要民生、重大公共利益等关键数据，加强交通重要数据保护，对交通核心数据实行更加严格的管理制度。同时，还要加强对个人信息和重要数据的保护，以避免个人信息和重要数据外泄。贯彻落实总体国家安全观，以数据安全推进应急交通治理，以数智化治理保障数据安全。

2022年3月17日中共中央政治局常务委员会召开会议，分析新冠肺炎疫情形势，部署从严抓好疫情防控工作，中共中央总书记习近平主持会议并发表重要讲话，强调："要保持战略定力，坚持稳中求进，统筹好疫情防控和经济社会发展，采取更加有效措施，努力用最小的代价实现最大的防控效果，最大限度减少疫情对经济社会发展的影响。"4月18日，全国保障物流畅通促进产业链供应链稳定电视电话会议在北京召开，中共中央政治局委员、国务院副总理刘鹤出席会议并部署 10 项重要举措，会议要求努力实现"民生要托底，货运要畅通，产业要循环"。

在此次抗击新冠肺炎疫情中，应急交通治理的重要性凸显，其中暴露的系列问题须予以充分重视，相关交管措施的实施应置于法治框架下依托数智化思维与技术，科学评估、严谨权衡，将次生风险降到最低，不断完善全局性、一体化的应急交通治理的法治化、数智化方式方法。

（原文首发于《第一财经日报》2022 年 4 月 25 日 A11 版，收录时有修订）

规范和落实新就业形态劳动者权益保障
需要打好组合拳

2022年1月18日，国家发改委牵头8部门发布《关于推动平台经济规范健康持续发展的若干意见》（以下简称《意见》），从健全完善规则制度、提升监管能力和水平、优化发展环境、增强创新发展能力、赋能经济转型发展和保障措施等6方面提出意见。其中就加强新就业形态劳动者权益保障问题，做了专门规定。1月20日，交通运输新业态协同监管部际联席会议办公室对满帮、货拉拉、滴滴货运、快狗打车等4家互联网道路货运平台公司进行约谈，对滴滴出行、曹操出行、T3出行、美团出行等4家网约车平台公司进行提醒，这可以被认为是对《意见》中所提及的新就业形态平台治理工作的积极响应。

当前，我国新就业形态已涉及两亿多人，"新就业＋平台经济"模式逐渐形成新业态、新产业。但同时，新就业亦引发了诸多社会风险，例如，一些共享经济平台都出现了不同程度基于用工管理不规范导致的人身财产利益损害事件。

为此，应厘清新就业形态的具体类型与特征，清晰识别其法治风险，完善新就业形态劳动者技能培育及权益保障多维体系，加强平台用工多场景合规与行政监管，促进新就业市场更加健康、稳定地发展。

新就业形态用工存在的主要问题

当前，新就业形态中的基本主体包括具有新个体经济特征的劳动者（新就业形态劳动者）、各类共享经济平台化用工企业（共享经济用工平台）、为共享经济平台用工提供服务的企业或平台企业（共享经济用工服务平台），以及政府税收、社保、市监、工信、网信等监管部门。相较传统用工模式，新就业形态下的主体类型较多、权利义务关系复杂、监管依据和边界模糊。

一是新就业形态劳动者在劳动权益保障与提升就业机会上的矛盾加剧。在新就业形态代表性场景中，网络主播、外卖配送员、家政装修工人等通过集中办理个体工商执照，成为"收益自决、风险自担"的市场主体，享受国家在共享经济等方面实施的税收优惠政策，能够较快、较直接地提升劳务报酬。同时，因新就业形态劳动者同用工企业等劳务需求方之间为市场化的"合作关系"，而非现行劳动法下的"劳动关系"或"劳务关系"，故当劳动者出现人身伤害或第三人权益侵害时，缺乏用工企业责任为担保的劳务行为极易引发赔偿纠纷。货拉拉坠车事件、外卖员事故频发、网络博主过劳死等，均在一定程度上反映出当前新个体劳动者缺乏明确法律属性定位及保护的困境，应引起社会高度重视。

二是共享经济用工服务平台在降低用工成本与获取政策红利间的界限不明。不同于通常意义上的平台企业，共享经济用工服务平台提供的信息撮合范围更广、承担角色更多。目前，全国有代表性的云账户、薪行家、薪福社等能为骑手、保洁、主播等新个体劳动者提供自主择业、收入支付、税费代缴等一站式服务，其用户涵盖新就业劳动者、用工企业、政府部门，且实质性地承担了各端的部分属性与功能，如承接外包劳务、分派用工订单、代缴个税社保等。

此外，该类服务平台具有一定体量的"资金池"，以便定期支付报酬或储备劳务保证金。此类平台在缓解就业压力、降低用工成本之余，其依托短期政策红利的合法性与合规性基础，代行社会公共管理职能的正当性与稳定性，亟待由更高位阶的全国性法规政策予以进一步规定与细化。

"分级分类"施策，助力新就业业态规范持续健康发展

当前，平台化、灵活性的新就业形态是实现稳就业的重要载体，占城镇就业人员总量的 40% 以上，其中大部分选择了依托互联网的新就业形态。故此，针对当前新业态形态中的各类主体，在总体方向上，按照应用场景、具体行业领域及专业技能类型等标准进行"分级分类"施策，助力新就业业态规范持续健康发展。

第一，对于新就业形态劳动者，可根据其性别、年龄、文化程度、技能工种等"劳动标签"进行首层分级。家装、外卖、物流等高危行业强制提高用工安保义务，应以劳动法认定的劳务关系为准签署用工协议，室内保洁、带货主播和网课老师等，对应灵活劳务等级逐次承担用工风险，引导劳资双方在适配的权责界限内达成合意。

第二，共享经济用工服务平台按照其从事的业务领域与掌握的数据体量进行分类管理。对于单纯从事信息撮合、提供交易机会的平台，以现有

网络平台服务管理相关法规进行包容审慎监管；对用户较多、市场份额较大，且主营业务具有公共管理属性的服务平台，则应严格执照审批核查标准，特别对代征代缴个税社保、管理用户闲置资金等行为，要进行事前审慎监管与事中积极监管，严防敏感信息泄露、挪用资金洗钱等违法风险。

第三，共享经济用工平台与政府相关部门必须及时跟进新就业形态的发展，调整经营决策与监管政策。重点针对吸纳了大量灵活就业的外卖、网约车司机、直播行业，企业端要加强对从业人员的素质培养，引导新就业形态劳动人员关注自身健康和长远发展，帮助从业者解决只能吃"青春饭"的问题；税收、社保、市监、工信、网信等部门在调整灵活用工产业政策时，在法治程序下最大限度保持政策的延续性和稳定性，对确需更改的就业指导政策，应同新个体劳动者、用工企业、服务平台等多方代表进行有效沟通，在科学论证听证、公开征求意见后再行实施。

多措并举助力新就业各新业态发展

多措并举助力新就业各新业态发展，对此，提出以下建议。

其一，完善新就业形态劳动者的技能培育及权益保障多维体系。

一是新就业形态劳动者应主动提升职业自觉和法治素养。当前，灵活就业吸纳的大量劳动力受教育程度有限，从业者过度关注实际收入而忽视劳动安全，更无长远职业规划。从权利义务对等角度而言，新就业形态劳动者在享受市场化高收益的同时，不应再要求适配基于人身从属关系的全额劳动权益保障。故新就业形态劳动者在主观上要对劳动（劳务）关系工作抑或合作关系工作有所辨别，结合自身健康状况、技能水平选择适当的工作强度。

二是对具有劳动力要素调配功能的共享经济用工服务平台和共享经济

用工平台，出台灵活就业岗前培训强制规定，进一步帮助新就业形态劳动者明确自身属性定位、可能承担的职业风险。重点解决大龄劳动力群体的"数字鸿沟"问题、高危高强度行业的"青春饭"问题、短期临时用工的"放鸽子"问题。具体可通过用工 App 为就业困难群体提供免费在线课程和就业指导视频资料，不定期推送供劳动者岗前学习的"数字学堂"或技能考试，完善用工评价绩效机制和劳动过程数字记录设施等。

三是调整现行社保政策法规体系适应新就业形态用工新特点。由社保部门牵头建立没有劳动关系也可以缴纳社会保险的政策法规体系，推动新就业形态劳动者"应保尽保"。建议对风险类型较大的新就业形态劳动者强制参保，如工伤、失业保险，风险较小的社会保险通过政策引导鼓励参保，如生育保险。在社保管辖上，破除新就业形态劳动者缴纳社保的户籍门槛，参保地可逐步向劳动行为实际发生地或代缴平台所在地倾斜。在缴费周期上，可设计月缴、季缴、年缴等多种缴费方式。同时，依托《政务信息资源共享管理暂行办法》(国发〔2016〕51号)加快建立个人社保账户和建立全国统筹的社保机制与数据库，确保全国社保大数据信息互联互通。

其二，明确共享经济用工服务平台多场景合规发展的监管依据。

一是健全新就业形态用工税收政策法规。中央层面，在税收法定、减税降费、社保入税、数据治税等总体要求下，及时制定出台相关管理办法，统一各地个税代征授权的审批标准及督查规程。地方层面，因地制宜设置本地新就业形态用工服务平台税收优惠专项扶持政策法规，并根据劳动力就业数据为衡量指标，配合转移支付平衡区域财政收支，避免平台利用税收优惠实施监管套利。技术层面，鼓励新就业形态用工产业头部平台利用税收大数据辅助有关部门分析、识别新业态潜在高风险行为，及时提出法律应对建议。

二是创新新就业形态用工新型劳动关系。建议对现行劳动法体系进行更新，研究制定更具针对性的灵活用工立法，为新个体劳动者的主体资格及行为后果提供认定依据。在厘清不同场景下个体劳动者的收入来源、工种属性、劳动强度、责任分配、侵权救济等评价要素后，划清新个体劳动者与灵活用工服务平台间的权利义务边界，明确平台责任类型及必要限度。通过法律强制规定，提升新就业形态用工服务平台事前注意义务，平台应根据从业环境分别设置劳动合作协议，对属于高风险职业的劳动者无论为自然人或个体经营者原则上提供劳务合同，在充分提示责任风险后可根据劳动者自愿签署劳务承包合同。

三是新就业形态领域各新业态应在法治引领下，进一步推动政府、个人、企业、社会形成合力。监管部门集中精力把握新就业形态用工产业健康发展的关键数据要素，放权市场、专精本职、提升服务；在政府指导下成立工会组织，代表新就业形态广大从业人员发声、维权；新就业形态用工服务平台及用工企业成立行业协会组织，积极拓宽劳资双方沟通渠道，听取劳动者迫切诉求。在此基础上，建立由监管部门、新就业劳动者工会、行业协会构成的灵活用工联动协调机制，充分发挥多元主体共建共治共享的积极性，保障新就业形态领域各新业态健康发展。

（原文首发于《第一财经日报》2022 年 2 月 8 日 A11 版，收录时有调整）

三管齐下：规范零工经济，保障劳动者合法权益

零工经济服务平台（简称"零工服务平台"）通过线上数据运营管理模式，能够有效撮合用工需求、降低用工成本、提升监管水平，因此该产业一经诞生便发展迅猛。但在实际运行中，该模式存在税收制度盲点、劳动保障痛点和数据安全风险点，随着产业快速膨胀，相应节点的违规运营问题也逐渐凸显。

保就业就是保民生，稳就业就是稳经济。

国务院总理李克强在2021年全国"两会"期间强调，中国灵活就业已涉及2亿多人，应当以机制性的办法为他们提供基本的权益保障，帮助灵活就业市场更加健康、稳定地向前发展。

当前，新兴的各类零工服务平台可以为灵活用工、增加就业机会、降低用工成本、激活劳动力市场、提高劳动力配置效率提供专业化、便利性的服务，已成为平台经济、共享经济发展的重要设施。

零工服务平台上的新就业形态劳动者——在实践中这类群体通常被冠以新经济个体经营者之名，以便享受各种税收优惠政策。平台企业及监管部门提供劳动服务分包、信息撮合、收入结算、税收筹划、税费代缴、社保缴纳等多种便捷功能，极大提升了灵活用工领域的经济效率与治理水平。

同时，新兴的零工服务平台同质化竞争加剧，临时性税收优惠政策不可持续，国家对平台经济领域强监管趋势已现，大数据信息安全风险频发等现实问题，已成为零工服务平台健康发展的主要障碍，亟待厘清其中的税收征管、劳动保护、数据安全法治风险并予以系统应对。

零工服务平台的商业模式

据专业机构测算，2019 年灵活用工（即零工经济）国内市场规模已达4787.69 亿元，年均复合增长率达 45%。在疫情影响和政策推动下，用工需求持续上升，预计 2020 年市场规模约 7258.2 亿元，市场渗透率为 8.24%。

《中国灵活用工发展报告（2021）》显示，2020 年中国企业采用灵活用工的比例达到 55.68%。目前，全国范围内较为知名的零工服务平台，如爱员工、云账户、薪福社、博尔捷、杰出、邦达、椰云、邦芒、仁联等已累计为 2 亿多人次提供零工服务。其中，行业头部平台 2020 年总收入更是达到 380 多亿元，纳税约 25 亿元，缓解了 6400 家平台企业的用工压力，帮助 1000 余万劳动者实现就业脱贫。

作为体量如此巨大、服务对象如此广泛的新兴产业，零工服务平台的商业模式并不像传统产业那般清晰明了，确有必要对其进行简明剖析。首先，其主要服务对象包括新就业形态劳动者用户（C 端）、发布灵活用工需求的企业用户（B 端）、零工服务平台业务流程中需要对接的政府监管部门（G 端）。

目前，规模较大的零工服务平台一般不强调其"劳务属性"，而是在承接了 B 端的灵活用工需求后，将 C 端注册为"新个体经营者"（此时 C 端演变为名义上的 B 端经营者身份）以进行分包合作，各方不存在管理、考核、发佣的"劳动关系"，仅为一般商事主体间的"经营合作关系"，且平台将其外包、分包行为整合为一项"综合服务业务"，为 B 端开具"现代服务业"名目的增值税专用发票。

该商业模式的显著优势在于，能为 B 端企业用户节约人力资源税收成本，并通过提供"新个体经营者"防范用工风险；为 C 端（名义上的 B 端）降低个人所得纳税额，并帮助其代缴社会保险；为 G 端规范了灵活用工中的税收代征、扩充了部分税源，并协助人社部门为新就业形态人员提供劳动保障。

作为沟通 C 端、B 端、G 端的重要桥梁，零工服务平台通过线上数据运营管理模式，能够有效撮合用工需求、降低用工成本、提升监管水平，因此该产业一经诞生便发展迅猛。但在实际运行中，该模式存在税收制度盲点、劳动保障痛点和数据安全风险点，随着产业快速膨胀，相应节点的违规运营问题也逐渐凸显。

零工服务平台违规频现

在疫情防控常态化的当下，零工服务平台对于新发展格局下畅通国内经济大循环——促进就业、保障民生、企业减负、巩固税源发挥了关键性作用。但也要看到，同质化竞争加剧、临时性税收优惠政策不可持续、国家对平台经济领域强监管趋势已现、大数据信息安全风险频发等，已成为零工服务平台健康发展过程中亟待面对的现实问题。

受自贸港政策利好影响，截至 2020 年 8 月，海南省累计已有 200 余家平台企业获得税务委托代征资质。但是，海南省税务局后续开展的委托代征清理整顿专项行动中，终止了惠多多、慧用工、云工享、节税通等 60 多家灵活用工服务平台的委托代征协议，退出率高达 30%。整顿原因包括：平台业务风控不合规、平台业务涉嫌违法违规、公司主动申请退出、同一股东在海南省内有多张代征牌照等。

综观全国，天津、湖南、河南、海南、山东、浙江、江苏、辽宁、江西、安徽、甘肃等十多个省份的地方税务机关已授权超千家企业开展委托代征业务。其中出现了部分企业为了利益频繁触碰监管底线的情况，因此多个省份已暂停发放委托代征资格证，并相继开始清理整治违规平台。

2020 年 11 月，烟台市公安局查处一起利用互联网共享经济服务平台虚开增值税专用发票案件，涉案发票金额高达 13 亿余元。无独有偶，2021 年 6 月，山东青岛某灵活用工企业因涉嫌虚开发票被警方调查，牵连企业 74 家，涉案金额高达 300 亿元。零工服务平台违规利用国家税收、地方招商引资优惠政策及委托代征制度漏洞故意骗取、漏逃国家税款，其社会危害之大令人咋舌。

同时，零工服务平台也被指刻意引导新就业形态人员注册个体工商户以规避用工企业劳动责任，特别是外卖配送、家政装修、网约车等高危行业，由此引发的"劳务纠纷"层出不穷。且零工服务平台是否能够妥善管理用户注册时收集的个人信息以及同政府部门对接时接收的敏感数据也未可知。由此观之，化解零工服务平台蓬勃发展背后的违规风险已是刻不容缓。

违规风险的溯源及应对

检视零工服务平台风险频发的特征及原因会发现，并不局限于税费代征代缴问题，其核心是互联网新业态发展初期出现的新兴法律关系与现有法律规范及实施间的矛盾，表现为产业数字化或数字产业化对法治实施体系和政府治理能力、水平的挑战。进一步结合零工服务平台的智能报税、保险缴费、业务分包、证照办理、身份核验、收入结算等主营业务，可将主要的风险来源整理为税收征管、劳动保护、数据安全这三类风险。

首先看税收征管风险与应对。

税收征管是零工服务平台最重要的风控点，虽然宏观政策环境较为包容，但从严格意义上讲，目前大多数平台难以达到合规要求。问题的核心在于，现行税收法治体系在立法文本、征管实践、央地关系上存在堵点，致使税收法定的地方性适用差异明显。各地间的税收竞争加剧了全国性平台向"税收洼地"转移，加之复杂多样的税收优惠体系，平台企业逐利本性下的监管套利行为难以完全杜绝。

为此，建议尽快系统协调央地及地方政府间在财权事权分配上的差异，补充和细化央地税收权限法律依据，以及地方间财政税收转移规范，坚持中央税管方针在地方实施中的落实落地。同时，制定和施行科学合理的相关政策规范，因地制宜设置各地方政府的税收优惠宽宥期，以转移支付形式平衡区域财政收支，保持地方税收竞争的公平性。

其次再看劳动保障风险与应对。

随着平台经济和技术的高速发展，加上受全球新冠肺炎疫情的影响，无接触式经济等新业态、新产业迅猛增长，从事相关行业的个体劳动者数量及需求量成正比上涨，在活化劳动力市场的同时，也引发了诸多新型劳动场景下用工权益保护与救济的问题。

实践中，经由零工服务平台聚合的大量新就业形态劳动者，与平台之间为合作关系，而非劳动或劳务关系，双方类似于"合作共赢、风险自担"的市场主体，在一定程度上打破了现行劳动法对单位职工的权益保护规则，特别是骑手、保洁、装修等高风险职业将很难直接认定用工责任，由此产生的劳动纠纷频现，引发社会各界广泛关注。

故此，针对零工共享模式，应明晰不同场景下个体劳动者的收入来源、职业范畴、责任分配、侵权救济等劳务要素，识别劳动者个体与服务平台间的权利义务界限，判断平台责任承担类型及限度，应作为补充情形纳入现行劳动法体系。同时，针对零工服务平台，需区分从业环境，设立契合劳动者基本权益的合作协议，尤其对高风险职业，服务平台原则上应向个体劳动者提供劳务合同，在提示相关劳动责任风险后，方能提供承包合同，两者的最终约定由实际工作承担者自主选择，零工服务平台应尽到事前告知义务。

最后是数据安全风险与应对。

零工服务平台在对接新就业形态劳动者、用工平台企业、政府各部门的过程中，对其收集、使用、管理的个人隐私、商业秘密、国家安全类数据存在信息泄露和非法利用的风险。特别是零工服务平台通常能够接触到税收、社保这类普通平台难以涉及的敏感数据，其数据安全保护义务应更加严格。

因此，对零工服务平台可能涉及的敏感数据分类分级治理，应聚焦数据采集、分析、开发、共享过程中存在的个人隐私、商业秘密、国家安全等数据信息的有效保护，制定并优化符合个人利益、商业利益、国家安全、社会公共利益的分类分级标准及流转规范。同时，对于治理技术及经手人员合规问题，政府部门及平台企业均要评估现有数据处理技术手段与业务人员的资格和能力，建立符合实际运行需要的具有科学性、规范性、约束性的机制与程序，重点检验区块链等辅助工具的基础架构与控制节点，补足企业内部数据管理规约的机制盲点。

当然，保障零工服务平台健康发展，并不局限于事中事后监管与救济，还需要重视事前预防与风控，加快社会信用体系建设，建立社会征信评价机制等，亦能有效纾解陌生群体信任缺失、征信成本过高、失信恢复困难等服务平台发展过程中的痛点与堵点。

（原文首发于《财经》2022 年第 3 期，收录时有调整）

如何化解数据安全风险　让车联网健康运行

作为中国"十四五"期间大力发展的重要新型基础设施，车联网是极富创新与融合的产业形态，集成了汽车、电子、信息通信、交通、大数据、云计算、人工智能等技术与产业，具有显著的跨行业、跨市场特征。

车联网还呈现出明显的数字化、网联化、智能化发展趋势，其产业价值链、供应链及由此形成的系统生态链，相较其他产业和领域都具有划时代的颠覆性创新属性，已成为未来汽车业乃至国家工业产业转型升级的新方向。

与此同时，车联网数据安全的重要性也愈发凸显，受到了工信部、中央网信办等相关部门高度重视。

近期，工信部印发了《车联网网络安全和数据安全标准体系建设指南》（简称《指南》），明确提出到 2025 年形成较为完善的车联网网络安全和数据安全标准体系，完成 100 项以上标准的研制，支撑车联网产业安全健康发展。

《指南》的出台，进一步增强了安全标准制定的紧迫性，有利于优化安全标准体系制定的进度结构，高质量推进安全指标体系建设。同时，明确了安全标准体系的重点领域及方向，详细提出了车联网网络安全和数据安全标准体系框架（见图1），具有很强的实操性，能够给车联网数据控制者及处理者提供参考，达到更好的合规效果。

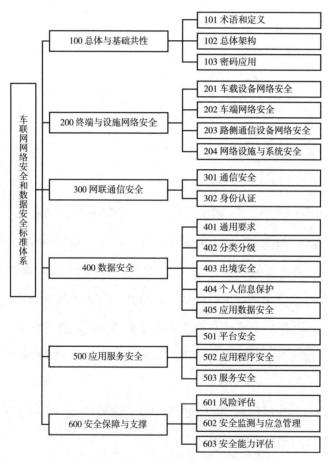

图1 车联网网络安全和数据安全标准体系框架

资料来源：《车联网网络安全和数据安全标准体系建设指南》。

《指南》将对与数据联系较为紧密的企业和用户产生较为深远的影响，能够进一步缓解用户隐私保护与企业数据获取的冲突。但是，汽车企业后台对海量数据的收集行为给个人隐私带来的潜在风险依旧持续存在。为此，应当正确看待用户隐私保护与企业数据获取之间的辩证关系，协同推进隐私保护与数据获取，结合《指南》与域外先进做法，构建多方主体协同治理的车联网安全治理法治体系。

数据安全隐忧引发用户信任危机

随着车联网的应用场景越来越多，用户的需求不断提高。为有效确保智能网联汽车能够适应不同的场景、路况，以提供便利、安全的服务，汽车厂商、智能汽车制造商、服务提供商等会对各类数据进行采集和使用。在数据采集类型、范围，以及数据使用、共享等管理要求和标准规范不够明确的情况下，很容易造成车联网相关数据被过度采集和滥用，带来个人信息和重要数据泄露的安全风险。

目前，消费者对现阶段智能汽车厂商妥善保护个人敏感信息的整体信心不足，但同时又处于对智能汽车服务需求较为旺盛而不得不让渡个人信息，甚至是个人敏感信息的矛盾境地。隐私信息"安全感"的缺失，一方面源于消费者个人隐私信息的被迫让渡，另一方面源于智能汽车厂商乃至现行法律体系对个人隐私信息保护力度不足。而且，随着数据的规模效应和可挖掘价值的增加，个人信息所面临的泄露与滥用的风险也在加大。

隐私保护与数据开发的协同化、法治化是趋势

其实，让渡隐私与获得便利性之间并不矛盾，两者一体两面，安全是

连通两者的桥梁。企业当然可以通过挖掘利用数据"金矿"来改善产品功能，提升用户体验，进而谋取自身利益最大化，这对企业和消费者来讲是双赢的选择。但要实现双赢，则存在一个前提：企业在获取或利用消费者数据时，需要确保数据不被泄露和滥用。如果企业所提供的数据安全保障能力和数据获取的必要性能够完全赢得消费者信任，消费者完全可以共享个人敏感信息。

具体来讲，需要一系规则机制来实现上述前提，即"明确的个人数据信息安全保护规则"+"具体可行的产业数据安全监管与协调机制"+"合理的多元主体间利益分享机制"。换言之，亟须建立健全科学性、规范性、系统性的车联网领域数据信息全价值、全周期、全场景、全空域、全过程的数据采集、使用与管理制度和实施机制，确保安全与发展的统合，在规范中发展，在发展中规范。

因此，《指南》在现有法律法规基础上，为车联网领域规则标准的进一步细化指明了方向。但是，要实现个人敏感信息的安全共享，还需要完善车联网产业数据安全的监管与数据共享协调机制，以保障各项政策、制度的落实落地。

因此，建议相关监管部门可通过加快车联网数据安全风险监测与综合管理平台建设、引入车联网基础设施区块链安全存证技术、提高对数据安全违规相关企业的处罚力度，以及尽快规范车联网领域数据分类分级与市场交易机制等多个方面，推动车企提高对数据安全技术创新投资力度，特别是加强对数据合规软科学制度措施的研究。车企需要在充分理解《指南》文本的基础上，结合自身发展特点，推动《指南》文本的转化适用，并积极加入行业规范的设计、调整、更新、优化之中，定期主动发布用户数据安全评级报告，鼓励和支持用户一并参与车联网产业数据安全治理。

此外，用户敏感信息共享应当同时满足以下条件：当数据采集、使用与管理的相关制度健全及运行规范有保障之际；在满足现行相关法律法规，譬如《数据安全法》《个人信息保护法》《互联网信息服务算法推荐管理规定》以及即将发布的《网络数据安全管理条例》等条件下；结合具体场景，譬如涉及国家安全、社会公共安全以及用户自身紧急求助需求等法定情形下，或者在明确告知用户且征得用户同意的约定情形下；以最小化为原则实现用户敏感数据的共享。

车联网数据安全治理法治化的思考

汽车行业转型期间，汽车厂商的角色也逐渐从制造企业转变为科技型企业，参照科技型企业的发展经验，任何产品的网络安全和用户的数据安全都占据着企业经营的首要位置。

车联网市场参与者众多，包括与车联网产业相关的企业或组织，如产业链中上游包括元器件供应商、通信设备提供商、汽车电子系统供应商等，下游包括传统车企与互联网车企。此外，还包括大量服务业角色，如网络运营商、数据服务商、通信服务商、车内软件提供商、负责车联网系统开发流程和上下游开发衔接的车联网供应商，车联网用户以及政府等多方主体。可见，车联网的安全管理问题需要的不仅仅是汽车厂商单方的重视，更需要监管部门、用户等多方主体共同努力，保障车联网健康运行。

具体来看，完善数据安全治理的基本逻辑应从"一条线六个面"展开。

"一条线"即数据全生命周期管理，即从产生或获取到销毁的过程，围绕数据采集、存储、整合、呈现与使用、分析与应用、归档和销毁等几个阶段实现数据安全的全方位治理。

"六个面"即车联网网络安全和数据安全标准体系的六个部分，包括总体与基础共性、终端与设施网络安全、网联通信安全、数据安全、应用服务安全、安全保障与支撑。设定数据安全标准，应依据各部分分别部署相对应的数据安全策略，以保障数据资产全生命周期过程中，数据的保密性、完整性、真实性和可用性。

另外，完善数据安全治理需多主体齐发力。

第一，国家层面的数据安全治理。车联网行业的产业链、价值链比较长，涉及主体多元，全球化程度较高。其中相当一部分汽车厂商是通过中外合资不断发展起来的，有 60% 的车辆数据为离岸储存。

需要看到，车联网服务数据被传输至域外，可能引发国家数据安全层面的隐患。当前，数据跨境流动已引起世界各国的高度重视，纷纷加强立法保护数据出境安全。如亚太经合组织（APEC）建立跨境商业个人隐私保护规则体系（CBPR）；美国与欧盟签订的《隐私盾协议》；2018 年 3 月美国通过的《澄清域外合法使用数据法案》（Clarifying Lawful Overseas Use of Data Act，CLOUD）；2018 年 5 月欧盟出台的《通用数据保护条例》（General Data Protection Regulation，GDPR）等。

中国随着《数据安全法》《网络安全法》等法律法规的出台，在探索具有中国特色的个人信息出境安全管理上成效明显。故汽车厂商需要积极跟进国内外车联网数据安全、数据出境方面的标准、法律及监管规范的最新要求，在坚决维护国家安全和用户安全的基础上合法合规经营。

第二，用户层面的数据安全治理与服务。车联网的很大一部分数据来源于智能网联汽车用户，其中包括与驾驶者相关的身份信息 / 数据、车辆信息 / 数据、驾驶行为数据、车辆传感器采集的道路环境等非驾驶行为数据、基于驾驶场景而生成的用户非驾驶性的消费数据，以及在前述数据之上加工而来的合成衍生数据等。为此，必须加快对车联网场景下的数据分类分级管理与服务，特别是基于车联网场景下各类数据的算法分析而产生的算法使用行为。

车载智能系统所记录和留存的车主或乘客的大量个人数据，如语音、影像等直接涉及用户个人隐私的数据信息须严格管理。对此，《民法典》《个人信息保护法》等法律法规已做出明确要求，汽车厂商未经许可不得随意收集上述信息。厂商内部也应建立完善、可靠的数据安全管理机制，以随时接受政府的合法监管与公众的合理质询。

此外，对汽车厂商结合地图、交通流量、周边车辆、行人、非机动车位置、道路状况、信号灯相位、道路预警、气象信息、停车场提示等辅助数据，对用户行程轨迹、生活习惯进行"数据画像"的行为也应有所约束。

汽车厂商使用这些数据需获得用户明确授权，且原始数据信息要经过"脱敏处理"，确保不会对特定个体进行反向画像后，方能供企业分析用户需求、调整经营策略、提供增值服务，同时也要谨防头部汽车厂商对车联网场景下各类智联网络数据的垄断和不正当使用。

建立健全数据安全治理体系，是车联网产业健康发展的关键基础环节。没有数据安全，车联网的健康发展就没有保障，这里的安全不仅仅包括用户个人信息安全，还涉及用户、企业、国家等所有参与主体的多维度安全利益，即系统安全与整体安全。

为此，要注重系统与共赢思维在车联网领域数据治理上的适用，鼓励多元主体共同参与车联网数据治理体系的建设与运行，遵循"一条线六个面"的基本逻辑，构建多主体共商、共建、共治、共享的车联网安全治理法治化体系，即在安全中发展，以发展促安全，为车联网安全健康运行提供法治保障。

（原文首发于《财经》App 2022 年 4 月 8 日，收录时做了调整）

在线诉讼制度施行的难点及应对

伴随数字数据技术的深度发展，人类社会正在由工业时代向数字时代转变，科学技术对经济社会各个方面产生了重大影响与变革，"诉讼数字化"亦是现代诉讼发展的必然表现。对此，党中央印发的《法治社会建设实施纲要（2020—2025 年）》中明确提出"推动大数据、人工智能等科技创新成果同司法工作深度融合，完善'互联网＋诉讼'模式，加强诉讼服务设施建设，全面建设集约高效、多元解纷、便民利民、智慧精准、开放互动、交融共享的现代化诉讼服务体系。"2021 年 6 月 17 日，最高人民法院（以下简称最高法）发布了《人民法院在线诉讼规则》（以下简称《规则》），这是首部指导全国所有法院开展在线诉讼工作的司法解释，代表着我国在线诉讼制度已由原先的个别法院试点转向了全国法院的普遍推行，这是数字时代下诉讼制度的深化改革。然而，该制度的推进与完善仍面临着理论与实践层面的困境，须认真对待在线诉讼制度的定位与完善，实现从数字技术的诉讼运用到诉讼制度现代化的变革，回应人民群众对数字时代新司法的现实所需。

一　推进在线诉讼制度的主要难点

在线诉讼制度在现行诉讼法律体系中定位失准

《规则》对于在线诉讼制度的适用范围规定：民事、行政诉讼案件；部分刑事诉讼案件；民事特别程序、督促程序、破产程序和非诉执行审查案件；民事、行政和刑事附带民事诉讼执行案件；以及适宜采取在线审理的案件均可适用。《规则》对在线诉讼的效力规定为："在线诉讼活动与线下诉讼活动具有同等法律效力"。这表明此次在全国范围内推进在线诉讼制度，意在实现数字经济时代涵盖各诉讼领域（民事、行政、刑事）、覆盖全诉讼流程的变革。

然而在线诉讼制度的演进，不仅是数据数字、信息通信等技术在传统诉讼制度上的加持，其工具理性的深度运用不等同于价值理性的合理正当，在线诉讼的具体适用范围与规则应当因应具体领域诉讼的性质与法理追求。《规则》对于在线诉讼制度改革的探索，已经直接改变了部分诉讼的法定程序，甚至对诉讼法定的程序权利产生影响，此类改变与影响应当符合现行诉讼法律体系的基本规定。然而，《规则》是以司法解释形式探索建立统一的在线诉讼制度，部分创新制度缺少诉讼基本法的依据，存在定位失准之问题。

从我国司法实践的现实角度出发，法律难以细化至各个问题的规则方式，因此司法解释具有保障司法活动合法、合规、合理进行的重要功能，诉讼法的司法解释更是对诉讼制度的全周期、全流程、全方位良好运转发挥了重要作用。但是，基于立法论而言，司法解释属于法律适用的解释性文本，在对于具体制度的细化中应符合所细化法律制度的基本规定，不应创设或更改上位法规定的基本权利与义务，否则具有越权之嫌。

在线诉讼制度与现行诉讼法律体系的冲突

在线诉讼制度是涵盖各诉讼领域、覆盖全诉讼流程的系统性变革，《规则》的发布实施是在线诉讼的有力实践与有效探索，然而囿于《规则》属于司法解释的法律位阶，相关制度的构建仍应符合各领域诉讼法的基本规定。但《规则》创设的非同步审理机制、完善的电子送达规则存在与现行诉讼法体系的冲突。

第一，《规则》首次确认了非同步审理机制的效力，虽然该机制使特定情形下的诉讼活动在经济性和效率性上得到了极大提升，但该制度直接冲击了直接言词原则与集中审理原则，有滑向"书面审理"的风险。具体而言，非同步审理机制的内容为：《规则》规定小额诉讼程序或者民事、行政简易程序审理的案件，经各方当事人同意，人民法院可以指定当事人在一定期限内，分别登录诉讼平台，以非同步的方式开展调解、证据交换、调查询问、庭审等诉讼活动。

在线审理本就是通过互联网等信息通信技术实现语音、图像、文字等信息的传递，打破物理空间对庭审活动的局限，使得超越空间的审判活动得以实现。而非同步审理机制，则是在超越空间的基础上，进一步超越了时间的局限，允许诉讼参与人在一定期限内，但不必同时开展诉讼活动。虽然此种诉讼方式实现了程序效率的提升，当事人可利用碎片化的时间参与诉讼活动，但在一定程度上对诉讼程序的正当性提出了挑战，冲击了诉讼的直接言词原则与集中审理原则，即当事人有权在法庭上以言词形式展开辩论，审判人员应当直接以在法庭上直接获得的证据材料作为裁判基础。非同步审理机制一方面减损了庭审仪式感，使得当事人无法展开直接的言辞辩论；另一方面影响了法官审理方式，无法直接根据当事人口头辩论探寻事实真相，只能依据诉讼当事人异步言词与证据材料做出裁判，一定程度上成为"书面审理"，减损了程序正当性。

第二，《规则》细化完善了电子送达规则，进一步规定了电子送达的适用条件、内容范围、手段方式和生效标准，但仍存在适用标准与效果模糊的问题。

其一，推定送达生效但未送达时如何救济？《规则》规定了电子送达的生效标准与推定生效标准，但在推定生效中，若因存在系统错误、送达地址非本人使用或者非本人阅知等未收悉送达内容，导致当事人或其他诉讼参与人丧失诉讼权利，此种情形当事人应如何救济尚无规定。其二，收悉主义[①] 推定送达生效情形下，如何确定送达效力及时间？

在实践中根据《民事诉讼法》第87条之规定，以电子邮件等方式送达采取到达主义，然而《规则》第31条规定，扩张解释为受送达人收悉送达时，推定送达生效。《规则》关于收悉送达主义的规定已超出《民事诉讼法》的基本规定，此类电子送达能否有效？此外，《民事诉讼法》关于电子邮件送达采取到达主义，此时收悉主义推定生效时间若确定为到达时间，则将缩短受送达人应有的程序时间，若确定为收悉时间，又将超越现行法的基本规定。因此，需要对电子送达规则的适用标准与效果进一步完善。

二　完善在线诉讼制度的重要举措

（一）认真对待在线诉讼制度的法律定位

《规则》是最高人民法院在总结近年来各级人民法院在推进"互联网＋司法"工作经验的基础上形成的规则，也是人民法院在司法审判领域

---

① 有关"收悉主义"的具体解释，参见李承运《正确把握推进电子诉讼的四个维度》，载《人民法院报》2020年4月2日第8版。

有效建设数字数据与信息通信技术的各项成果的汇集。但需要厘清的是，在线诉讼制度的法律定位不同于"互联网司法"与"互联网法院"，当前实践层面存在混同理解与适用的风险，亟须在法律定位层面予以廓清，以此完善在线诉讼制度体系。

首先，在线诉讼制度是因应数字经济社会变化对诉讼制度的深化改革，是对诉权运行的线上化。虽然在线诉讼中的起诉、调解、庭审、执行等程序需要依托法院进行数字化基础设施的建设，但该制度本质上应属法院外部建设，在线诉讼制度的设计直接关系诉讼当事人权利的实现，应当根据具体领域诉讼制度的特点与价值追求进行设计，保障当事人诉权的有效行使，保证在线诉讼程序的合法性、合理性、正当性。而"互联网司法"是人民法院运用人工智能、区块链、云计算、大数据等技术和资源围绕司法运行全周期的数字化建设，本质上属于法院内部建设，目的在于使人民法院更好地实施智慧化管理。

其次，在线诉讼制度也不可简单认为是"互联网法院"的扩大化推广。根据《最高人民法院关于互联网法院审理案件若干问题的规定》（简称《互联网法院规定》），"互联网法院"是互联网专门法院，旨在集中管辖所在市辖区内应当由基层人民法院管辖的涉网案件，虽然"互联网法院"也采用部分在线诉讼制度，但其主要任务与目的仍是专门解决涉互联网的民事、行政案件。而在线诉讼制度不仅只针对涉互联网案件，而是实现了传统线下审理诉讼程序的线上化，同时，《规则》也将突破《互联网法院规定》的专属管辖制度，故此，在线诉讼制度是对整个诉讼程序的重构。

综上，在线诉讼制度已经成为数字经济时代诉讼程序制度的系统性变革，对于诉讼的基本理念、原则与规则将产生影响，而这种程序规则及程序权利的变化，应当基于各领域诉讼的基本理念与价值追求进行调适。民事诉讼是在经济生活领域发生了经济利益纠纷等民事争议的当事人，向人民法院提出诉请，由人民法院依法审理和裁判民事争议的程序和制度。在线民事诉讼制度的构建则应当追求在于公正、迅速、经济地解决民事纠纷，即在线民事诉讼程序须充分保证双方当事人的各项诉讼权利，法院在诉讼中裁判应保持公正；程序应尽量迅速，不因线上与线下的区别而拖延诉讼；在线诉讼制度设计与运行应尽量降低诉讼成本，不增加当事人的负担。行政诉讼是行政相对人认为行政机关做出的行政行为侵犯其合法权益，依法向法院提起诉讼，法院按照法定程序对被诉的行政行为进行合法性审查，并做出裁判的一种诉讼制度。在线行政诉讼制度的构建则应当为救济公民、法人和其他组织受行政行为侵害的权利提供充分程序性保障。刑事诉讼是在国家机关的主持和相关诉讼参与人的参与下，查明犯罪事实、追究和惩罚犯罪、保障人权的活动。在线刑事诉讼的构建应当能够准确、及时、合法地揭露、证实犯罪，同时在程序上充分保障无罪公民的人身、民主及其他权利，由于刑事诉讼涉及利益的重大性，其更加注重程序的合法性、科学性。

当前，《规则》以司法解释的形式确立了在线诉讼制度，因此制度在实施时仍应符合上位法的基本规定，须与现行诉讼法律体系相融，由于在线诉讼制度是新型诉讼程序的建设，应在条件充分时考虑修订诉讼基本法律体系，以适应诉讼程序的新发展，实现国家治理能力与治理体系在司法审判领域的现代化。

（二）细化完善在线诉讼制度的法律规则

第一，完善非同步审理机制体系规则。

（1）非同步审理机制应考虑在实践后修订纳入《民事诉讼法》与《行政诉讼法》。根据《立法法》的规定，最高法做出属于审判工作中具体应用法律的解释，应当主要针对具体的法律条文，并符合立法的目的、原则和原意。而非同步审理机制属于在线诉讼条件下演化出的新生制度，《规则》创设该制度缺少上位法依据，并且该制度与现行诉讼法律原则存在冲突的情形下，应保持审慎的态度，不得设定对公民、法人、其他组织减损权利或增加义务的规范。

（2）非同步审理机制存在合法性与正当性的基础。一方面，非同步审理方式是以各方当事人均同意为前提，根据处分原则之内涵，诉讼当事人可以对自己的程序性权利进行处分；另一方面，非同步审理适用条件有严格限制，只有在小额诉讼程序或者民事、行政简易程序等对当事人权益有限影响的案件中方可适用。故此，考虑到非同步审理方式具有提升诉讼程序效率、节约诉讼程序经济的优势作用，在允许诉讼当事人均同意的情形下自行选择适用，亦是当事人行使处分程序性权利的应有之义。

第二，规范电子送达的适用标准与效果。送达是法院依据法定的程序和方式，将诉讼文书送至当事人或其他诉讼参与人的行为，使受送达人充分了解诉讼文书内容，行使诉讼权利、履行程序或实体义务，送达在诉讼程序中具有传递诉讼信息、联结前后诉讼行为的重要功能与意义。电子送达规则的科学与否直接关系到电子诉讼程序的正当与否。

（1）当前电子送达效力困境仍在于《规则》法律位阶较低，在当前探索实践阶段更应保持包容审慎的态度，在经验成熟后纳入诉讼法律体系。

（2）对于推定送达生效但未送达的问题，须从两方面着手化解：一方面，当前诉讼法律体系尚未规定电子送达中受送达人的接收义务，若当事人选择采用电子送达的方式时，有义务及时查收指定电子系统中的文书及证据材料，若未履行接收义务，则应承担程序上的不利后果。另一方面，须细化法院实施电子送达的规范与责任，若由于法院送达存在过错，应当赋予当事人程序救济的权利。

最后，对于收悉主义推定生效的时间，应当以确认收悉的时间作为生效时间，否则将有损受送达人的程序权利，但若发生纠纷时，受送达人应对收悉时间承担证明责任。

（原文首发于《知产财经》2021 年 8 月 23 日，收录时做了调整）

加强司法信息系统法治建设
切实保护当事人隐私权益

　　信息化与司法改革的深度融合是智慧法院建设的重要部分。近日，最高人民法院审判委员会通过《人民法院在线诉讼规则》（以下简称《规则》）。《规则》首次明确规定了涵盖各审判领域、覆盖诉讼全流程的在线诉讼规则体系，其中第2条要求人民法院开展在线诉讼应遵循安全可靠原则，人民法院应依法保护个人隐私和个人信息，有效保障在线诉讼数据信息安全，同时规范技术应用，确保技术中立和平台中立。可见，当事人的隐私权益及保护已成为在线诉讼实体和程序安排中的重要部分。必须清醒认识到，智慧法院的建设给当事人的隐私保护客观上带来了冲击，在接下来的工作中，人民法院必须要加强信息系统的建设，通过提高司法人员的相关能力，加强对第三方机构（平台）处理当事人隐私的监管，完善信息系统法治建设，切实保护当事人的隐私权益。

一　智慧法院建设对当事人隐私保护的挑战

当前，在司法实践中智慧法院的建设已初见成效。2016 年，北京法院智能研判系统"睿法官"开通上线，"睿法官"通过大数据分析，为法官判案提供统一、全面的审理规范和办案指引；同年，最高人民法院已联合中国电子科技集团公司等单位共同成立了"天平司法大数据有限公司"，作为智慧法院建设的研发中心，参与智慧法院的建设；2017 年，杭州互联网法院正式成立，用网络的方式审理案件，使得诉讼更加高效；2019 年，最高人民法院发布《中国法院的互联网司法》白皮书，系统介绍了中国在互联网时代的司法创新；2021 年 6 月，中国移动微法院标准版正式上线，实现核心功能、业务流程、数据标准、技术状态在全国法院的全面统一，并对诉前调解、立案申请、远程庭审、案件执行等功能进行全面迭代升级。总体上看，我国的智慧法院建设取得了可喜的成果。同时，也应注意到，信息系统建设是智慧法院建设的一个重要部分，其建设与当事人的隐私权益的实现与保护有着密切关系，必须要加强信息系统的建设，以更好地保护当事人隐私权益。目前来看，信息系统建设中当事人隐私面临的风险主要表现在以下几个方面。

（一）法院工作人员审执中疏忽导致当事人隐私泄露

在审判中，当事人的隐私可能会因为法院工作人员在操作信息系统时的疏忽而被暴露。以庭审直播为例，我国法院系统以中国庭审公开网作为全国法院网络庭审直播的统一平台，平台上存储着大量庭审视频，任何主体都可以通过中国庭审公开网观看庭审直播或录播，很容易获取当事人的隐私信息。譬如，在庭审的准备阶段直播中，法官会核实诉讼主体的姓名、性别、民族、身份证号等个人信息；在庭审过程中，视频内容还会包括诉讼主体在庭审过程中的发言，以及诉讼主体在庭审过程中的面部表情、举止动作等行为。

执行中也是如此。根据《最高人民法院关于公布失信被执行人名单信息的若干规定》（以下简称《规定》）第6条，识别失信人需要姓名、年龄、性别、身份证号码四项信息。然而，在实践中很多法院都通过线上线下曝光平台、法院公众号等方式，曝光了失信人照片、家庭住址、家庭成员等隐私信息。这些信息的曝光严重侵犯了失信人的隐私。此外，《规定》还要求各地法院可以根据实情，选择微信公众号、官方微博、广播电视、公众场所电子显示屏等多种渠道定期发布失信名单。这些信息在互联网上飞速传播，确实给了失信人很大的压力，在失信人履行债务后，之前传播失信人个人信息的平台一般不会删除这些信息，给失信人的隐私造成了持续的伤害。

（二）第三方机构不当使用数据导致当事人隐私泄露

这里的第三方机构主要包括第三方数据持有者、第三方数据服务提供商，以及与法院合作进行信息化建设的科技企业。第三方数据持有者是指与诉讼中的当事人无利害关系的业务主体在业务过程中自动落地并存储电子数据；第三方数据服务提供商是指为当事人提供电子数据存证服务的企业及机构。由于法院缺乏信息科技领域的人才，为此必须借助第三方机构的科技水平，共同建设信息系统。这种合作也可能给当事人的隐私保护带来风险与挑战。

首先，第三方机构存在泄露数据的可能。如前所述，我国法院在信息系统的建设中经常会与科科技企业进行合作，法院赋予科技企业访问数据的权限，科技企业提供设备、技术与平台，对司法数据进行收集和计算。

司法数据中包含着大量关于当事人隐私的信息，相较于法院，科技企业虽然具有技术上的优势，但对数据保护的制度建设不如法院，存在天然的数据泄露的风险。

其次，第三方机构存在删改数据的可能。第三方机构作为互联网企业，很有可能作为诉讼的原告、被告或者诉讼第三人参与案件审理或执行，与案件的处理结果具有直接或间接的利害关系。在这种情况下，继续将案件相关的数据交由与之有关联的第三方机构进行处理显然不合适，第三方机构很有可能擅自调取诉讼对方当事人的隐私进行分析，总结对己方有利的诉讼策略。更有甚者，第三方机构会擅自修改对方当事人的隐私信息，以获取更为有利的诉讼地位。这些行为无疑严重侵犯了对方当事人的隐私及权益。

最后，第三方机构存在利用单个分散的数据整合出当事人完整信息的可能。数据与个人信息存在区别，数据是匿名化的、不具有可识别特征，数据信息属于无形财产权的客体，而个人信息则属于作为具体人格权的个人信息权的客体。在智慧法院信息系统建设的过程中，第三方机构收集了大量关于当事人的碎片化数据，这些数据可能是匿名化的，不具有可识别性，但是第三方机构可以通过其数据整合和数据分析技术，将原本非结构化的、孤立的数据结合在一起，整理出当事人完整的个人信息。而正如我国《民法典》第 1034 条第 3 款中规定，个人信息中的私密信息，适用有关隐私权的规定。当事人的隐私很有可能在这种情况下为第三方机构所掌握。

二　对当事人隐私保护挑战的成因分析

司法诉讼信息系统建设的必要性与当事人隐私权益保护的内在矛

盾是智慧法院建设给当事人隐私带来巨大挑战的根本原因。这种内在矛盾可以具体分为三类：信息系统建设的便捷性与法院司法裁判的权威性之间的矛盾，信息系统建设的整体一致性与当下智慧法院建设的地方差异性之间的矛盾，以及信息系统建设的开放性与司法数据安全性之间的矛盾。

（一）便捷性与权威性的矛盾

信息系统建设在程序上使得诉讼更加便捷。案件双方即使在异地也可以正常参加庭审，降低了当事人的诉讼成本；信息系统建设可以快速完成诉讼当事人的人脸识别、身份验证等程序性工作；信息系统还可以帮助法官快速保存庭审的录像，事后如果对庭审过程存在不清晰之处可以及时准确回溯。简而言之，信息系统为诉讼主体提供便捷、一站式的电子诉讼服务。信息系统的建设使得诉讼更加便捷。

信息系统的建设同样会泄露当事人的隐私，使得诉讼的权威性受到影响。首先，根据《规则》第2条的规定，人民法院应当依法保护个人隐私和个人信息，有效保障在线诉讼数据信息安全。规范技术应用，确保技术中立和平台中立。第8条规定，在线调解应当按照法律和司法解释相关规定进行，依法保护国家秘密、商业秘密、个人隐私和其他不宜公开的信息。法院若是因自身的疏忽，导致在使用信息系统时泄露了当事人的隐私，无疑违背了《规则》所确定的安全可靠的原则，使得当事人对法院的专业性产生怀疑，诉讼的权威性受到影响。其次，第三方机构若是作为一方当事人参加诉讼，其掌握的海量数据无疑会成为其在诉讼中占据优势地位的关键因素。若是因此使得第三方机构获得对自己有利的诉讼结果，不仅难以让另一方当事人信服，更是容易影响大众对于司法权威性的信心。

（二）整体一致性与地方差异性的矛盾

信息系统建设在实体上使得诉讼更加高效。以"睿法官"系统为例，"睿法官"系统依托包含法律规定及审判经验的北京法院法律知识图谱，通过智能机器学习，以各类案件的案情要素为切入点，形成完整的知识体系和北京法院办案规范和权威知识体系，提供规范流程引导，并指导机器进行自主、深度学习，为法官判案提供统一、全面的审理规范和办案指引。简而言之，信息系统通过构建不同审判领域的知识图谱，为审判法官推送相关案例和法律条文，实现数据资源共享，减轻法官的工作压力，使得审判结果更加正确。

信息系统的建设需要考虑到全国各级人民法院之间的融通性，为此需要整体一致的隐私保护标准，使得各地法院之间能够有效沟通。然而，信息系统在全国各地法院的建设水平并不一致，在发达地区信息系统的建设水平明显要胜于偏远地区，发达地区可以利用地缘优势，加强与科技企业的合作，在信息系统建设中对于当事人隐私的保护更加重视，也更富经验，实务中也逐渐形成了完善的保护标准，譬如，2018 年杭州互联网法院发布的《电子证据平台规范（试行）》中已经对这一问题做了初步规定：第 3 条要求证据平台符合安全性、高效性和可控性要求；第 15 条规定平台接入方应采取一种或多种方式保障电子数据的完整性、有效性、不可篡改性和清洁性。不发达地区相较之下，由于存在天然的技术劣势，可能会不重视对当事人的隐私保护，不利于形成统一的隐私保护体系。

（三）开放性与安全性的矛盾

信息系统建设符合我国现行《宪法》第 130 条关于"人民法院审理案件，除法律规定的特别情况外，一律公开进行"的要求，这有利于社会公众尤其是与案件有利害关系的当事人依法对司法程序、司法内容享有知情权和监督权，更好地保障《宪法》第 131 条所赋予的"人民法院依照法律规定独立行使审判权，不受行政机关、社会团体和个人的干涉"的基本权利可见，当前我国信息系统的建设，使得当事人和社会大众对于诉讼的进程更加了解，提升了司法的透明度，让司法更加阳光，以透明提升公信，对建设社会大众对于司法的信心十分有帮助。

然而，线上审判方式是对于传统线下审判方式的改造，提高效率与确保数据安全同样重要，两者不能偏颇，甚至数据安全更重要。目前我国法院对信息系统的管理理念处于粗放状态，并且与现有安全配套设施不能融合支撑，这也可能会增加数据的不安全风险。部分法院工作人员缺乏网络安全保密的工作意识，其在工作中会有连接外网、连接外部存储设施等容易引起当事人数据泄露的行为，给网络信息安全带来极大的压力。根据 2020 年在 H 省高级人民法院发布的网络与信息安全情况通报中显示，截至 2020 年 6 月 17 日，H 省各级人民法院共有 1689 台电脑被僵尸、木马和蠕虫病毒入侵，主要原因是外置存储（如 U 盘）使用不规范、杀毒控件安装不到位、病毒查杀不及时等问题。另外，由于我国法院目前信息化人才缺乏，所以大都采取技术外包的形式请第三方网络公司对系统数据进行维护，这导致司法数据大多掌握在第三方手中，使司法数据处于一种安全性存疑的状态。

三　因应当事人隐私权益保护的具体方案

（一）提高法院系统对当事人隐私保护的重视程度

首先，需要在法院工作人员中树立牢固的网络安全意识。法院应当邀请法院内部负责信息系统建设的部门加强对法院工作人员关于网络信息安全保密意识的宣传教育，加强对法院工作人员的网络安全培训。让法院工作人员了解、识别网络病毒、网络攻击的基本情况，懂得如何规避和查杀病毒，并禁止法院工作人员乱用移动存储工具和使用来路不明或盗版的软件等对网络安全产生隐患的媒介，保护当事人的隐私安全。

其次，需要建立完善的网络安全防护系统。一方面，法院还需要提升自身对于当事人隐私保护的技术手段。例如，部分商业性网站可能会利用数据爬虫来获取法院网站上的信息。法院可以通过完善反爬虫技术来解决这一问题，反爬虫技术即是对网络爬虫的防御，常见的包括 IP 限制、Robots 协议、行为验证等。除利用反爬虫技术应对网络爬虫外，还应同步配套完善用户协议，禁止平台用户及游客技术挖掘庭审数据，并设置相应的惩处措施，包括暂停部分服务、封号、提起诉讼等。另一方面，要严格数据外包管理的工作，与第三方机构签订数据保密协议，禁止第三方机构擅自违反约定查看、修改、删除、复制诉讼中的相关数据，并明确一旦第三方机构擅自违反约定所要承担的责任。法院还需要开发独立的涉密信息传送系统，对诉讼中涉及当事人隐私的数据信息，为防止其在传输中遭到骚扰拦截或者遭受网络病毒攻击而造成当事人隐私泄露，可以将这部分信息通过涉密系统传输。

最后，法院应当注重复合型信息化人才培养。复合型信息化人才的培养需要以高校教育为基础，各高校应当重视将法学教育与信息技术教育相结合，培养复合型信息化人才。法院在招聘人才时，也应当注意除考查考生的法学素养外，还应当重视考查学生操作信息系统的实务能力。同时，在工作中还要注重对审执人员信息化能力的培训及现有信息化人才的法学素养培训。

（二）加强对第三方机构处理当事人隐私的全周期审核

首先，重视预先评估，以隐私为评估标准，审慎选择合作的第三方机构。在预先评估中，要让第三方机构准确了解和掌握智慧法院建设状况和预期目标；在对信息技术外包服务商客观分析的基础上，还需对备选的服务商进行深度考察，可以签订试用合同，在试用期内根据服务商的实际服务能力，结合自身的建设需求，准确分析其是否能够按时、保质完成任务。着重考察选择的服务商是否有足够的防治数据泄露、保护当事人隐私的能力，能够从根本上防治数据泄露，满足实际需求。

其次，加强事后考核，结合当事人的主观评价判断第三方机构对于隐私的保护程度。信息系统的建设是为了给人民群众参加诉讼活动提供便利，更好地服务审执人员办案。因此，有必要增加当事人及办案人员的主观感受作为判断第三方机构工作质量的标准。可以在每次诉讼结束后向当事人或者法官发送对第三方机构在本次诉讼中服务质量的打分问卷，邀请当事人与法官对第三方机构的服务进行打分，其中将隐私保护作为判断第三方机构服务水平的重要依据。此外，我们还应当注意到，这些评价由于过于主观，很难客观衡量第三方机构对于隐私保护的程度，因此还需要以客观评价为主、主观评价为辅，通过量化第三方机构对于隐私保护的水平的标准，结合《智慧法院建设评价指标体系》进行衡量。

（三）完善法律制度健全监管机制

1.加强现行法律文件中关于当事人隐私保护的适用

目前，我国已经出台了大量关于数据安全、个人隐私方向的立法。《民法典》第1034条规定，个人信息中的私密信息，适用有关隐私权的规定。《数据安全法》第40条也对国家机关委托第三方建设、维护电子政务系统，存储、加工政务数据的程序和受托方的义务做了规定：首先，委托应当经过严格的批准程序；其次，受托方应当依照法律、法规的规定和合同约定履行数据安全保护义务，不得擅自留存、使用、泄露或者向他人提供政务数据。《网络安全法》第45条规定，依法负有网络安全监督管理职责的部门及其工作人员，必须对在履行职责中知悉的个人信息、隐私和商业秘密严格保密，不得泄露、出售或者非法向他人提供。因此，法院在安排信息系统建设的工作中，应当依据现行法律，制定完备的隐私保护规则。而《杭州互联网法院电子证据平台规范（试行）》的规定值得借鉴：其第3条要求证据平台符合安全性、高效性和可控性要求。安全性是指数据哈希值在平台传输、保存过程中保持稳定、安全。高效性指平台能够为电子证据的采集、储存、提交、调取、举证、质证等提供高效的运行和使用保障。可控性是指法院完全掌控平台的运营，有效防止数据泄密，杜绝数据被不当使用。

2. 加快推进《个人信息保护法》立法工作

2021年4月29日，第十三届全国人大常委会第二十八次会议对《中华人民共和国个人信息保护法（草案二次审议稿）》（简称《草案》）进行了审议并在中国人大网上公布向社会征求意见。《草案》规定了个人信息是以电子或者其他方式记录的与已识别或者可识别的自然人有关的各种信息，不包括匿名化处理后的信息。《草案》还对国家机关处理个人信息作了特别的规定。具体到智慧法院信息系统建设这一问题上，人民法院需要结合即将出台的《个人信息保护法》，在其框架下出台司法解释，进行进一步细化。具体而言，包括以下方面。首先，厘清隐私与个人信息之间的关系。个人信息重在识别，隐私则重在隐匿。隐私对秘密性的关注聚集于对当事人不愿意公开其信息的主观方面，个人信息对识别性的关注则在于客观上能否将特定个人识别出来。只有厘清了隐私与个人信息的关系，才能对信息系统建设中的保护重点加以明确。其次，明确数据风险分配原则。按照法院、第三方机构、诉讼当事人在诉讼中所处的不同地位，对三方主体适用不同的价值标准。对于法院，应当适用透明原则：透明原则往往伴随着关于数据安全、隐私保护等对立因素的考量，由是也将推动信息安全保障技术的发展，降低合作企业通过智能系统对司法不当介入的概率；对于第三方机构，应适用有限原则：法院在将数据输入第三方机构建设的信息系统时，应当注意对数据进行脱敏处理以及匿名处理，确保第三方机构无法通过算法整合出当事人的完整信息；对于诉讼当事人，应当适用尊重原则：以对个人最基本的尊重为底线。根据可识别程度，可将个人数据界分为可识别、潜在可识别和不可识别三个层次，分别对应不同强度的数据流动限制。

3. 完善救济与监督机制

"权利必有救济，无救济则无权利"。信息系统的建设还应当细化针对审执中由第三方机构导致的当事人名誉权、隐私权、财产权受损的，当事人如何获得补偿与救济。以执行为例，对于已列入最高人民法院失信被执行人名单库的被执行人，在履行了执行义务或因该程序执行终结，被从黑名单中删除的同时，应同步建立一个专项的失信"白名单"公示平台，以便民众和各社交媒体集中查询、区别对比并予以及时转载。

信息系统的建设使得诉讼更加便捷、高效，但也给当事人的隐私保护带来了冲击。法院在建设中应当以《民法典》《数据安全法》《网络安全法》为依据，制定完备的隐私保护体系，加强法院内部的队伍建设，强化对合作的第三方机构的监督，同时完善当事人隐私被侵犯的救济途径，加强对当事人隐私的保护。

（原文首发于《法治参阅》2021 年第 18 期，收录时做了调整）

依法助力中小微企业发展，司法需要站好位、把好向

2022 年 1 月 14 日，最高人民法院召开新闻发布会，发布《最高人民法院关于充分发挥司法职能作用助力中小微企业发展的指导意见》（以下简称《指导意见》)，《指导意见》提出 20 条具体举措，积极为中小微企业发展营造公平竞争、诚信经营的市场环境。

中小微企业是国民经济和社会发展的生力军，加大对中小微企业支持力度，激发企业活力和发展动力，对于继续做好"六稳""六保"工作，稳定宏观经济大盘，加快构建新发展格局、推动高质量发展具有重要意义。本次《指导意见》从营造公平诚信的市场环境、加强中小微企业产权的司法保护、助力缓解中小微企业的融资难问题、高效办理拖欠中小微企业债务的案件、有效发挥对中小微企业的挽救功能及最大限度降低保全、执行措施对中小微企业等市场主体的不利影响六大方面提出了诸多助力中小微企业发展的举措，其中的多项内容与近期的竞争法立法动向相呼应，也有利于推动司法与竞争执法合力的形成。

列举聚焦典型违法行为，呼应竞争立法修法新动向

本次《指导意见》明确指出要严惩强制"二选一"、低价倾销、强制搭售、屏蔽封锁、刷单炒信等违法行为，一方面表明了司法机关的关注重点，体现了司法机关对以往案件的总结与归纳，是对社会热点问题的回应；另一方面为中小微企业的维权提供了指引，同时也对相关大型企业敲响了警钟，有利于大型企业自觉规范自身行为。而且《指导意见》所列举的违法行为与国家市场监督管理总局于 2021 年 8 月发布的《禁止网络不正当竞争行为规定（公开征求意见稿）》中所提及的不正当竞争行为也呈现出高度的协调，体现出司法领域关注方向与反不正当竞争立法与执法方向的一致性。

《指导意见》还强调要依法认定经营者滥用数据、算法、技术、资本优势以及平台规则等排除、限制竞争行为，以此来防止资本无序扩张，保护中小微企业的生存发展空间。这恰与 2021 年 10 月 19 日第十三届全国人大常委会第三十一次会议上审议的《中华人民共和国反垄断法（修正草案）》第 10 条第 2 项"经营者不得滥用数据和算法、技术、资本优势以及平台规则等排除、限制竞争"形成呼应，体现出司法机关为健全与竞争立法、执法衔接机制所做的努力，也体现出司法对反垄断执法机关依法履职的支持，反映出《反垄断法》的贯彻与实施需要加强司法与立法、执法的沟通协作，形成工作合力，也只有如此才能切实维护公平的竞争秩序，保护中小微企业的生存发展空间。

突出加强行政审判，助力破除行政垄断

《指导意见》提出要"加强行政审判，支持行政机关整顿违法经营，

规范市场秩序。依法监督、促进行政机关严格依照法定权限和程序进行监管，保护中小微企业经营自主权。推动破除区域分割和地方保护，促进落实全国统一的市场准入负面清单制度。"这与《反垄断法》当中禁止滥用行政权力排除、限制竞争的诸多规定，例如行政机关和法律、法规授权的具有管理公共事务职能的组织不得滥用行政权力，通过对外地商品设定歧视性收费项目、采取专门针对外地商品的行政许可等方式，妨碍商品在地区之间的自由流通等相关规定均可形成有效衔接，也可与持续推进的公平竞争审查制度形成有效呼应，助力破除行政垄断，同样也是保障中小微企业公平竞争空间的重要举措。

加大知识产权保护力度，释放《反垄断法》效能

正如《"十四五"数字经济发展规划》所指出的，要"坚持把创新作为引领发展的第一动力"，而激励创新则需要将知识产权保护落到实处。《指导意见》为了加大对中小微企业知识产权保护力度，明确指出"中小微企业在订立技术转让合同、技术许可合同获取特定技术过程中，合同相对方利用优势地位附加不合理限制技术竞争和技术改进的条件，或者不合理要求无偿、低价回购中小微企业所开发的新技术、新产品，经审查认为违反反垄断法等法律强制性规定的，原则上应当认定相关条款或者合同无效。"这充分表明知识产权的保护不仅需要《知识产权法》的落实，也需要《反垄断法》的有效保障，当然也对反垄断执法与司法的无缝衔接，《反垄断法》与《知识产权法》等多元法律法规的协同适用提出了更高的要求。

整体来看，本次《指导意见》的出台有利于遏制超大型企业滥用优势地位，从事不公平竞争乃至排除、限制市场竞争的行为，但是也需注意

不应将相关内容过度解读为无条件保护特定市场主体，不能仅以经营者规模、身份类型等来预判行为的违法性，从而导致不当干预正常市场经营活动的现象。《指导意见》始终强调的仍是"依法"二字，保护中小微企业生存发展空间以"依法"为前提，公正高效审理反垄断、反不正当竞争案件仍然要"依法"来进行。

司法是社会公正的最后一道防线，在《反垄断法》与《反不正当竞争法》等有关市场经济运行的基本法律的贯彻实施上，仍然需要厘清行政执法和司法的职能、权限边界，站好位、把好向，既不能缺位，也不能越位，牢牢把住司法工作在促进中小微企业发展中的正确政治方向和专业职能行动方向。与此同时，做好竞争法与民商、知识产权法律等多元法律部门的协同，加强司法与执法的有效衔接，共同构筑维护公平竞争环境的多元机制，助力实现大中小微企业的共生共融发展。

（原文首发于《21世纪经济报道》App 2022年1月17日，收录时有调整）

互联网新型不正当竞争行为司法规制
面临的挑战与完善

　　伴随信息通信技术与数字数据技术的快速发展和深度融合，互联网领域的竞争业态和方式已由传统低科技的产品零售竞争步入以平台经济、数据经济为核心的生态型竞争，用户与流量成为互联网企业的竞争之本，数据和算法及运行技术已成为互联网平台企业及其商业模式创新，实现高速发展的关键要素和动能。在此过程中，各类依托新技术产生的互联网新型不正当竞争行为不断涌现，引发了社会各界的高度关注。例如，在互联网企业围绕数据和流量展开激烈竞争的过程中，出现了诸如数据爬取、强制"二选一"、封锁屏蔽、大数据"杀熟"等新型不正当竞争行为，这些行为相比于仿冒混淆、商业贿赂、虚假宣传、商业诋毁等传统竞争行为，其技术手段、具体形态以及竞争效果都发生了一定改变，给司法审判理念、具体法律适用、案件认定标准、创新技术甄别等方面带来了挑战。

一 互联网新型不正当竞争行为的法律规定及适用

互联网新技术、新业态及新模式的纵深应用与创新发展，对立基于工业经济场景上的市场运行方式和竞争模式产生了颠覆性影响，对此，我国已通过出台、修正相关法律规范和政策文件予以制度层面的回应，同时司法机构对于互联网新型不正当竞争行为的认识也在不断深入，在相关法律规范的指引下正在不断调整和完善自身对竞争行为违法性认定及其行为市场竞争效果的判断标准与推理方法。

（一）互联网新型不正当竞争行为的法律规定

梳理和总结互联网新型不正当竞争行为的法律适用现状，其基本前提是要明确法律规制的具体对象，即厘清互联网新型不正当竞争行为的内涵与特征。从司法实践看，当前不断涌现的互联网不正当竞争行为主要可以分为互联网传统不正当竞争及互联网新型不正当竞争两大行为类型。前者是传统竞争行为依托互联网平台和技术在该领域的递延和扩展，与传统不正当竞争行为并无本质上的区别，仅是载体和表现方式的差异。譬如，以互联网为工具实行商业诋毁、侵犯商标权、网络域名侵权、虚假宣传等不正当竞争行为，特别是传统的虚假宣传行为，在互联网领域常常表现为虚构交易量、虚构评价、隐匿差评和虚假刷单等，但由于其仍属于传统不正当竞争行为的线上化，故对其规制仍可适用《反不正当竞争法》第6~11条的相关规定。

相比于传统竞争行为及其线上化的具体类型，在互联网场景下衍生出的新型不正当竞争行为具有科技创新性、高度动态性、复杂隐蔽性以及跨市场创导性等竞争特征。譬如，在互联网市场中，互联网企业为争夺或者妨碍竞争对手获取数据以及流量，可能会利用技术手段实施恶意不兼容、流量劫持、数据爬取、数据封锁、选择性屏蔽等行为，这些行为不仅在形态上与传统竞争行为不同，且行为的实施方式、实施目的以及实施效果等皆发生了实质性改变。特别是受互联网、物联网及区块链等技术的作用，互联网经济去中心化与去结构化发展的特征日益凸显，导致很多竞争行为往往已经突破竞争关系相对性的束缚，体现为各类互联网经营者对作为消费者的用户及其消费行为数据的直接竞争。故此，囿于新型不正当竞争行为呈现出与传统不正当竞争行为的显著区别，其难以被《反不正当竞争法》第二章第 6~11 条的具体类型化条款所囊括。2017 年新修订的《反不正当竞争法》顺应互联网场景的需要，增加了第 12 条作为互联网专条对其予以规制。然而，从目前司法实践看，该互联网专条适用的效果并不理想，有待进一步明晰化和精细化。

（二）互联网专条的细化及适用亟待完善

在司法实践中，法院针对互联网新型不正当竞争行为的审理阶段和审理思路的转变，以 2017 年修订的《反不正当竞争法》为标志，可以划分为两个阶段。在 2017 年互联网专条出台前对新型不正当竞争行为的违法性界定主要适用《反不正当竞争法》第 2 条一般条款。2017 年《反不正当竞争法》修订后增加第 12 条互联网专条，采取"概括＋列举＋兜底"的方式对流量劫持、不当干扰、恶意不兼容以及其他妨碍、破坏其他经营者合法提供的网络产品或者服务正常运行的行为予以规定。然而，囿于互联网专条所涵盖的行为类型化不够全面，基于此提炼出的类型化条款基础不足，目前所列举的三类新型不正当竞争行为及一项兜底条款难以涵盖愈发多元化发展的互联网领域，没有做到涵盖大多数类型的互联网新型案件。譬如，近年不断出现的数据爬取类案例，竞争行为的目的在于获取数据，而非简单意义上的流量劫持，故其不属于互联网专条所规定的任何一种竞争行为类型。可以看出，互联网专条的立法示例相对狭窄，"宣誓意义大于实用价值"，使其在司法运用中逐渐成为一项闲置条款。

鉴于此，国家市场监督管理总局于 2021 年 8 月 17 日公布了《禁止网络不正当竞争行为规定（公开征求意见稿）》（以下简称《禁止规定》），其是《反不正当竞争法》在互联网领域具体适用的细化，特别是对互联网专条列举的新型不正当竞争行为予以细化和完善，既可以为当前互联网快速发展中的执法和司法提供适法尺度，也能够为参与市场竞争的经营者和可能受到侵害的消费者提供合规指引和救济依据。翌日，最高人民法院发布了《关于适用反不正当竞争法若干问题的解释（征求意见稿）》（以下简称《反法解释》），其是最高人民法院对 2007 年起施行的《最高人民法院关于审理不正当竞争民事案件应用法律若干问题的解释》的首次修订，代表了我国司法领域对于审理互联网时代新型不正当竞争行为纠纷的基本态度和调整方向。

自 2022 年 3 月 20 日起施行的《反法解释》相较之前的征求意见稿删去了不少关于互联网领域新型不正当竞争行为的细化规定，其对互联网专条的具体实施未能起到期待的作用，特别是在数据爬取行为的处置上，删去了之前征求意见稿中的条款。当然，该《反法解释》对《反不正当竞争法》上"互联网专条"适用的具体条件做了细化，强调了对"用户知情同意"条件的考察，这与《个人信息保护法》所规定的"个人知情同意"做了很好的衔接。从这一意义上讲，《反法解释》的施行是有积极意义的。

二　互联网新型不正当竞争行为司法审裁面临的挑战

尽管我国已经通过修订《反不正当竞争法》对新型不正当竞争行为

予以规制，但囿于互联网专条规范的行为类型不够全面、文本设置不够规范等问题，难以对司法实践予以有效指引，法院对一般条款形成的路径依赖一时难以更改，行为正当性认定标准仍较为单一，法律间协调机制不完善。同时，相关部门虽然已经发布《禁止规定》《反法解释》等文件细化和完善互联网专条以增强法律的适用性，但由于其均处于向社会公开征求意见阶段，实施成效尚有待检验。

（一）相关法律适用不规范、不充分

尽管 2017 年修订的《反不正当竞争法》增设了互联网专条以对互联网新型不正当竞争行为予以回应，但根据对法院判决书的整理情况，多数法院在审理互联网领域不正当竞争案件时，并不会优先考虑适用互联网专条，而是选择向一般条款"逃逸"。[①] 据北京海淀法院 2021 年的调研，从 2018 年 1 月 1 日以来，"多数原告仍会将原则条款作为兜底与其他条款主张共同适用，故主张原则条款的案件占比近 100%"。[②] 虽然早在 2009 年最高人民法院就发布《关于当前经济形势下知识产权审判服务大局若干问题的意见》，在第 11 条中明确禁止法院在裁判中向"一般条款逃逸"，且最高人民法院在其公报案例海带配额案中对一般条款的适用条件做出了详细阐释，[③] 但是时至今日，在互联网不正当竞争领域的主要裁判依据仍然是一般条款，并且呈现出司法权救济远超行政权救济的常态。

同时，尽管少数案例适用了互联网专条予以审判，但不同法院、不同

---

① 陈兵、徐文：《优化〈反不正当竞争法〉一般条款与互联网专条的司法适用》，《天津法学》2019 年第 3 期。
② 北京市海淀区人民法院课题组：《涉网络不正当竞争纠纷的法律适用问题研究——以知识产权司法保护推动营商环境优化为视角》，《中国应用法学》2020 年第 2 期。
③ 参见《最高人民法院公报》案例〔2009〕民申字第 1065 号海带配额不正当竞争案。

案例在如何适用互联网专条时也存在较大分歧。譬如适用互联网专条兜底条款时，对考察原告是否享有合法权益，是否利用技术手段，行为是否构成妨碍、破坏，是否符合诚信原则和商业道德标准所考察的顺序和构成要件选择上有所差别，容易导致同案不同判的情况发生。另外，由于该条款中"妨碍、破坏"的字面含义过于宽泛，没有具体的行为判定标准，对其认定也存在分歧。故此，互联网专条适用不充分、不规范也进一步加剧了司法审判向一般条款"逃逸"的现象。

（二）忽略竞争法作为行为禁止法的本质属性

当前法院在多数情况下倾向于依赖简单固化的民事侵权思路认定互联网新型不正当竞争行为，先入为主地认定竞争损害对原告造成的权益损失，而忽略了作为行为禁止法的竞争法对竞争损害结果的非必要性判断，这是典型的大民事审判思路下的私益优先模式。私益优先模式具体可以分为三种分析路径。第一种分析路径较简单，以具有法益侵犯的结果作为判定爬取被诉方构成不正当竞争的判断标准。第一步考察被诉行为是否造成原告权益受损，第二步考察该行为是否违反诚实信用原则与商业道德，是典型的"行为—法益"的侵权法模式。第二种分析思路在第一种思路的基础上，增加了判断法律是否有明确规定的步骤，即是否存在互联网专条所规定的情形，其本质上仍未脱离"行为—法益"的侵权法逻辑。第三种分析思路强调关注被诉行为对多方利益的影响，譬如对经营者利益、消费者利益、社会公共利益、市场竞争秩序等多元利益的权衡，同时能够更为客观、全面、辩证地判断竞争行为的正当性。① 然而，类似思路在已有法院审判案例中并不多见。

此外，在认定实施竞争行为的经营者是否具备主观恶意时，目前法

---

① 参见上海知识产权法院〔2016〕沪73民终字第242号。

院往往基于行为对被实施竞争行为的经营者权益带来侵害的事实就认定该行为具有主观恶意，这其实是混淆了一般侵权法上主观故意与竞争法上主观恶意之间的区别。市场竞争具有天然的损人利己特性，在日益激烈的互联网跨界竞争、动态竞争、损害竞争中更体现为竞争对手的模糊化、不确定性，以及竞争损害形式的多样化和损害结果的中性与过度之间的难以界分。尽管竞争损害是评价竞争行为的重要因素，但是要清晰地认识到竞争行为引起的损害，在竞争法上并非简单的非黑即白的样态，不能仅仅从行为的结果和外观做单一性判定。

竞争行为具有对抗性，行为人对竞争损害的结果是期望发生的，即争夺交易机会，限制、排除其他竞争对手。从这一维度讲，任何竞争行为都是在主观故意下展开的，如果简单地从"损害结果＋主观故意"的维度去识别竞争行为的违法性，则违背了竞争法作为行为禁止法的本质属性。换言之，主观故意和特定损害结果并非是竞争法下违法竞争行为认定的充分条件，不能因为存在故意和特定损害结果就直接认定行为违法，而需要就行为本身是否正当做出判断。当然，主观方面和特定损害结果不是不需要考虑，仅是在对行为正当性判断中予以参考的因素，以评估行为的程度与范围，及责任承担的具体方式和轻重尺度。为此，司法实践需要明晰竞争法作为行为禁止法的基本属性，强化对行为正当性的考量，客观看待损害状态及竞争法上的主观恶意，避免陷入大民事侵权思维的影响，而忽略了对竞争行为特别是互联网新型竞争行为所具有的竞争创新损害特征的多元评价。

（三）多法协调与衔接机制不完善

随着可用于规制互联网新型不正当竞争行为的法律法规日益增多，在适用多法规制的过程中也将面临法律适用不协调甚至冲突的问题。一方面，当竞争行为同时违反多部法律规定时，法律的选择适用可能会面临冲突。目前，我国已施行《民法典》《反垄断法》《反不正当竞争法》《电子商务法》《网络安全法》《数据安全法》《个人信息保护法》等与互联网经济发展密切相关的各类型基础性法律，虽然这些法律并非市场竞争领域的专门法，但是在一定程度上可以对互联网新型不正当竞争行为形成有效的指引和规范，因此对某一竞争行为的规制就会带来法律适用的竞合。譬如，数据爬取行为可能会触犯《民事诉讼法》《刑事诉讼法》《反垄断法》《反不正当竞争法》《个人信息保护法》《数据安全法》等多部法律，由此引发的纠纷让当事人和受理法院如何选择适用法律是亟待解决的问题。

另一方面，在处理互联网新型不正当竞争行为的法律适用中尚未建立及时有效的衔接机制，容易出现多元法益保护不充分的情况。不同法律所保护的法益各有侧重，如《反不正当竞争法》侧重于维护市场竞争秩序，对消费者权益的保护一般是在行为确实损害竞争秩序的前提下予以救济，司法实践中也多对消费者利益予以间接保护，而《个人信息保护法》则侧重于保护个人信息和隐私安全，《数据安全法》虽然也涉及个人信息保护，但是以维护国家安全和企业数据安全为重点。当互联网新型竞争行为同时侵犯多个法律时，就面临着一个行为可能适用多个法律导致出现法律适用的冲突，也可能会导致在选择适用一部法律时，案件所涉及的其他主体的合法权益未能得到充分有效的保护，这一点应特别值得关注。如当前就是否引入滥用相对优势地位条款以及写入哪一部竞争法律文本之中仍然存在争议。

三 互联网新型不正当竞争行为司法规制的完善思路

可以预见，互联网新型不正当竞争行为在技术快速创新发展的推动下会衍生出更多种类,司法实践也将面对更加强烈的冲击。然而,立法总是相对滞后于实践,依据法律制定的相关司法解释或实施规范则更能体现时代性和灵活性,亦能反映出司法实践对相关裁判规则适用的实际情况及改进方向。故此,应结合最高人民法院制定的《反法解释》和国家市场监督管理总局制定的《禁止规定》,针对互联网新型不正当竞争行为司法规制面临的困境,从法律适用、审理标准及审理机制三方面予以完善。

(一)规范《反不正当竞争法》相关条款的适用

在互联网专条出台前,运用《反不正当竞争法》一般条款裁判互联网新型不正当竞争案件已经成为司法解决此类疑难案件的首选和必选,且在互联网专条出台的过渡期内对一般条款的适用形成路径依赖是能够理解的。但自互联网专条正式生效至今已经 4 年,应当充分将其作为互联网领域竞争行为的审理依据,不能使其成为闲置条款。事实上,为更好地提高互联网专条的适用性和可操作性,相关适用细则或司法解释正在制定出台中。例如,《禁止规定》对互联网专条规定的不正当竞争行为,即流量劫持、妨碍干扰、恶意不兼容的具体表现进行了完整详细的归纳和列举,并对互联网专条兜底条款予以细化,明确了互联网领域可能存在的屏蔽页面、"二选一"、非法数据抓取、大数据"杀熟"等行为应当得到禁止,缓解了互联网专条兜底条款规定宽泛的问题。

与此同时,《反法解释》则从法律适用的层面对流量劫持、妨碍干扰、恶意不兼容违法性认定的构成要件予以细化,并明确了互联网专条兜底条款的适用标准和适用条件,充分回应了法院在适法时可能面临的认定不准确和认定难的问题。例如,根据《反法解释》第 22 条第 2 款,仅插入链接、目标跳转由用户主动触发的情形并不必然构成互联网专条所禁止的强制跳转,需综合考虑插入链接的具体方式、是否具有合理理由以及对用户利益和其他经营者利益的影响判断其是否具有违法性。此外,《反法解释》第26条则对现实中频频引发热议的数据爬取行为进行了回应。数据爬取技术的运用本身具有技术中立性,但因竞争效果和应用场景的不同,在司法实务中对其正当性常常各执一词。根据《反法解释》第26条第1款的规定,若行为人违背诚实信用原则和商业道德,未经其他经营者同意,擅自爬取和使用对方依法收集和持有的数据,并提供实质性替代的产品或服务,损害公平竞争的市场秩序,则应被认定为不正当竞争行为。可以说,《反法解释》对数据爬取行为正当性判定的规定,一定程度上可缓解当前司法对于数据爬取正当性认定的难题。

(二)完善竞争行为正当性的认定标准

对竞争行为正当性的判断是以给他人造成损害为要件之一,其本质并非仅在于特定利益的损害认定,而在于损害行为或竞争行为是否正当,这也是竞争法独特属性的要义。如前所述,目前司法实践中适用行为正当性分析思路的案例较少,对行为正当性的考量,及由此发展的多元利益平衡的关注尚未成为主流,主要还是聚焦竞争损害分析和是否违反诚实信用及商业道德的情况认定,私益优先成为当前司法审判的习惯认知,故还有待于正视目前司法实践对竞争行为认定存在的局限,完成从传统侵权认定思路到竞争法视阈下对行为正当性识别的转向。《反不正当竞争法》因其禁止行为法的属性,更关注竞争行为本身正当与否,以及影响行为正当性的诸多因素为何,价值判断和利益衡量也更加多元灵活,故行为正当性的认定需动态综合考量多元利益和多维价值,例如对市场竞争秩序、经营者权益以及消费者权益等多元利益产生的综合影响,重视互联网新型竞争行为与市场创新、行业或产业健康发展具有的紧密关系。

最高人民法院发布的《反法解释》第1条第2款就体现出了对竞争

行为正当性认定须以扰乱市场竞争秩序为关键认定要件的思路，具体规定为"当事人仅以利益受到损害为由主张适用反不正当竞争法第二条，但不能举证证明损害经营者利益的行为扰乱市场竞争秩序的，人民法院依法不予支持。"第 26 条第 2 款也规定，若无证据证明且使用行为可能损害公平竞争的市场秩序和消费者合法权益，控制该数据的经营者主张属于互联网专条兜底条款规定的行为的，人民法院一般不予支持。这标志着我国司法机关对新型竞争行为乃至所有不正当竞争行为的审理开始重视竞争行为法的逻辑地位，指引司法审判应重点关注行为本身的正当性及其多元利益考量，而非特定利益是否受损，并在审理中将维护市场的有序竞争放在第一顺位。

（三）搭建多法协同与多元共治法治体系

当前针对互联网新型不正当竞争行为的法律适用，已经呈现出多法适用冲突、市场竞争法律法规与行业监管法律法规之间交叠的情形，故搭建和完善多法协同与多元共治的法治体系已成为下一阶段审理互联网新型不正当竞争行为时必须着力解决的关键点。

其一，应当打通竞争法与其他法律间的有效协调通道，不同部门法、不同法规文件之间应当互相联系与协调，共同致力于对新型不正当竞争行为的法律规制。譬如，最高人民法院发布的《反法解释》第 26 条第 2 款中，规定了经营者在征得用户同意，且未损害市场竞争秩序及消费者权益，合法适度使用其他经营者控制的数据的行为，不构成对互联网专条中兜底条款的违反。针对该条中"消费者权益"的理解，应当与《个人信息保护法》中关于个人在个人信息处理活动中享有的权利的规定相结合，即消费者权益应当包含个人对个人信息处理的知情权、决定权，以及查阅权、复制权、可携带权、删除权等权利。在司法实践中，若是某一互联网新型竞争行为侵犯了个人的上述权利，则构成对《反不正当竞争法》上消费者权益的损害。

其二，应当建立司法机关与执法、行业监管通力合作的多元共治模式。对于互联网新型不正当竞争行为的规制，不仅需要完善司法实践中的审理思路和法律适用，还需要发挥市场竞争监管的作用与效能，以及行业协会、互联网平台、经营者、消费者等各类市场主体的主观能动性，激发各类市场主体活力，在规制互联网新型不正当竞争行为过程中实现各类利益的多元平衡和保护。目前，国家市场监督管理总局在《禁止规定》中就对多元共治的思路予以明确，其第3~6条规定构建了市场监管部门牵头、其他相关部门配合、行业协会等社会组织与个人参与的多元共治、立体监管模式，符合互联网领域竞争秩序综合治理的要求，也为搭建互联网新型不正当竞争司法规制与其他部门、市场主体的共同治理路径创造了空间与可能。

（原文首发于《人民司法》2022年第2期，收录时做了调整）

第三编

数字平台经济治理的法治基调

抓住数字平台经济治理的关键问题

2022年6月24日，第十三届全国人民代表大会常务委员会第三十五次会议审议通过了《中华人民共和国反垄断法（修正草案）》（于2022年8月1日起施行），其中，在总则部分单独增加第9条规定："经营者不得利用数据和算法、技术、资本优势以及平台规则等从事本法禁止的垄断行为。"此外，在"滥用市场支配地位"章节第22条第2款规定："具有市场支配地位的经营者不得利用数据和算法、技术以及平台规则等从事前款规定的滥用市场支配地位的行为。"这些条款的写入，被认为是对数字经济下平台经营者利用数据与算法、技术、资本优势及平台规则等实施违法排除、限制竞争行为进行规制的积极响应。

一 平台经济领域引发反垄断监管的重点关注

当前，在日益激烈的市场竞争中，各类型平台企业实施的可能构成不正当竞争的行为，包括但不限于基于大数据和算法技术优势实施的平台"二选一"、平台"封禁"、违法数据爬取、平台自我优待、算法合谋，基于数据驱动型的扼杀式并购等，这些行为可能对其他经营者利益带来损害，不利于市场公平竞争，妨碍高水平技术创新，侵犯广大消费者权益，可能被认定为具有竞争法上的违法性，构成垄断、不正当竞争或不公正交易行为。这些新型的不正当竞争行为对市场公平竞争秩序、消费者及其他经营者合法权益造成了不利影响。

其中，超大型平台企业往往凭借强大的锁定效应、网络效应、规模效应，以及拥有的巨大经济体量、海量数据资源、技术创新优势和雄厚资本优势形成自成一体的生态竞争系统，不断延伸和强化其平台的结构性竞争生态系统，形成"赢者通吃、强者愈强"的市场竞争效果。因而，比起传统平台企业，更加容易产生损害市场公平竞争的效果，特别是当数字平台企业的流量和数据达到一定量级，可以通过流量和数据变现进一步融资，汇集大量资本以扩大平台规模，提高商品或服务的质量和技术水平，以此获取更多流量、数据及资本，形成正向反馈效应。同时，平台经济领域成为吸引大量资本不断涌入的产业和行业，也由此成为资本无序扩张的"重灾区"。

二 平台经济领域反垄断监管面临的主要挑战

数字平台企业所具有的双边或多边市场模式、零定价策略、动态竞争、跨界竞争、规模效应、网络效应等特征，使其垄断的表现形式与传统经济下垄断的表现形式有很大不同。数字技术使得平台经济领域的垄断行为表现为科技性、隐蔽性和复杂性。譬如，借助大数据资源和算法分析技术实施的算法合谋、价格歧视等行为，消费者不易察觉，且在具体执法中也由于缺乏必要的主观条件和直接证据，致使竞争执法机关在识别和认定相关行为时难度进一步加大。

平台经济领域的竞争主要是围绕数据要素展开的竞争，这区别于传统领域围绕产品的竞争。以平台领域频现的"扼杀式并购"为例，这类并购往往直指被并购对象所持有的强大数据流，并购后导致数据集中，以及并购后平台企业利用数据优势，巩固和强化自身的竞争优势进而实施数据原料封锁，这是数字经济领域垄断行为区别于传统领域垄断行为的重要特征，值得竞争执法机构高度关注。

具体来讲，基于数据而形成的垄断行为，主要包括以下三种行为：数据支撑型的垄断协议行为，此种行为具有隐蔽性，经营者易于达成轴辐协议；数据主导型滥用市场支配地位行为，例如 Facebook（脸书）曾被德国联邦卡特尔局认定在合并和使用用户数据时滥用了市场支配地位；数据驱动型经营者集中行为，例如微软收购领英就曾遭到欧盟反垄断调查。

数据价值的实现则依赖于算法的挖掘。而算法则为企业合谋的达成提供新的途径和方法或呈现为一种新的合谋形式，它可以通过改变市场要素来促成合谋的达成，也可以作为一种合谋的工具甚至是表达来成就相关协议，使得合谋趋向于默示化和扁平化。例如在酒店业，一家酒店调整了价格，整个酒店行业中的其他酒店可能会根据架构相同或类似的算法同样做出相应的价格调整，最终隐蔽地达成了联合涨价的垄断协议。

同时，基于算法技术还出现了数据爬取行为，不当的数据爬取行为也有构成垄断的可能。具有市场支配地位的爬取方，利用自身优势地位，不当爬取对方的数据，可能在关联市场上产生排除、限制竞争的影响，最终损害广大消费者的权益。若被爬取方强制关闭数据流通通道，禁止对方爬取数据，则又可能构成拒绝交易行为。

平台能将其在数据、算法等方面的优势传导到新的市场，进行跨界竞争，不仅可以扩大市场支配范围，而且可以巩固和强化其在原有领域的市场地位，获得范围经济与规模经济优势。同时，脱离了限制，平台能够充分整合线上线下的产业链，实现纵向与横向的跨界统一，形成更为强大的市场力量。

三 平台经济健康发展亟待回应的重点问题

尽管作为数字经济高阶形态的数字平台的经济垄断行为在资本无序扩张的加持下容易高发，但这不意味着对平台经济的反垄断监管要采取运动式、暴风式的硬监管，还是要坚持常态化、持续化监管的基本思路，即无论是传统经济领域还是数字经济、平台经济等新兴领域，对经营者行为的违法性认定都要以法律规定为基准，为平台经济等新经济设置好规范发展的"红绿灯"。

分类分级推动平台互联互通。例如2021年国家市场监督管理总局分别对阿里巴巴、美团实施"二选一"做出处罚，微信封锁字节跳动旗下社交软件"飞聊"相关分享链接，这些案件都指向如何划定平台间的竞争边界，如何开展平台间数据和业务的互操作，避免"数据封锁""数据垄断""数据断供"等不利于市场公平自由竞争的行为出现。当然，促进平台互联互通的重要前提之一，是要做好数据分级分类，统筹好数据发展与安全之间的关系。此外，还需结合《互联网平台分类分级指南（征求意见稿）》，进一步以平台所运行的基础核心业务及实现场景，以及赖以发展的关键生态系统所利用的技术、生产方式及商业模式等为标准，对平台分级分类方式予以细化。

夯实平台发展中的数据安全底线。在加快打造市场化、法治化、国际化营商环境，为推动经济高质量发展提供法治保障的过程中，在数字化大潮之下，数据既要放得开又要管得住，既要促进数据高效自由流通，更要牢牢守住数据安全底线。全国政协召开"推动数字经济持续健康发展"专题协商会议指出，要支持数字企业在国内外资本市场上市，以开放促竞争，以竞争促创新。特别是在支持数字企业在国外资本市场上市、鼓励数字经济国际合作的情况下，数据跨境流动关涉个人隐私、企业创新、公共利益及国家安全等多维利益，亟待通过数据安全分级制度设计、隐私计算技术运用等从根本上确保数据安全。

密切关注利用数据算法技术实施的垄断行为。算法技术在给经济、社会发展注入强大动能的同时，算法歧视、算法黑箱、算法滥用等行为也对数字经济持续健康规范发展产生了威胁，侵犯个人利益、公共利益甚至危害国家安全，且基于算法实施的垄断行为更具隐蔽性。虽然目前网信办出台了《关于加强互联网信息服务算法综合治理的指导意见》《互联网信息服务算法推荐管理规定》，明确指出不得利用算法实施垄断和不正当竞争行为，建立了算法备案、算法评估和算法分级分类等相应制度，但是如何确保其实施，如何与其他法律、制度和工具协同进行治理还有待进一步细化。

四　支持平台经济规范健康发展制度优化需跟上

从平台经济领域反垄断监管的相关指南发布，到《反垄断法（修正草案）》公开征求意见并经二次审议就予以通过，以及中央政治局会议从战略发展与具体指导的层面，对平台经济规范发展做出的部署与要求，可以明确我国规范支持平台经济健康发展的决心与信心，相关政策立法正在路上，相关配套措施和方案亦在进一步明确和落地。

同时，也要看到在当前支持平台经济发展的过程中，相关具体措施仍然有待进一步明确与完善。其中尤为迫切的是，健全与完善科学可操作的数据要素市场配置法规，完善数据交易、交换共享机制，以维护数据交易各方权益。要厘清数据所有权、使用权、运营权、收益权等权利，加快数据要素市场体系的建设，以活化优化数据要素配置效率与过程来提高平台经济发展质量。

为此，需推动数据要素市场化配置的标准化、法治化建设，保障数据要素交易的公平公正。唯有如此，方能对以数据为核心关键要素的平台经济规范健康发展提供全方面、系统性及一体化的有效监管和规制，真正实现平台经济的规范持续健康发展。

（原文题目为"抓住平台经济规范发展的关键问题"，首发于《第一财经日报》2022 年 6 月 14 日第 A11 版，收录时做了调整）

以新《反垄断法》施行为契机
强化对平台生态型垄断规制

当前，各大平台企业已由早期提供单一化场景和功能，逐渐向多场景、多功能、全空域的平台生态系统发展。平台生态系统在动态扩张中，基于"数据＋算法"的驱动形成多轮、多向交互，向各市场传导数据与算法优势。为此，新修订的《反垄断法》在总则部分和"滥用市场支配地位"章节均新增规定提及"数据和算法"优势。因此，准确理解和掌握"数据和算法"在平台反垄断治理中的定位与作用，将有助于优化现有反垄断法律制度对平台垄断问题的适用。

平台生态系统加剧平台生态型垄断

1. "数据＋算法"的双轮驱动放大竞争差距

在"数据＋算法"双轮驱动下的平台生态系统，往往能够拥有其他单一化平台难以企及的竞争优势。这种竞争优势会在"数据＋算法"形成的生态型回路中不断放大，即通过整合海量且多样化的数据喂养算法，优化和提升算法的精准度；算法的优化和提升，又能提高对数据的抓取和分析效率，实现商品和服务质量的提升，强化网络效应、扩大规模效应、固化锁定效应，由此形成难以突破的生态型竞争格局，固化和强化平台垄断的风险。

2."数据＋算法"反馈回路对用户形成锁定

平台对消费者用户的锁定效果一般取决于网络效应。在平台经济的网络效应与交互传导作用的影响下，对用户个体而言，拥有大量用户的平台的价值是难以被用户量较小的平台所替代的，较高的转换成本及用户黏性能阻止用户转移到其他替代性平台。用户在转向新平台时，需要承担一定损失，主要体现为学习成本及数据成本等。用户所使用的平台生态系统服务越多，其留存在生态系统内部的数据也越多，转换到其他平台所承担的成本也越高。

不仅如此，由于多元生态系统能在全商品或服务类场景下，满足用户的衣、食、住、行、医等全方位的需求，故用户对不断同质化竞争的平台多元生态系统的依赖越发强烈，这也促使平台对"数据＋算法"在多场景、多功能下的使用更加频繁，由此形成的反馈回路更加牢固和精准。

3."数据＋算法"优势在多元市场形成交互传导

平台生态系统的"数据＋算法"双轮驱动机制，使其在数据和算法方面具有的优势得以交互传导，并在交互传导中得到不断的巩固和强化。基于平台生态系统的共享机制，其不仅能在跨界竞争中扩大经营范围、节约运营成本、实现利润最大化，还能形成传导效应，将平台在其核心市场上的竞争优势传导至相邻市场或关联市场，不断扩张生态版图，从规模经济和范围经济中获益。

随着平台生态系统动态扩张，平台会在"数据＋算法"的双轮驱动下形成多轮、多向交互，并向各市场传导数据与算法优势，不断强化对各端用户的锁定效应，激发需求端价值性协同产生，实现需求端范围经济。通过用户数据资源的积极共享与深度使用，实现全系统协同，最终完成竞争优势构建。

平台生态型垄断带来的现实风险

1. 生态系统扩张引发市场过度集中风险

平台生态系统在发展过程中，会通过收购、合并等方式吸纳其他领域的商品服务，由此实现对生态系统的扩张。此过程不仅是其实施经营者集中的过程，同时也是对数据以及技术聚合的过程。因为平台生态系统不仅能够取得对其他经营者的控制权，同时还汇聚大量用户数据以及先进的技术，由此实现生产要素的大量聚集，引发市场过度集中的风险。

2. 平台双重身份引发不公平竞争风险

在平台生态系统中，主导平台往往具有双重身份，其既是"管理者"又是"经营者"。双重身份可以使主导平台更好地掌控生态系统的运作，但同时也可能会损害生态系统的开放性。平台作为"经营者"时，其根本目的在于实现利润最大化，因此可能会利用其作为"管理者"的权力，对竞争对手实施不正当的干预行为。

一方面，主导平台的经营者身份使其很难保持中立。主导平台在凭借关联业务向其他领域跨界经营的过程中，可能会基于私利实施反竞争行为限制竞争对手。另一方面，主导平台的"管理者"身份使其成为生态系统的规则制定者。平台生态系统内部的其他经营者须遵守其制定的规则，而这些规制往往是基于主导平台的利益制定的，可能会牺牲平台内其他经营者的利益。这一点在《反垄断法（修正草案）》第22条中有所体现，利用平台规则设置障碍的行为被明确纳入滥用市场支配地位行为。

3. 生产要素聚集和竞争约束缺乏会抑制创新

新修订的《反垄断法》在第1条中增加了"鼓励创新"，这意味着创新将成为《反垄断法》所保护的对象。然而，平台生态型垄断也会对创新构成实质性威胁。

第一，平台生态型垄断会抑制生态系统外部的创新，即在平台生态型垄断下，其他竞争者因市场结构、竞争行为干涉等两方面外部原因难以开展有效创新。由于数据、资本等要素会不断向平台生态系统聚集，限制了其他经营者获得进行创新的必要资源，致使这些经营者难以获取用于创新研发的充足数据和资金。

第二，平台生态型垄断也会抑制生态系统内部的创新。当平台生态型垄断形成时，由于市场缺乏有效的竞争约束，平台生态系统在不通过创新维持竞争优势的情形下，亦能获得大量利润。同时，生态系统内的其他合作企业，由于受作为管理者的主导平台管控，其创新活动往往会受到抑制。

规制平台生态型垄断的可行方案

基于系统观念把握平台生态系统运行规律，分析其生态型垄断的形成机理，需要对现行竞争法治理体系予以更新，对数据与算法要素及其双轮驱动模式进行多维治理，避免平台生态系统趋于垄断、无序扩张。同时，生态系统中包括消费者以及经营者在内的多元主体应积极配合，实现多元共治，以真正促进和维系平台生态的健康有序发展。

1. 强化数据滥用风险的防范

针对平台生态系统的数据治理，应加强对滥用数据行为的监管，防止平台基于生态型垄断地位而实施的数据拒绝交易和限定交易等限制、排除竞争行为的发生。虽然平台掌握了大量数据，同时也掌管着生态系统数据流通的关键渠道，但生态系统本身可能并不满足必需设施的适用条件。若强行适用可能会影响平台生态系统的运行，甚至威胁数据安全，得不偿失。

第一，数据交易可适用《数据安全法》第19条，实现数据交易市场化。当然，由于还存在为限制、排除竞争而封锁数据的情况，故此种完全依赖市场交易的方式可能不能彻底解决问题。对此，可借鉴《欧盟数字市场法》的规定对具有"守门人"角色的平台施加法定义务。

第二，数据流通可通过用户的数据可携带权得以实现。《个人信息保护法》第45条规定了用户数据可携带权，不仅能够保障用户的选择权和公平交易权，也可在一定程度上约束平台生态系统下数据成本对用户形成的强锁定效应。

2. 建立算法解释权和算法场景化监管

实践中不乏利用算法技术实现不正当目的的行为。对此，需要借助科学合理的监管机制确保算法技术在生态系统下能在合法合规的轨道上运行，真正促进经济社会发展，增进人民福祉。目前，监管算法的最大阻碍在于算法本身的秘密性，同时算法的功能可能会因具体场景发生变化，这也会增加算法监管的难度。

第一，引入算法可解释权。算法本身具有高度的技术性和专业性，并且算法本身涉及企业的核心竞争力，若要求完全公开算法的底层运算代码或者运算机制，不仅消费者、监管者难以理解，且还可能被竞争对手解析而丧失竞争力。对算法透明度的落实，应该通过算法解释权实现，平台需要对算法做出决策所依据的基本规则和标准进行阐述。

第二，确立算法的场景化监管规则。由于平台生态系统在应用算法技术时，存在多种场景，即便是相同的算法，由于不同场景所输入变量以及数据内容等均存在差异，算法所产生的结果可能截然不同。因此，建立算法的场景化监管意义重大，需对算法技术以及算法技术应用的具体场景进行分类和分级监管。

3. 构建平台生态系统内外圈层的多元协同治理

系统观念要求从事物的总体与全局上、从要素的联系与结合上，研究事物的运动与发展，找出规律、建立秩序，实现整个系统的优化。"数据＋算法"双轮驱动的生态系统运行过程中，涉及平台、平台内经营者以及消费者等多方主体。因此，治理平台"生态型垄断"不仅需要政府有为，还需充分保障平台、消费者等多元主体积极参与平台治理，构建多主体、多维度、多层级、多场域、多价值、多要素的多元共治理念与模式，结合平台生态系统运行规律，探索建立平台生态系统内外双圈层的治理格局。

4. 内部圈层

平台生态系统内部圈层包含主导平台及其旗下业务、消费者以及平台内商家等主体。

一是平台。平台生态系统中的主导平台兼具企业与市场二重性，其作为管理者在管理平台事务时，可能会基于自身利益需要损害平台内用户的利益。因此，平台自治非常关键，只有平台能够自治，才能够为平台竞争合规提供保障。

二是商家。对商家而言，其可能受到主导平台的不正当干预，或遭受"数据霸权"减损商家利益。对此，亟待进一步明确生态系统的"管理者"应当承担的责任和义务清单，使平台生态系统内的合作经营者在受到不正当限制时，向有关部门进行申诉有理可据、有章可循。

三是消费者。对消费者而言，应当积极组织开展消费者数据安全等教育活动，提高消费者自身的保护意识和维权意识。由于消费者本身力量薄弱，因此还需进一步畅通消费者投诉举报机制，完善消费者公益诉讼制度，并参照《数据安全法》第12条的规定，为举报和投诉的人提供一定的保障，使消费者能够消除后顾之忧，对平台生态系统违法行为形成有效的监督和威慑。

5. 外部圈层

一是政府及有关部门。政府及有关部门在强化对平台经济领域垄断行为的规制时，需坚持科学审慎原则，避免"大即是坏"的思维定式，正确认识平台生态系统健康发展与促进平台经济发展目标实现的一致性与协同性。为此，应正确把握平台及其生态系统的运行规律，科学采用识别方法和工具，实现对平台生态型垄断的精准识别和监管。在此基础上，还需全面推进公平竞争审查，防止政府及有关部门过度和不当干预市场。这一点在新修订的《反垄断法》第5条中有所体现，"行政机关和法律、法规授权的具有管理公共事务职能的组织在制定涉及市场主体经济活动的规定时，应当进行公平竞争审查"。

二是第三方社会组织。社会组织也是平台生态系统的外部治理主体，可以鼓励行业协会等社会组织发挥正向自律管理职能，通过制定行业规范维护市场公平竞争秩序，尤其是针对平台生态系统数据的采集和使用等多环节的规范，以及算法技术应用的行为规范，切实保护消费者合法权益。

（原文题目为"以《反垄断法》修正为契机　强化对平台生态型垄断规制"，首发于《第一财经日报》2021年11月2日第A11版，收录时做了调整）

判断平台是否滥用市场地位重在行为效果评估

2022 年 3 月 16 日，国务院金融委召开专题会议，强调了"关于平台经济治理，有关部门要按照市场化、法治化、国际化的方针完善既定方案，坚持稳中求进，通过规范、透明、可预期的监管，稳妥推进并尽快完成大型平台公司整改工作，红灯、绿灯都要设置好，促进平台经济平稳健康发展，提高国际竞争力"。在稳中求进的总基调下，中国《反垄断法》施行的基本方向和主要目标将会进一步科学化、精准化、国际化。因此，有必要对具有优势甚或支配地位的平台企业，如何规范行使其自主经营权与滥用其市场地位的行为做出相对明晰的界分。

界定相关市场需要明确竞争约束识别标准

互联网平台经济领域滥用市场支配地位行为的违法认定问题，可溯至

2010 年发生的"3Q"大战。当时，最高人民法院判定奇虎关于腾讯实施了滥用市场支配地位行为的上诉理由不能成立。

时隔十多年后，中国平台经济的相关市场结构和竞争状况发生了重大变化，市场份额的高低与持续时间、潜在竞争者的存在与否、市场进入的活跃程度、市场中实际竞争者的数量与竞争能力、用户黏性及商品或服务转换的现实可能性等方面都需要重新考量。

2021 年 2 月 7 日国务院反垄断委员会印发的《关于平台经济领域的反垄断指南》第 4 条第 1 款规定："平台经济业务类型复杂、竞争动态多变，界定平台经济领域相关商品市场和相关地域市场需要遵循《反垄断法》和《国务院反垄断委员会关于相关市场界定的指南》所确定的一般原则，同时考虑平台经济的特点，结合个案进行具体分析。"

这一条款同时规定，"当该平台存在的跨平台网络效应能够给平台经营者施加足够的竞争约束时，可以根据该平台整体界定相关商品市场"。如何评估"足够的竞争约束"事实上与涉嫌平台企业损害竞争之行为可能产生效果的识别密不可分。此时，更需要明确"损害效果"为何意、如何认定或者如何举证其存在与否，来判断相关市场上竞争约束的有无及程度如何。

认定滥用行为应以限制、排除竞争效果作为要件

新修订的《反垄断法》第 7 条规定："具有市场支配地位的经营者，不得滥用市场支配地位，排除、限制竞争。"其后，第 22 条第 2 款进一步规定："具有市场支配地位的经营者不得利用数据和算法、技术以及平台规则等从事前款规定的滥用市场支配地位的行为。"实际上，早在司法实践与行政执法实践中，已经肯定了排除、限制竞争效果为滥用市场支配地位行

为的基础要件。

第一，司法实践已对效果要件给予肯定。

早在2014年"童华与中国移动通信集团上海有限公司滥用市场支配地位纠纷"一审判决中，上海市第二中级人民法院就曾明确指出："只有具有市场支配地位的经营者所实施的行为，具有了排除、限制竞争的后果，才属于《反垄断法》所禁止的滥用市场支配地位的垄断行为。"上海市高级人民法院在二审中对此也予以支持。

而再审中，最高人民法院则将该案争议焦点归纳为行为、效果及原告损失三个方面，在效果方面明确对"被控行为是否具有排除、限制竞争效果"进行考量，并最终驳回童华的再审申请。由此可见，最高人民法院对效果审查也持肯定态度。

事实上，在著名的"3Q"大战中，最高人民法院在终审判决中也强调了对行为竞争效果的分析。最高人民法院指出，在相关市场边界较为模糊、被诉经营者是否具有市场支配地位不甚明确时，可以进一步分析被诉垄断行为对竞争的影响效果，以检验关于其是否具有市场支配地位的结论正确与否。此外，即使被诉经营者具有市场支配地位，判断其是否构成滥用市场支配地位，也需要综合评估该行为对消费者和竞争造成的消极效果，以及可能具有的积极效果。

第二，执法实践也对效果要件加以明确。

在2015年的高通案和2016年的利乐案中，国家发改委和当时的工商总局均对滥用市场支配地位行为进行了效果分析。在2021年先声药业案中，市场监管总局同样也在行为审查中进行了效果分析，结合下游企业因无原料药供应而停产、先声药业通过拒绝供应原料药的方式迫使下游制剂企业向其出售股权、退出市场等事实情况认定了其行为的限制、排除竞争效果。同年，在阿里巴巴"二选一"和美团"二选一"案中也对行为所引发的排除、限制竞争效果予以了阐明。

在阿里巴巴"二选一"案中，市场监管总局的行政处罚决定书列出了阿里巴巴禁止平台内经营者在其他竞争性平台开店和参加其他竞争性平台促销活动等"二选一"行为的事实，并对其实施行为的竞争效果进行了分析，认为阿里巴巴的行为排除、限制了相关市场竞争，并且损害了平台内经营者和消费者的利益，削弱了平台经营者的创新动力和发展活力，从而认定其构成对市场支配地位的滥用。

在美团"二选一"案中，市场监管总局同样结合了美团实施"二选一"行为的方式和措施等事实依据，分别从行为对相关市场内的其他经营者、平台内经营者以及消费者利益产生的损害，对当事人行为具有的排除、限制竞争效果进行了详细的论证，认为当事人的行为排除、限制了相关市场竞争，损害了平台内经营者和消费者利益，削弱了网络餐饮外卖平台经营者的创新动力和发展活力，因此构成滥用市场支配地位行为。

明晰限制、排除竞争效果的认定基准

考虑到平台经济下经营者市场结构存在双边或多边市场特征、跨市场竞争现象普遍等情况，在相关市场界定与市场支配地位认定上存在较大困难。此时，有必要将分析重心向市场竞争效果倾斜：具有市场支配地位的经营者所实施的具有限制竞争效果的行为才是《反垄断法》上的违法行为。

然而，无论是新修订的《反垄断法》《禁止滥用市场支配地位行为暂行规定》，还是《关于平台经济领域的反垄断指南》，均未提及限制竞争效果的具体内涵及认定标准。只有明确了限制竞争效果的认定标准，才能为经营者在反垄断司法或执法中提供举证和抗辩的基准，同时为平台经营者的自觉合规提供指引。

在这一方面,与中国在立法上有相似历程的韩国可提供借鉴。韩国的禁止滥用市场支配地位行为法律文本与中国的规定具有相似性,其《垄断规制与公平竞争法》第3条之2(禁止滥用市场支配地位)第1款规定:具有市场支配地位的经营者不得从事下列行为,即①不当决定、维持或者变更商品或服务价格的行为;②不当调整商品销售量或者服务供应量的行为;③不当妨碍其他经营者经营活动的行为;④不当妨碍新竞争者进入市场的行为;⑤以不当排除竞争者为目的进行交易的行为,及不当显著危害消费者利益的行为。

可见,该法所禁止的滥用市场支配地位行为是以"不当性"为违法性判断标准,对"不当性"的含义及存在与否,韩国大法院在浦项(POSCO)案中明确提出,限制竞争效果要件滥用行为中,以维持、强化垄断为目的,客观上可以招致限制竞争效果的行为,才具有《反垄断法》上的不当性或者说违法性。

具体而言,主张经营者行为构成滥用市场支配地位的一方应当承担举证责任,可结合行为的背景、动机和具体方式、相关市场的特征、交易相对方所受损害的程度、相关市场上是否出现价格或产量的变化、创新是否受阻碍,以及商品多样性是否减少等情形,来证明行为的限制竞争性和行为人的限制竞争意图。

在浦项案后,韩国公平交易委员会及时总结实务经验,在《滥用市场支配地位行为审查基准》中增加了限制竞争效果的判断标准,并明确限制竞争效果包括但不限于商品价格上升或产量下降、商品或服务多样性的减少、创新受阻、封锁效果、竞争者成本上升效果等。在对各项限制竞争效果阐释的过程中,还明确列举了相关典型案例以增加审查基准的可识别性和可操作性。

此外，在 2019 年 2 月，德国联邦卡特尔局在调查脸书案时，虽然主要是针对用户自决权（private users' right to self-determination）受到滥用行为的限制而开出罚单，但是其中也论及了脸书对用户设定的无可选择的数据使用条款，会导致其他平台在竞争中丧失其原本可以获得的数据优势，致使出现基于对用户数据权益的剥削性使用而产生对其他竞争对手的排他性效果。从这一点来讲，《反垄断法》在互联网数字平台领域的适用仍然强调对市场竞争效果的关注——即便是其加入了其他多元利益的考量，譬如对消费者权益内涵的扩充，直接将消费者数据（信息）隐私保护纳入其中。

值得注意的是，在互联网数字平台经济下对行为竞争效果的分析，势必会加入一些新的考察标准，譬如用户（包括消费者用户和商家用户）的数据权益是否受到限制，具体而言，涉及用户数据的可携带、数据的被遗忘以及数据的互操作等，然而，这并不影响将行为竞争效果分析作为判断平台是否构成滥用市场支配地位的基准。

虽然域外经验未必可以照搬，但是及时查漏补缺、总结经验完善法规文本，提高法规文本可识别性的做法值得借鉴。

当前，中国在《反垄断法》中已规定了对限制竞争效果的要求，在司法与执法实践中也充分体现出了对竞争行为效果分析的重视。故此，有必要进一步明确适合中国平台经济领域市场竞争行为损害效果分析的原则、规则及方法，以增强《反垄断法》适用的稳定性与可预期性，给经营者以更加明确的指引，更好加强反垄断监管，以促进公平竞争。

（原文首发于《财经》App 2022 年 5 月 10 日，收录时做了调整）

平台经济"内卷"该怎么打破？
这个重磅文件出炉了

2022 年 1 月 18 日，国家发展改革委等 9 部门联合发布《关于推动平台经济规范健康持续发展的若干意见》（以下简称《意见》），明确坚持发展和规范，建立健全平台经济治理体系，构建有活力、有创新力的制度环境，促进平台经济规范健康持续发展。

2021 年以来，我国加大对平台经济领域的监管力度，互联网行业迎来重要拐点。多个头部平台相继受到调查处罚，平台经济的粗放式发展得以有效规制。此次，发改委等 9 部门联合发文，备受关注。

稳定平台经济市场主体经营预期

针对当前平台经济领域反映强烈的关键点，《意见》旨在引导各级部门锚定主要问题，将治理重心进行靶向投放、精准下沉。同时，在合法合规的大前提下，放手让平台主体在各自行业领域内进行大胆创新。

《意见》开篇通过"完善规则制度"划定平台经济治理监管的整体框架，意图通过建章立制约束权力、放权市场。明确提及《反垄断法》《数据安全法》《个人信息保护法》等重要立法的修订和配套工作。要求"厘清平台责任边界，强化超大型互联网平台责任"，并且要求各部门坚持"线上线下一体化监管"原则，避免重复抽查、检测。在此基础上，明确强化各部门在证据获取、数据收集和利用等方面的合力监管和相互配合，形成多元共治、系统监管、整体监管的格局。这些举措有望营造良好的平台经济发展环境，降低平台经济主体经营成本，建立有序开放的平台经济市场生态。同时，通过为平台经济主体设置好"红绿灯"，明确正面和负面清单，可让平台主体知道哪些是合法合规，哪些是违法违规，明确规则底线，在规范企业的同时，为平台主体的有序发展提供指引。

《意见》特别提及"探索建立案件会商和联合执法、联合惩戒制度"，这意味着在接下来的实践操作中，会商程序有助于避免监管标准及接口不一致、监管混乱的情况，稳定平台经济市场主体经营预期。值得一提的是，在《意见》"保障措施"中，着重提出从"加强统筹协调""强化政策保障""开展试点探索"三个方面，为平台经济提供监管助力，避免"一刀切""运动式"执法。以上举措若能有效落实，无疑有助于为中小微型平台主体松绑减负，极大地激发其创新意愿。

一套组合拳、一个系统工程

《意见》对平台经济监管的深入优化也是一大亮点。此次《意见》由发改委牵头,有助于改变各主管部门"各出政令"的局面。发改委作为一个综合职能较强的部门,凭借相对突出的统筹协调能力,有助于形成全链条、多部门的监管合力,稳定平台经营者预期,全面覆盖平台经济运行的各个环节。

考虑到社会公众、行业协会等其他主体在监督时更具优势,更容易发现平台企业的违法行为,对平台企业形成有力的制约。因此,要充分发挥行业协会、科研机构、社会公众、平台企业等相关主体的作用,与政府部门相互配合,形成平台经济有序竞争的良好风尚。

《意见》强调多部门的协调,兼顾发展与安全等多种利益。发展是主线、安全是底线、共同富裕是基本线。可以看出,《意见》是一套组合拳,是一个系统工程,是对 2021 年中央经济工作会议精神的积极回应。

2021 年 2 月 7 日,国务院反垄断委员会印发《国务院反垄断委员会关于平台经济领域的反垄断指南》,随后反垄断执法机构对平台企业开展了一系列执法活动,2021 年也因此被誉为平台经济反垄断元年,平台经济领域呈现出密集立法与密集执法的状态。

此外,《数据安全法》和《个人信息保护法》也先后施行,平台企业无疑是这些法律法规的重要规范对象。

以上执法案件、法律、相关规范性文件及征求意见稿的发布,集中反映了平台经济发展的复杂性与多面性特征,其中涉及的利益主体繁多,监管部门及职权需要有序协调,推动平台经济规范健康发展。

破解平台经济"内卷"

《意见》对我国平台经济的持续发展寄予厚望。

篇幅上,六个大方面中有"优化发展环境""增强创新发展能力""赋能经济转型发展""保障措施"等多达四项的内容意在服务相关市场主体、激发行业市场活力。这体现出此次《意见》的发布，并不是为平台经营者或平台经济的发展层层加码，而是要做到精准治理，该管的管、该清的清、该减的减，推动平台经济规范健康持续发展。

眼下我国经济发展所面临的内外部压力依然较大，平台经济所代表的数字经济产业仍有潜力可挖，但早期粗放式、野蛮式发展已经导致该行业存在内卷、过度集中、创新乏力。移动支付、网络购物、在线社交、直播带货、数字音乐等热点领域同质化明显，而《意见》中提到的"制造业转型""农业数字化""消费场景拓展"等与实体经济结合紧密的领域却发展不足。

此外，当前，平台技术创新乏力、"走出去"水平不高、新模式开发缓慢等问题也值得关注。为保障其能够在合法合规的轨道上规范健康持续发展，《意见》所提出的针对性举措可谓正当其时。

总体来说，《意见》对平台经济领域各类市场主体释放了积极信号。过往基于平台经济粗放发展的监管方式已不可持续，今后的治理监管应深化"放管服"：在法律红线内，在安全底线上，搞活经济、保障竞争。

经由精准的治理投放、系统的监管统筹、全面的服务保障，有望提振平台经济主体信心，优化平台经济市场环境，助力平台经济规范健康持续发展。

（原文首发于《新京智库》App 2022 年 1 月 20 日，收录时做了修订）

持续完善平台规制体系
推动平台治理走深走实

自 2021 年 2 月 7 日国务院反垄断委员会印发《国务院反垄断委员会关于平台经济领域的反垄断指南》以来，平台经济领域竞争规制问题已成为社会各界普遍关注的热点与重点问题，相关政策文件、法律规范、司法解释等规范性文件相继制定。在此基础上，充分考虑和借鉴国内外平台治理的经验、特征及需求，推进我国平台治理规范化和系统化，国家市场监督管理总局组织起草了《互联网平台分类分级指南（征求意见稿）》（简称《分类分级指南》）和《互联网平台落实主体责任指南（征求意见稿）》（简称《平台主体责任指南》），并于 2021 年 10 月 29 日公开向社会征求意见。

明示分类分级依据　提高平台监管效率

从内容来看，两部指南（征求意见稿）是不可分割的统一整体，对互联网平台进行分类分级的意义在于使平台主体承担与其影响力相符的责任，从而实现科学规范的管理，增强监管的针对性与有效性。分类分级是为科学区分互联网平台主体应承担的责任范围和大小所做的准备工作，其中分类又是分级的基础，形成"分类—分级—区分主体责任范围与大小"的逻辑递进构造。

分类是依据平台的连接对象和主要功能来进行的，基于这两项指标，平台被划分为网络销售类、生活服务类、社交娱乐类、信息资讯类、金融服务类及计算应用类，共计六个大类。六个大类中，有些类别之间存在较明显的差别，比较容易区分与识别，但是其中也有些平台类别之间可能存在交叉点，业务内容有交叠，这就需要进一步划定平台所运行的基础核心业务，以赖以发展的关键生态系统所利用的技术和商业模式为标准予以细化，或者将超级平台集团下的具体子平台予以归类。

以社交娱乐类平台和信息资讯类平台为例，根据《分类分级指南》的阐释，社交娱乐类平台连接的是人与人，"视听服务"属于其主要功能之一，即提供歌曲、电影等多媒体资料的视听服务类平台属于社交娱乐类平台的子集，此外，包括社会热点、街头采访等内容的短视频类平台也同样被列举在社交娱乐类平台项下；而信息资讯类平台是连接人与信息的平台，音视频资讯类平台被列举为其子平台之一，那么视听服务与音视频资讯之间就有可能不是那么泾渭分明。

当然，分类仅是对平台进行分级时需要考虑的指标之一，除业务种类之外，分级还需综合考虑用户规模以及平台所具有的限制或阻碍商户接触消费者的能力。依据平台在中国的年活跃用户数量、平台业务种类、市值及限制能力，平台被划分为超级平台、大型平台、中小平台三个等级。其中的超级平台和大型平台被合称为《平台主体责任指南》当中的"超大型平台"，承担区别于中小平台的特定法律责任。

特别规定超大型平台责任 规范超大型平台内外部行为

《平台主体责任指南》在列举互联网平台经营者应当普遍承担的责任前，单独对超大型平台应当承担的责任做出特别规定。所谓"超大型平台"是指，在中国的上年度年活跃用户不低于5000万（超级平台为5亿）、具有表现突出的主营业务、上年底市值（或估值）不低于1000亿元人民币（超级平台为1万亿元）、具有较强的限制平台内经营者接触消费者（用户）能力的平台。这也就意味着依据《分类分级指南》所界定的"超级平台"和"大型平台"共同构成"超大型平台"。

《平台主体责任指南》对超大型平台特别规定了涉及公平竞争、公平交易、数据安全、完善内部合规治理、风险评估防控、安全审计以及促进创新等多方面的责任。

首先，在公平竞争与公平交易方面，鉴于超大型平台经营者具有规模、数据、技术等优势，《平台主体责任指南》要求超大型平台经营者在与平台内经营者开展竞争时，若无正当理由，不得使用平台内经营者及其用户在使用平台服务过程中生成的非公开数据；不对平台内经营者或用户强加捆绑服务，即不将使用其他关联平台提供的服务作为获得自身平台服务的前提条件；不实施自我优待；在符合安全及相关主体权益保障的前提下，提高与其他平台的互操作性。

其次，在数据安全管理、完善内部合规治理、风险评估与防控以及安全审计方面，《平台主体责任指南》均对超大型平台经营者提出了较为具体的要求。

最后，在促进创新方面，《平台主体责任指南》不仅要求超大型平台经营者加大自身的创新投入，还要求其扶持中小科技企业创新。需要注意的是，创新原则上应当通过市场竞争机制来实现，特别是扶持中小科技企业创新是否可以作为一项责任、义务来加以规定，还有必要进一步商榷。而且要求超大型平台经营者扶持中小科技企业创新，这里的中小科技企业是否包括竞争者，还是仅指平台内经营者，尚不明确。如果包括竞争者的话，要求超大型平台扶持竞争者，是否会违背正常的市场竞争秩序，是否会助长扼杀式并购，也值得进一步思考。

列举互联网平台主体责任　构建系统化一体化规范体系

《平台主体责任指南》还对互联网平台经营者需遵守的法律法规进行了系统化梳理与总结，面向所有互联网平台经营者厘清了一系列需要普遍承担的责任，其中涉及电子商务、反垄断、反不正当竞争、算法监管、价格监管、广告、知识产权保护、网络安全、数据安全、个人信息保护、消费者保护、劳动者保护、未成年人保护、环境保护以及税收等诸多法律法规的内容。此外，《平台主体责任指南》还指出通过互联网等信息网络销售商品或提供服务的自建网站经营者，也可参照适用该指南。

整体来看，《平台主体责任指南》虽然由国家市场监督管理总局组织起草，但是其很多内容显然并未囿于市场监管的范畴。征求意见稿所列明的平台主体责任涉及众多法律法规，涉及多部门监管主体及职能，系统化梳理了分散存在的多项相关法律法规，充分体现了打造合力监管的理念，并形成监管合力的监管理念与方式的创新尝试。区分平台等级明晰了平台主体责任，有助于将平台主体责任落到实处，规范互联网平台空间秩序，也表明了互联网平台经营活动的规范治理，需要多部门、多工具、多维度、多层次的协同协作治理，这不仅对平台主体提出了更为具体的责任要求，也对各相关监管部门提出了更高水平的执法素养与行动能力要求。归根结底，我国平台经济治理的健康发展需要社会各界的共同协力。

（原文首发于《21世纪经济报道》2021年11月3日第4版，收录时做了调整）

强化超大型互联网平台义务

2021 年 10 月 29 日，国家市场监督管理总局公布了《互联网平台分类分级指南（征求意见稿）》《互联网平台落实主体责任指南（征求意见稿）》（简称《平台主体责任指南》）。前者确立了平台分类分级标准，将平台分为"六类三级"，为明晰平台角色和定位，科学有效设定平台责任和义务，增强平台监管的针对性与有效性奠定了基础。后者设置了不同等级的平台应承担的与之能力相适宜的主体责任，全方位、多维度、分层次地覆盖了反垄断与反不正当竞争、信用评价、数据与算法规制、平台内部治理、平台内多元主体保护、环境保护、纳税义务等一系列平台责任与义务，有助于科学全面系统地引导和规范平台经营行为。

强化超大型平台义务与责任

《平台主体责任指南》规定了超大型平台需要落实的平台主体责任，以下三点值得关注。

第一，为超大型平台设置公平和非歧视原则，不得实施自我优待。《平台主体责任指南》第 3 条规定，"超大型平台经营者应当在符合安全以及相关主体权益保障的前提下，推动其提供的服务与其他平台经营者提供的服务具有互操作性。超大型平台经营者没有正当合理的理由，应当为符合条件的其他经营者和用户获取其提供的服务提供便利。"这一规定直击长期以来具有优势地位的超大型平台企业拒绝数据互操作、封闭生态系统的现象，将超大型平台的互联互通上升为一项积极性任务，有助于推动平台互联互通工作走深走实。

第二，强化超大型平台的多重责任，落实平台作为重要经济商业体和社会组织体的特定责任。《平台主体责任指南》提出，在数据管理方面，应建立健全数据安全审查与内控机制，确定数据安全责任人；在内部治理方面，应设置平台合规部门、平台内部预防腐败机制，以及平台内部定期教育培训项目；在风险防控方面，针对平台经营风险，建立内容审核或广告推荐审核的内部机制，定期发布风险评估报告；在安全审计方面，应定期委托第三方独立机构等。这些着重提升平台对各类风险防范和处置的能力，激励平台发挥自我治理和自我规制的积极性与能动性。

第三，《平台主体责任指南》规定了超大型互联网平台经营者在促进创新方面的义务。这主要是指规定超大型平台应"加大创新投入""扶持中小科技企业创新，不断激发平台经济领域创新发展活力"的内容。然而，这里的中小科技企业是否包括竞争者还有待推敲。包括竞争者的话，要求超大型平台扶持竞争者，是否会违背自由和公平的市场竞争秩序，助长扼杀式并购，值得进一步思考。

平台治理走向整体型融合规制

《平台主体责任指南》也对除超大型平台外的其他平台主体规定了各项义务，可分为以下四个方面。

第一，平台作为管理者的基本义务与责任。《平台主体责任指南》第10~13条，涉及信息核验、记录、公示义务，平台内用户管理，包括内容管理，禁、限售管控等。第14~15条涉及提升平台透明度要求，包括平台履行与服务协议和交易规则相关的信息公示和报告义务，保证相关规则的公开、公平、公正；建立健全针对平台内经营者的信用评价制度，公示信用评价规则，为消费者提交用户评价、其他用户查看用户评价提供有效简便的途径。

第二，规范平台竞争行为和数据算法使用行为。具体包括在反垄断、反不正当竞争、数据获取、算法规制、价格行为规范、广告行为规范等方面应承担的义务与责任。其中，第18条规定"未经用户同意，互联网平台经营者不得将经由平台服务所获取的个人数据与来自自身其他服务或第三方服务的个人数据合并使用"，对互联网平台经营者数据获取与使用行为做了细化规定。同时，对算法使用的规制与约束成为监管重点与难点，《平台主体责任指南》在这方面做了进一步规定：互联网平台经营者利用其掌握的大数据用于产品推荐、订单分配、内容推送、价格形成、业绩考核、奖惩安排等时，需要遵守公平、公正、透明的原则，遵守法律、法规，尊重社会公德和基本的科学伦理，不得侵害公民基本权利以及企业合法权益。这充分体现了《平台主体责任指南》的先进性、专业性及综合性。结合《反垄断法（修正草案）》对滥用数据和算法排除、限制竞争的规定，《关于加强互联网信息服务算法综合治理的指导意见》以及国家网信办发布的《互联网信息服务算法推荐管理规定（征求意见稿）》等规范性文件，予以系统化和体系化理解，逐步建立健全算法治理的协同格局。

第三，网络安全、数据安全与个人信息保护义务。《平台主体责任指南》第25~27条对网络安全、数据安全、自然人隐私与个人信息保护予以规定，拟与《网络安全法》《数据安全法》《个人信息保护法》中相关规则形成有效衔接，譬如《平台主体责任指南》第26条提出"落实数据分类分级保护制度相关要求"是对《数据安全法》第21条的回应与细化，"建立健全全流程数据安全管理制度，组织开展数据安全教育培训""重要数据的处理者应当明确数据安全负责人和管理机构"与《数据安全法》第27条保持一致。

第四，保护平台内相关主体权益的义务。《平台主体责任指南》第28~31条分别针对消费者、平台内经营者、平台灵活就业人员以及特殊群体的权益保护规定了各项义务，为《反垄断法》《反不正当竞争法》《电子商务法》《网络交易监督管理办法》等相关法律法规在平台领域的明晰化与可操作提供了行动守则与合规指引。

值得关注的是，对平台主要行为及相应主体责任的全方位、多维度、立体化的覆盖，已实质性地突破了对平台经济进行市场监管的制度架构与职权配置，是对目前监管体制机制不适应问题的有益尝试，努力推动平台治理从单一型的市场或行业规制走向整体型的融合规制，建立跨行业与市场的效果规制模式，打破权力壁垒，深化规制改革的积极探索。正如《平台主体责任指南》还对平台经营者应当履行的知识产权保护、网络黑灰产治理、环境保护、纳税义务、配合执法等做出明确规定，充分体现了对平台的监管已从以市场竞争规制为中心走向市场与行业相统合的系统规制与整体规制，平台作为经济商业体与社会组织体的双重属性进一步凸显。

同时也需要看到，《互联网平台分类分级指南（征求意见稿）》对平台分类的设计，可能引发行业主管部门与市场监管部门间的冲突。如对金融服务类平台的监管会引致金融主管部门与市场监管部门的职能平衡问题等，容易产生监管竞争、多头执法、交叠规制等不利于平台经济健康发展的情况，故未来需明晰各部门监管职责和范围，切实增强监管的精度与效度。此外，落实平台责任不等于不竞争、不发展、不创新，切莫走向极端。落实平台主体责任的重点在于更好地在规范中支持各类平台健康发展，有利于平台经营者全面审查和防范可能存在的各类违规违法风险。科学利用内外部两种规制力量增强我国平台经济的竞争能力与创新能力，助力优质可靠的平台企业出海参与全球竞争。

（原文首发于《中新经纬》App 2021 年 11 月 19 日，收录时做了调整）

推进平台互联互通，有一些原则要先定好

目前平台互联互通缺乏明确的法律规范指引，在不同行业和类型平台运营场景下，推进互联互通的需求和难度存在差异，而且随着互联互通的推进，相关的安全风险亦会随之增加。为此，需以安全为底线，分类分级分层次推进平台互联互通。

2022 年 6 月 24 日，《反垄断法（修正草案）》经第十三届全国人大常委会审议通过，进一步明确反垄断相关制度在平台经济领域的具体适用规则。

2021 年 7 月以来，在工信部牵头下，对平台互联互通的推动逐渐展开。同年 9 月，工信部信管局通过"屏蔽网址链接问题行政指导会"明确提出，加快互联网领域平台互联互通的专项行动计划。

随后，即时通信、移动支付等领域的平台互联互通已取得一定进展。然而，在具体推进中仍存在诸多痛点和堵点，妨碍了平台互联互通的效

果，对促进平台经济领域公平竞争，提升消费者服务体验以及支持中小企业创新发展等仍存在限制。

2022 年 1 月，国家发改委等部门联合印发《关于推动平台经济规范健康持续发展的若干意见》，提出要"推动平台企业间合作，构建兼容开放的生态圈""推动制定云平台间系统迁移和互联互通标准，加快业务和数据互联互通"。

以上政策法律对平台经济领域的公平竞争，推动平台互联互通具有现实意义。同时，也应充分关注到推动平台互联互通面临的问题，应以问题解决和目标达成为导向和抓手，有序推动平台互联互通的展开。

互联互通存在的痛点和堵点

第一，平台互联互通可能诱发安全风险。平台互联互通虽然有助于实现数据要素的高效流通和分配，但是也会在一定程度上增加数据安全风险，且这种风险会在平台之间相互传递，甚至会不断地被放大。

平台互联互通的不断推进，可能会增加数据泄露风险，不仅会威胁消费者的隐私安全，还可能危及经营者的财产安全甚至国家安全。在当前情况下，如何在推进互联互通过程中保障数据安全，以及如何落实不同平台的数据安全保障责任等，都是不可回避的问题。

第二，平台互联互通的科学性和精细度有待补足。

目前，推进平台互联互通尚未精细化区分不同行业、不同类型平台，而是广泛地针对所有类型的互联网平台。然而，不同行业平台对互联互通的需求也不同，且不同类型的平台在实现互联互通的技术难度以及耗费的成本上也存在区别。若是忽视不同行业的实际情况以及不同类型平台实现互通的实际难度，盲目要求所有类型的平台互联互通，不仅不能有效推动平台经济健康有序发展，还有可能耗费大量的监管成本，并可能导致部分领域投资减少，平台企业创新动力受到遏制，平台经济因此陷入发展低谷。

第三，平台互联互通缺乏明确规则指引。

目前，平台互联互通仍然停留在政策层面，缺乏明确的法律规则指引。

互联互通在法律层面最早出现在电信领域，在 2000 年颁布的电信条例中明确规定，电信网之间应当实现互联互通。2021 年实行的《公用电信网间互联管理规定》对"互联"做出定义，即建立电信网间的有效通信连接。

但是，电信领域的互联互通规则并不能直接套用于平台经济领域。从法律层面看，平台企业并不属于电信业务经营者的范畴，且从现实层面看，平台经济领域与电信领域存在较大差异，平台经营者数量更加庞大。

值得注意的是，虽然《安全生产法》、《数据安全法》等法律中亦对"互联互通"有所规定，但是这些"互联互通"相关规则皆非针对互联网平台制定。

由此可见，互联互通并非是商业性平台企业的法定义务，目前仍停留在政策层面。缺乏法律规则的明确规范和指引，不仅会影响互联互通的有序推进，而且会在推进时缺乏透明度和可预见性，可能会在一定程度上提高平台企业的合规成本，甚至会影响企业发展的动力。

第四，平台互联互通监管模式亟待升级。

当前，平台互联互通主要由工信部推进，但是，单一部门对于多行业、多地区经营特征突出的平台企业往往不能起到全方位、立体化、系统性监管的实效。推进平台互联互通会涉及多地多个监管部门和地区之间的权限职责的协调，单一部门权限和监管力量存在一定限制，难以满足实际监管需求。

互联网互联互通基本原则

1. 推进平台互联互通需以安全为底线

数据安全是关系到中国经济特别是数字经济高质量持续发展的关键点和压舱石。没有数据安全保障，数字经济发展则失去了依托。因此，在平台互联互通的推进过程中，需以数据安全保障作为法治底线。

为保障平台互联互通的数据安全，一是可构建数据安全监管平台，着重关注互联互通中数据传输的合规性和安全性，包括数据本身是否合规、传输主体和对象的安全保障机制是否合规等，综合实现对数据传输和存储等过程进行全周期监控和实时预警。二是推动隐私计算技术的应用。隐私计算技术，是为了让多个数据拥有者在不暴露数据本身的前提下，实现数据的共享、互通、计算、建模，最终产生超出数据自身的价值，同时保证数据不会泄露给其他参与方。该技术的核心在于让数据可用不可见，实现数据不动模型动，有助于在实现平台业务互操作的同时，保障数据安全。

2. 分类分级推进平台互联互通

推进平台互联互通需要具体的规则指引，从而明确互联互通的主体、方式以及程度等方面。为了使规则指引更加科学，需要基于分类分级原则，科学合理地划分平台类型和级别，并制定相应的规则体系，明确不同平台的责任和义务。

分类分级监管是开展对网络平台常态化、规范化、精准化监管的重要举措。在互联互通场景下，平台分级分类需进一步划定平台所运行的基础核心业务及实现场景，并通过赖以发展的关键生态系统所利用的技术、生产方式及商业模式等标准对平台分类分级予以细化。对于活跃用户数量的统计口径也应有所明确，自然人用户、商家用户、机构用户应当有所区分，并可在不同平台间按一定比例进行折抵。

实践中，由于不同行业平台互联互通的状况不同，需求也不同，故需结合实际市场竞争、互联互通状况、消费者满意程度等情况，确定需重点规制的平台以及依据业务类型划定平台级别认定的基准与参考指标。譬如，欧盟《数字市场法》、美国《通过启用服务切换法案》（ACCESS）对"守门人"和"涵盖平台"等概念进行了规定，增添年营业额这一关键参考指标。

此外，还需强化分类与分级标准的内在关联，通过两者的交点能够有效定位某一平台的基础核心业务归属，确定相应的监管主体、规则、工具及监管力度。比如，可考虑将平台分类与分级标准设置为类似横纵坐标轴的监管赋值基线，以两者的交叉点或交叉范围来设定平台监管阈值。

3. 分层次推进平台互联互通

平台互联互通的有序推进，需要充分结合平台经济领域的实际需求和特点，分步骤分阶段地展开。根据平台互联互通相关政策文件的要求和行动指引，根据不同阶段以及实现的难度，可将互联互通大致分为三个层次，分别是"基础层——数据互联互通"、"增进层——业务互联互通"及"创新层——平台生态系统开放"。

其中，平台数据互联互通，即平台间的数据可进行无障碍的相互传输，安全、可读取、可计算是基本要求。之所以将数据互联互通作为基础层，一是因为《个人信息保护法》第45条中已明确规定了个人信息（数据）可携带，该规定要求个人信息的数据形态应当是"结构化的、通用的和机器可读的"，能够为双向的多类型数据传输与共享提供基础和保障，推进起来已有法律支撑，相对容易些。二是在于数据作为关键要素，是平台业务以及生态系统运作的基础，若平台间数据流通不畅，业务互联互通及平台生态开放也难以实现。

与此同时，也必须清楚认识到数据互联互通并不等于数据互操作，前者更强调经济社会及政策效果，后者则是技术层面的具体要求。换言之，后者只是实现前者效果与目标的方式之一，数据互联互通还需要通过市场公平交易、主体间平等交换或法定强制许可等方式达成。

此外还需注意，在不同场景下，"数据不可见"与"业务可实现"的情况正逐渐增多，即在利用好隐私计算的前提下，数据虽然在支持业务展开时得到应用，但是关键性核心数据的来源、存储位置、内容可读性、授权等仍受到平台的限制。在这种情况下，也可狭义地理解为数据未实现互操作，但从广义上讲，数据仍然得到了联通。正是从这个意义上来说，数据互联互通是各项互联互通，包括业务和系统联通的基础。

平台业务互联互通，即不同平台的商品或服务之间可以交互。业务互操作的实现主要需要借助一组用于集成应用软件和服务的工具、定义和协议组合而成的应用程序编程接口（API）。有了这类接口，平台之间无须构建新的连接基础架构，就能让自己的产品和服务与其他平台交互。由于平台服务由数据构成，不同平台间要实现业务的互操作，需要来自其他平台所发送的数据指令能够无障碍地传输至平台的接口，并转换成该平台服务可读指令，从而实现业务间的互动。因此，增进层需要建立在基础层联通之上，业务间的互动方可实现。

平台生态系统开放，即平台开放其生态系统的接入权限，允许其他平台参与其生态系统循环。由平台关联业务、合作商家、消费者等多元主体组成相互关联和交互的系统，彼此相互联结、实时互动构成了价值链。这一层次需要建立在数据和业务互联互通的基础上，形成更高层次的、具有创新期待的互联互通。平台生态开放阶段将使得平台间包括业务、数据、算法等多种元素有机联动，实现价值共创、合作共赢。

4. 多部门协同推进平台互联互通

由于互联网平台具有显著的多行多市跨界跨境运营的特征，在推进平台互联互通过程中，通常会涉及跨地域、多监管部门之间的权限职责协调，甚至还可能涉及跨境协调，故离不开各平台监管部门的有效配合。

为此，需建立多部门的会商制度，健全信息共享、共商共研、重点舆情联合应对等联动机制，建立跨部门协同监管，在明确平台企业互联互通的牵头监管主体后，涉及具体行业领域，可由具体监管部门组织相关单位会商，通过联席会议形式，根据平台所在市场交由业务对口的监管机构予以执行，其中获取的相关涉案信息、证据、结论、决定等应得到会商部门互认，一并纳入各自部门的规范文件文书管理范畴，予以留存备查。

同时，还需进一步推动行业监管部门和市场监管部门协同，在行业监管与市场监管间实现有效联动。例如，可推动信用监管与市场监管结合，将实施封锁、屏蔽等阻碍互联互通的违法竞争行为的平台，纳入违法失信名单管理，建立健全失信联合惩戒制度，依法依规严惩不正当竞争、不公正交易以及违法排除、限制竞争行为，以构筑全方位、多层次、立体化的监管系统。

（原文首发于《财经》App 2022 年 6 月 27 日，收录时做了调整）

推动平台竞争从"围墙"走向"联通"

当前，我国平台经济生态由早期的"开放"转向"封闭"，以某些主导的平台经营者为代表，其已经或正在努力打造一个可以左右用户对其基础应用、网页及核心基础服务进行访问的"围墙"系统，限制用户访问或享用其指定或限定的内容、应用或服务。自 2020 年底以来，政府的有效干预与市场的有效调节，有望打破主导的平台企业闭环运行的现状。近期，有报道称阿里和腾讯两大平台巨头释放开放生态系统的"破冰"信号，但如何有效推动形成"大中小企业良性互动、协同发展的格局"，打破平台经济生态的"围墙"，实现平台互联互通，不仅要考虑平台联通可能带来的利好，也要充分评估其现实困境，为平台从"围墙"走向"联通"做好制度准备和环境搭建。

何谓互联互通

国务院于 2000 年颁布《电信条例》，其中第 17 条明确规定电信网之间应当实现互联互通，且主导的电信业务经营者不得拒绝其他电信业务经营者和专用网运营单位提出的互联互通要求，第 18 条则要求主导的电信业务经营者应当按照非歧视和透明化的原则，制定包括网间互联的程序、时限、非捆绑网络元素目录等内容的互联规程。2001 年，《公用电信网间互联管理规定》对"互联"下了定义，是指建立电信网间的有效通信连接，即不同电信业务经营者的用户能够相互通信或能够使用其他电信业务经营者的业务。可见，在电信领域，"互联互通"不仅指电信业务经营者之间相互联通的状态，也是电信业务经营者的法定义务。

除电信领域外，"互联互通"概念也出现在 2020 年中国人民银行、证监会联合发布的《关于决定同意银行间债券市场与交易所债券市场相关基础设施机构开展互联互通合作的公告》中，"互联互通是指银行间债券市场与交易所债券市场的合格投资者通过两个市场相关基础设施机构连接，买卖两个市场交易流通债券的机制安排"，由此可以得知现有的"互联互通"主要存在于管制型行业。在平台经济领域有关"互联互通"的出现，体现在 2019 年 8 月发布的《关于促进平台经济规范健康发展的指导意见》（简称《指导意见》）中，"平台尊重消费者选择权，确保跨平台互联互通和互操作"。但是，《指导意见》没有明确"互联互通"的定义，且与电信业、金融业不同，平台经济领域并非全部涉及管制产业，且《指导意见》仅定位于政策意见，尚缺乏法律法规的强制力，故目前尚难以将"互联互通"认定为平台经营者的法定义务。

为进一步把握平台互联互通的内涵，可在文义解释的基础上结合平台经济的特点，参考管制行业领域互联互通的标准和构件，设计平台互联互通的具体条件。从文义上理解，"互"可解释为"相互"或"交互"，"联"可理解为"联结"或"联合"，"通"则表示"没有障碍"。在实践中，平台间"互联互通"主要通过应用程序编程接口（API）技术实现。API由一组用于集成应用软件和服务的工具、定义和协议组合而成。从技术应用视角看，API既可以私有，仅供平台内或平台系统内使用，也可以与特定合作伙伴共用或实现全域的公用，允许所有符合条件的第三方平等接入。

基于此，平台互联互通可描述为，建立平台间无障碍的连接，实现数据互操作和开放生态系统，即两个或两个以上的平台间建立连接，实现数据的安全流动与合理共享，以及业务的有效互通与便利操作，使不同平台的用户可以进行安全无障碍的便利切换和贯通服务。

互联互通能否作为平台竞争治理的有效工具

为充分发挥市场在资源配置中的决定性作用，更好地发挥政府的作用，激发各类市场主体活力，需正确处理好政府和市场的关系，使市场在资源配置中起决定性作用和更好地发挥政府的作用。在处理平台经济领域互联互通问题时，应遵从互联网市场运行的基本规律和现行法律规范，运用好有效市场和有为政府两种资源。

为此，需结合《反垄断法》、《反不正当竞争法》、《电子商务法》和《国务院反垄断委员会关于平台经济领域的反垄断指南》（简称《平台反垄断指南》），及近期相关部门发布的《禁止网络不正当竞争行为规定（公开征求意见稿）》、《最高人民法院关于适用〈反不正当竞争法〉若干问题的解释（征求意见稿）》（简称《征求意见稿》）等聚焦平台领域垄断行为、不公平竞争行为、不正当竞争行为等规制的相关文件，重点考察行为的市场竞争效果，以及对消费者正当权益的实现情况，据此判断平台妨碍、拒绝互联互通的行为是否应受到竞争法规范体系的调整和规范。

需要指出的是，在规范和治理平台领域妨碍互联互通行为时，应注意区分平台业务类型及具体行为发生的现实场景，从平台在相关市场上的影响力，平台从事行为的合比例性，及平台行为所引发的市场竞争效果与社会接受度等多个维度观察，协同《数据安全法》《个人信息保护法》中有关数据分类分级保护、政务数据互联互通、个人数据可携带转移等具体规则的适用来区分平台自由经营行为与滥用市场力量行为的边界。同时，平衡平台经营者正当利益，包括平台内经营者、消费者的正当利益，以及整个市场创新发展利益之间的关系。

占主导的或者说具有市场支配地位的平台经营者在享有健康的市场竞争秩序所带来的利于自身评价的正效应之际，也应为之划定其行为所可能带来的超过市场正效应反馈范畴的边界，即合理合法约束其行为的不正当性。这里对行为不正当性的评价，包括行为对象、行为方式、行为效果的整体评价。在实践中除聚焦行为指向的某一具体利益外，还应强调对整体市场竞争利益的损害，即竞争法上的不正当性应描述为对市场利益的损害，而非是对某具体竞争对手或其他经营者利益的负面影响。这一点在《征求意见稿》第 1 条第 2 款中有明确规定，即"当事人仅以利益受到损害为由主张适用反不正当竞争法第二条，但不能举证证明损害经营者利益的行为扰乱市场竞争秩序的，人民法院依法不予支持"。

平台互联互通需要多措并举

虽然规定于《电信条例》中的互联互通制度不宜直接作为平台竞争治理的原则与工具，但是在平台经济中互联互通对市场竞争效率、经营者创新，特别是中小创新企业的创新激励，以及消费者福利的增进有着积极效果，从平台经济长远发展考虑，推动和激励平台间互联互通，实现数据互操作，提高数据要素配置效率，是平台经济竞争治理的基本路向。故此，应以促进平台间互联互通的实现，特别是超级平台对中小创新型企业给予公平合理非歧视的开放与联通为目标，以平台竞争治理为抓手，推动平台经济健康可持续发展。

第一，加强对具有反竞争效果的封锁、屏蔽、恶意不兼容等排除、限制、妨碍行为的监管。通常情况下，平台经营者拥有自主选择交易的对象和采取交易方式的权利，然而不排除有部分平台基于排除、限制竞争的目的，妨碍、拒绝来自其他经营者的互联互通请求，特别是拒绝或限制特定平台所提出的合理的互联互通要求。这一点在《征求意见稿》第 20 条第 1 款有进一步明确规定。这为目前国内某知名社交平台就某短视频平台所实施的较长时间"封禁"行为的法律属性的判断，提供了相对合理且具可操作性的审判指引。

第二，建立和完善平台互联互通的相关法规体系。平台间要实现互操作，不单纯是开放 API 即能实现。API 的开放仅是实现平台间互操作的一种具体方式，实践中由于不同企业采用的 API 类型往往存在差异，不同 API 数据接口以不同的格式连接数据（如共享数据缓存器、数据库结构、文件框架），每种数据格式要求以不同的数据命令和参数实现正确的数据通信，故即便平台间相互开放了 API，要真正有效实现互操作，除统一数据结构、格式、语法、通信协议等静态的标准规范外，还需要服务过程、组合、注册、发现等方面的统一，以及申请获取 API 接入的具体程序、条件的透明度、接入的平等性等诸方面规则制定基准的合理规范。

换言之，API 既存在于私域空间，属于私益范畴，具有很强的经济属性，由平台经营者持有，向平台所认可的其他经营者开放，形成以平台为核心的生态系统，也可以在特定场景下面向整个互联网生态系统开放，其社会属性也不应被忽视甚或无视，因为其海量数据的获取与运行，具有很强的多元性甚至是公共性，相关行业主管部门理应对 API 开放问题做出详细且系统的规范。

不仅如此，平台数据互联互通还需解决数据权属、数据安全标准等问题，尤其是数据权益如何分配的问题。为此，需结合平台互联互通的实际需要，构建并完善数据权属制度和数据安全制度，根据数据类型和等级合理划分数据权属和数据权益，根据不同类型以及相应的风险等级，建立数据安全保障机制，消除平台在进行互联互通时的顾虑。

第三，主导的平台企业有义务承担与之能力和定位相适宜的社会责任。在现实操作中，涉及主导的平台与其他经营者间数据传输与共享问题时，通常按照合同的约定来确定相关的权利和义务，主要依据的原则是数据控制者原则，即谁控制数据，谁就享有使用数据权益并承担相应责任。总体来讲，从构筑我国竞争新优势的维度，选择适合我国的规则和方案，是增设和修订规则的出发点和落脚点，既要约束"为富不仁"，也不主张"杀富济贫"，应坚持科学监管、审慎监管、平等监管、常态监管及底线监管。

第四，激励竞争倡导，培育竞争文化。在尊重市场经济基本规律和提倡平台经济多元共治的前提下，应加强平台经济领域竞争文化的培育，使平台经营者转变立于传统生产要素之上的竞争观与竞争模式，走向开放共享、互联互通的生态竞争观与可持续竞争模式，为平台间互联互通的真正实现做好思想文化的教育与传播工作，以先进的互联网竞争思想引领平台竞争场景下的互联互通行动。

（原文首发于《第一财经日报》2021 年 9 月 15 日第 A11 版，收录时做了调整）

行业和市场监管有机配合
推动平台互联互通走实走稳

2021 年 9 月 9 日，工信部有关业务部门召开"屏蔽网址链接问题行政指导会"。会上，工信部提出有关即时通信软件的合规标准，要求限期内各平台必须按标准解除屏蔽。由此，拉开了互联网领域妨碍互联互通的行业专项整治活动的大幕。迄今，平台间互联互通已取得一定成效。

11 月 29 日，微信官方表示，在有关监管部门指导下，为进一步落实"以安全为底线，分阶段、分步骤"的互联互通方案，开始对外部链接管理措施进行更新，在点对点聊天场景中将可直接访问外部链接，同时在群聊场景下也将开放电商类外部链接直接访问功能。

随着平台互联网互联互通的不断推进，由此引发社会各界对相关问题的讨论和探索，从外链直接打开逐步走向数据 API 公平、合理、非歧视开放，数据互操作、数据可携带等涉及平台互联互通的深层次、多面相问题。事实上，对于平台互联互通的多面相问题，基于专业和关注视角的差异可能有不同的认识和看法，从不同维度来解读同一个现象时其看法往往是有差异的。把握好平台之间互联互通的本质与走向，一方面需要从行业监管与市场监管两个方面同时发力；另一方面则需要紧密结合竞争法与其他相关数据专门立法，共同为互联互通保驾护航，使之行稳致远。

推动平台互联互通需行业与市场的合力

当前，工信部所主导的平台互联互通是一种以行业监管为主要推动力的互联网行业市场竞争治理活动，其目标与效果兼具行业安全发展与市场公平竞争双重要求。虽然行业监管也具有相关市场竞争治理的功能，但是与市场监管下的相关市场竞争治理相比，在方式和手段等方面仍有不同和侧重。

区分行业监管与市场监管对平台互联互通的价值及作用，首先应明确平台经济下行业与市场的区别。从目前发展态势看，头部平台企业多已发展为平台企业集团的组织形态，其具有显著的跨界经营特征，可能从事多种业务，提供多种商品或（和）服务，进入多个行业，由此对应多个市场，形成"多行多市"的竞争格局。然而，按照现有的"以分业监管为主，混业监管相配合"的行业监管体制、权力配置及其运行实况来看，已经形成了较为固定的行业监管格局，由此在面对变化频繁的平台企业（集团）的"多行多市"经营现状时，行业监管与市场监管间的高效合作就显得十分必要。

当前，针对平台企业行业监管的主体主要有网信办、工信部、交通运输部、央行、银保监会、税务等部门，而市场监管对应的则是国家市场监管总局（包括新成立的国家反垄断局）。我国市场监管部门与行业监管部门在竞争执法权限上存在一定交叉。例如《反不正当竞争法》第4条规定，县级以上人民政府履行工商行政管理职责的部门对不正当竞争行为进行查处；法律、行政法规规定由其他部门查处的，依照其规定；《中华人民共和国电信条例》第71条规定，违反本条例第41条的规定，在电信业务经营活动中进行不正当竞争的，由国务院信息产业主管部门或省、自治区、直辖市电信管理机构依据职权责令改正，处10万元以上100万元以下罚款；情节严重的，责令停业整顿。一方面，采取行业监管有助于各行业主管部门依据其行业的自身特点进行相应的执法活动，有针对性且较为灵活。另一方面，如果不厘清行业监管与市场监管的界限，将很有可能弱化市场监管的独立性、稳定性及权威性。

然而，在实践中严格区分行业监管与市场监管的界限是很困难的。具体到平台互联互通问题上，虽然平台互联互通的初衷主要在于打破当前互联网平台间相互封锁屏蔽的竞争乱象，可视为一种源于公平自由竞争诉求下的市场规范治理，但是从互联互通推进中的具体政策和举措来看，它实际上又涉及行业管制下的产业规范发展问题。这就引发了行业监管与市场监管下竞争规范治理行为的定位、功能及作用的识别及工具使用问题。

当然，无论是行业监管下的规范发展治理还是市场监管下的规范竞争治理，本质上都是一种竞争法治行为，体现了法治监管，只不过从行业监管和市场监管的不同维度出发，两者是有区别和边界的。考虑到当下平台企业混业经营的特点，采取行业监管很难及时有效应对平台企业跨界经营的模式，因此，在看待市场监管与行业监管的边界时，可以考虑到如果市场可以维持其公平自由竞争的展开，则不需要监管介入，即便在市场失灵时，如果市场监管的介入可以矫正市场主体的行为，恢复市场公平自由的竞争秩序，那么行业监管就暂不启动。行业监管可以考虑在市场监管效果不佳或在一定时间内难以奏效而行业发展具有显著急迫性的情势下，再行介入。

工信部在此次互联网平台互联互通治理之中，强调在安全的基础上开展平台间互联互通，其目的是通过互联互通，减轻中小企业的生存压力，增加用户的选择范围。这两个方面是一个有机整体，具有很强的系统性，即强调数字平台经济在规范中发展、发展中规范。为此，必须清晰地认识到，此次由工信部主导的平台互联互通的基石和主线是以行业监管的基本逻辑来构筑和展开的，互联网行业的安全与发展是互联互通的目标与方向。

与此同时，也需清楚地看到平台互联互通有利于推动和保障数字经济高质量发展，特别是有利于促进中小企业科技创新，分享数字经济发展成果。这一点与市场监管下的平台互联互通具有共通性与一致性。由此，引发了社会各界广泛主张的以竞争法治工具推动和强化平台反垄断规制的诉求。因为无论是链接封禁还是数据不互联不互通，这些问题可能都与平台企业滥用市场力量特别是市场支配力量有关系。

从目前我国反垄断法上滥用行为的类型来看，可分为排他性滥用和剥削性滥用行为。哪些行为是排他性滥用？哪些行为是剥削性滥用？排他性滥用和剥削性滥用间有何关系？对这些问题的厘清，还需结合平台经济领域市场竞争行为及其效果的具体特征和表现，做进一步分析。当然，需要关注的是，当前无论在美国还是在德国，都试图或已将平台企业排他性滥用和剥削性滥用行为作为一个整体来分析。具体而言，虽然某些滥用行为在外观上可能是对用户权益的直接剥削，比如强制采集非必要的用户数据、限定交易对象等都可能会对用户权益产生损害，但是进一步分析发现，这些行为可能会对其他经营者也产生排他性竞争效果。因为获取大量数据甚至导致用户不可转向或转向成本过高等，都会产生排他性的竞争效果。当然，这种排他性竞争效果并非一概而论，同一行为在不同场景中对竞争对手产生的影响也是多样的，需要基于个案具体分析。

在我国近期发布的《反垄断法（修正草案）》中，明确将利用数据和算法等设置障碍，对其他经营者进行不合理限制的行为纳入滥用市场支配地位行为。虽然，《反垄断法》的此次修正并未用专章规定平台垄断、数据滥用等问题，仅在《反垄断法（修正草案）》第10条和第22条就数字经济新业态引发的限制、排除竞争问题做了原则性和具体类型的规定，但是从现实而言，此次《反垄断法》修正的幅度和程度是值得肯定的，因为其作为市场经济的基本法尚未达到需要大规模修改的程度。之前国务院反垄断委员会《关于平台经济领域的反垄断指南》已经做出了相对细致的规定，还有部分相关指南正在制定之中，没有必要在基本法中放入更多的关于平台和数据垄断问题的规定。不过，在进一步完善竞争法治工具的同时，还需明确平台互联互通到底要解决什么问题，联通到什么程度？这些直接关系到法律工具的选择适用以及发展完善的预期目标。

值得肯定的是，目前在实践中已探索形成了一些比较成熟的做法，例如，工信部、交通运输部、国家市场监管总局等部门的会商机制，以及国家反垄断局挂牌成立，进一步健全完善了我国反垄断执法体制机制的整体性、系统性及权威性。从这个意义上讲，对互联网平台互联互通的推进，不仅有助于推动平台经济领域的互联互通，也有利于破除目前行政治理领域的条块结构所造成的治理藩篱，促进整个行政治理领域的互联互通，形成合力监管、整体监管、系统监管。

竞争法"不可承受之重"

对平台互联互通的规范治理在我国并非首次，2000年国务院发布的《中华人民共和国电信条例》是一项典型的行业监管下的竞争治理规范。引入互联网平台经济领域，互联互通要求很大程度上会从"初阶段的互联网行业互联和市场互通两个维度",向"高阶段的推动有利于用户在跨行业和跨市场上直接分享链接和信息,慢慢地走向全行业、全市场、全场景下的数据互操作"升级,即通过开放平台数据API这样一种操作,实现各平台间的数据互联互通,提高数据的分享和利用效率。

必须承认的是,当下竞争法在处理平台互联互通问题上存在一定的局限性。数据的互联互通可能带来诸多风险与问题,竞争法是不足以回应这类风险和解决相关问题的。

第一,数据权属的制定与确认,这是推动数据互联互通的基础。现行《反垄断法》《反不正当竞争法》虽然具有治理妨碍互联互通行为的某些主要价值和基础功能,但是无法为数据这一重要的生产要素赋权和确权。

第二,数据可携带是一个双向交互的数据流通制度和工具。例如有A、B两个平台,A是一个大平台,在数据可携带场景下,A平台的用户信息可以根据用户需要迁移到B平台。与此同时,B平台的用户信息也可以迁移到A平台。如此一来,就会使得类似于A平台的诸多超大型平台,进一步增强其市场力量,从而降低中小创新型平台的竞争力。换言之,数据可携带也可能会导致超大型平台的数据优势越来越牢固。这一点竞争法不可能作为对某一经营者的保护而放弃对市场整体公平竞争秩序的维护。也就是说,在正常的市场竞争秩序下,数据可携带如果引发大量数据信息流向优势的超大型平台企业,竞争法就不具备介入的正当性和必要性。

第三,数据的流通很可能带来数据安全上的风险。例如,在数据共享环节中,一旦在数据传输上发生恶意拦截、篡改,或是在数据共享上面临非法访问、恶意更改等问题,很可能导致数据泄露,使消费者的隐私受到威胁,经营者的合法权益受到侵犯,社会秩序的稳定受到影响。这一点也是互联互通推进中需要着重关注的,很显然竞争法对数据安全特别是数据公共安全问题是难以有效回应的。

第四，数据的互联互通涉及多方主体，利益十分复杂。如何权衡不同平台企业、不同平台内的经营者、作为用户的消费者，以及国家、社会等主体之间的利益，单独依靠竞争法无法找到有效的方法。若是一味追求数据由大型平台流向中小型企业而不考虑其他因素，则可能会增加中小企业搭便车的风险，进一步减少创新的激励，对于数据先进企业的竞争优势造成一种不正当减损。

虽然竞争法在独自面对平台互联互通问题时，显得"底气"不足、工具匮乏，但是近期《个人信息保护法》与《数据安全法》等法律和《互联网平台分类分级指南（征求意见稿）》《互联网平台落实主体责任指南（征求意见稿）》等相关规定的出台，为多法规协同推动平台互联互通提供了有力支撑。

首先，尽管《个人信息保护法》与《数据安全法》没有明确数据的权属，但规定"自然人的个人信息受法律保护""国家保护个人、组织与数据有关的权益"，明确了有关主体对数据或信息享有的权益不受侵犯。

其次，考虑到工信部在此次治理中以减缓中小企业的生存压力为目标之一，相关针对性规则更容易在互联互通中适当倾斜地保护中小企业的利益，避免数据单向流通。例如，《互联网平台落实主体责任指南（征求意见稿）》第3条规定，超大型平台经营者负有开放生态的义务，应当积极推动其提供的服务与其他平台经营者提供的服务具有互操作性。

再次，确立了数据分类分级制度，将数据分为一般数据、重要数据与核心数据，对于重要数据与核心数据采取较为严格的保护措施，有助于解决数据互联互通中可能面临的安全问题。

最后，《个人信息保护法》第45条规定，个人请求将个人信息转移至其指定的个人信息处理者，符合国家网信部门规定条件的，个人信息处理者应当提供转移的途径。这一规定可以说为互联互通提供了法律上的依据。相较于竞争法上规制拒绝开放数据的问题需要经过滥用市场支配地位行为的认定，数据可携带制度可能是一种更加便捷可行的实现互联互通的工具。

总之，对平台间互联互通的推进仍需稳步展开，做好系统性和整体性的制度安排。这不仅需要市场监管的有序施行，还需要行业监管与市场监管的有机配合，强调以问题为导向，加强跨领域、跨专业、跨界别的交流对话，在法治框架下分阶段、分步骤推进互联互通走实走稳。

（原文首发于《第一财经日报》2021年12月8日第A11版，收录时有调整）

推动平台互联互通面临的问题与建议

推进平台互联互通不仅是实现公平公正、开放创新的市场竞争环境的关键路径，也是促进数据要素的高效流通与按需分配的重要一步。当前，平台互联互通的概念与标准不明确，导致不同场景下对市场监管与行业监管之间的内涵与范畴理解不一，简单地将平台互联互通等同于平台反垄断，忽视了对平台互联互通基础制度与主要实现方式的精细化探究。例如，对数据要素市场化配置的设计、数据安全与利用技术的创新与平衡、平台市场监管与行业监管的协同等问题仍有待进一步思考。为此，需尽快厘清平台互联互通的相关概念，做好平台分类分级监管，健全平台互联互通配套制度的研究与制定，加快内容结果评价、隐私计算等相关技术的研发，在兜住平台经济安全底线的基础上，创新监管工具，推动多部门协同监管，分类分级分步骤推进平台互联互通的实现。

自 2020 年底中央强调"加强反垄断与防止资本无序扩张"以来，以平台经济领域为主战场的强化反垄断与防止资本无序扩张工作引起了高度重视，取得了不错的经济效果与社会效果。平台互联互通是强化反垄断中的重要一环，其不仅有利于整个反垄断工作的展开，也更加聚焦平台经济领域的公平竞争与创新激励。

在反垄断法治框架下，推动平台互联互通有助于破除以超大型平台为中心形成的"生态围墙"，营造平台经济领域特别是超大型平台与中小型初创企业间公平公正竞争的相宜市场环境，提高整个互联网行业市场经济效率，有效遏制资本在平台经济领域的无序扩张，科学规制超大型平台滥用市场支配地位实施拒绝交易、限定交易、交易歧视，或实施扼杀式并购等排除、限制竞争的行为，回应数字经济市场上公平竞争和开放创新的时代诉求，以高水平竞争促进高水平创新，以高水平创新推动高质量发展。为此，相关部门出台了一系列强化平台互联互通的政策及指引，以推动平台间走向开放合作。

早在 2019 年 8 月，国务院办公厅发布的《关于促进平台经济规范健康发展的指导意见》（简称《指导意见》）中就指出，"平台尊重消费者选择权，确保跨平台互联互通和互操作"。2022 年 1 月，国家发展改革委等部门联合印发《关于推动平台经济规范健康持续发展的若干意见》（简称《若干意见》），在"建立有序开放的平台生态"一节中提出，要"推动平台企业间合作，构建兼容开放的生态圈"，且要"推动制定云平台间系统迁移和互联互通标准，加快业务和数据互联互通"。

2022 年 4 月，《中共中央　国务院关于加快建设全国统一大市场的意见》提出要"加快培育数据要素市场，建立健全数据安全、权利保护、跨境传输管理、交易流通、开放共享、安全认证等基础制度和标准规范，深入开展数据资源调查，推动数据资源开发利用"。可见，进一步加强平台互联互通，尽快制定和施行相关政策，分类分级推动平台互联互通是具体支持平台经济持续健康发展的现实要求。

一　推进平台互联互通面临的问题

（一）平台互联互通的内涵与标准不明

现行的立法和政策尚未明确平台互联互通的定义与具体标准。互联互通的概念仍相对宽泛，单从语义上很难把握平台互联互通的具体要求与标准。在不同领域与场景下，其具体内涵与标准仍待具体化，不同业务场景下难以判定平台间的互联互通是否符合政策要求。

在《指导意见》《若干意见》等政策文件中，提及了"互操作""数据互联互通""业务互联互通""开放的平台生态"等与"互联互通"相关的表述。以上表述的具体内涵与范畴尚不明确，很容易导致实践中不同部门对平台互联互通的理解不一致，在具体政策与措施的制定和施行上出现分歧，妨碍平台互联互通的实效推进。

（二）平台互联互通相关制度有待健全

目前，平台互联互通不仅缺少具体的法律规范与政策规则的指引，而且与推动平台互联互通相关的市场经济法律制度，如必需设施制度、滥用市场支配地位行为规则以及数据权属、数据分类分级原则等具体制度也有待完善。

反垄断制度有待完善与明确。与传统经济相比，平台经济的商业模式与生产要素发生实质性变化，使得在传统反垄断框架下认定拒绝交易等滥用市场支配地位行为，以及界定数字平台构成必需设施存在困难，现有的反垄断制度并没有根据市场结构以及数据生产要素的新特性做出及时调整，相关条款亟待进一步调适。

数据产权制度有待完善。目前，虽然《民法典》《数据安全法》《个人信息保护法》都涉及与数据有关的权益，但是未对数据权益类型及权属关系予以明确规定。在平台互联互通的场景下，因数据成本、利益分配、责任承担等缺乏有效的规范制度，客观上抑制了平台互联互通的意愿与动力。

平台分类分级制度尚未发布且有待细化。国家市场监督管理总局于2021年10月29日发布了《互联网平台分类分级指南（征求意见稿）》，其中依据平台的连接对象和主要功能将平台分为六大类，能够为推进平台互联互通工作的科学化提供一定指引，但这些类型划分对于具有"多主体、多行业、多市场"特性的网络平台而言较为粗略，仍待进一步结合互联互通工作的实际需要进行精细化。

（三）实现平台互联互通的技术瓶颈亟待消除

在技术层面，平台之间要实现互联互通，不仅需考虑传输协议以及端口的标准化问题，还需要考虑流量计费以及数据安全保障等技术性问题。

推动平台互联互通技术性强，一是所需数据格式、标准及权限管理要求不一致。TCP（Transmission Control Protocol，传输控制协议）、API（Application Programming Interface，应用程序编程接口）、SDK（Software Development Kit，软件开发工具包）等不同层面的技术都能应用于推动平台数据或（和）业务的互操作与联通的不同场景与需求，但是由于不同平台所使用的数据格式、技术规范、权限管理模式不同，即使数据能够通过联邦计算、加密计算等实现可用的状态，也难以被充分利用，数据价值无法得到有效实现。

二是缺乏根据数据类型和价值计费的技术。目前，传统的流量计费技术主要按照时间以及接入网络后产生的实际数据比特流来进行计费。在平台互联互通场景下，要平衡不同平台之间的数据成本与利益，需要对数据进行收费，但是，目前根据内容收费的技术仍存在一定的瓶颈，难以根据不同的数据类型以及数据内容的价值计算具体费用。

三是平台安全保障技术亟待创新。当前，平台保障数据安全的技术尚未成熟，数据泄露、数据爬取以及服务器被攻击等情况仍时有发生。在平台互联互通的情况下，平台相互开放会在一定程度上增加数据安全风险，并且这种风险会在平台之间相互传递，甚至会不断地被放大，这不仅会威胁到消费者的隐私安全，还可能危及经营者的财产安全以及国家安全。因此，仍需进一步研发更先进的数据安全保障技术，以确保数据在共享与存储过程中的数据安全。

四是对于不具备较高安全防护能力和等级的中小型（平台）企业来说，平台间数据获取、传输中的数据匿名化和去密化，需要安全技术成本的大量投入，相比于超大型平台而言，中小型企业业务结构简单、数据量级较小，整体安全防护能力较低，这很可能导致中小型企业参与互联互通时，在技术安全保障方面存在天然的不足，客观上会降低平台互联互通的整体安全效能，反向抑制平台互联互通可能对中小企业创新发展所带来的正向激励效果的发生。由此，可能波及整个互联网产业的稳定健康发展。

（四）平台互联互通的监管效能不足

平台互联互通的监管工具较为单一。当前，平台互联互通工作的开展主要采用行政指导、行政执法的方式，然而，行政指导的效果有限，缺乏足够震慑力与外部约束力，部分平台在接受行政指导后仍未落实互联互通的要求；行政执法主要以事中事后监管为主，具有一定的滞后性，难以在高速变动发展的平台经济中，及时遏制竞争损害的发生。

单一部门或（和）行业部门的监管效能不足。目前，平台互联互通相关工作主要是由工信部开展，然而平台经济领域具有的跨区域、跨行业、跨市场等特征，使得单一部门或行业部门所主导的互联互通工作的进展和成效十分有限。在监管过程中，通常会涉及多地多个监管部门之间的权限职责间的协调，但单一部门或行业部门的权限范围和监管力量都存在一定限制，难以满足平台互联互通工作的实际需求，还可能出现"九龙治水""规则打架"的情况。

二　推动平台互联互通的具体建议

（一）厘清平台互联互通的相关概念

平台经济领域"互联互通"内涵的确定需结合政策背景与政策目的。平台互联互通是应对当前平台经济封锁屏蔽所导致的市场壁垒与数据垄断等问题的对策。结合相关政策，平台互联互通是指两个或两个以上的平台间实现数据的安全流动与合理共享，或实现业务的有效互通与便利操作的状态，使不同平台的用户可以进行安全无障碍的便利切换和贯通使用，或实现更高层次的全面开放与生态共享。

在明确平台互联互通内涵的基础上，需厘清平台互联互通的相关概念间的关系。

"平台互联互通"与"数据互操作"是技术层面的概念，指不同平台或编程语言之间交换和共享数据的能力。虽然数据互操作与平台互联互通密切相关，但是数据互操作只是实现平台互联互通的其中一种方式，两者不能等同。除数据互操作外，平台间的数据开放共享还可以通过数据市场化交易、合理交换、法定许可等方式实现。

数据互联互通与业务互联互通两者都可描述为平台互联互通的一种表现形态，只是两者的侧重不同，前者强调数据生产要素的共享与交互，后者强调平台业务之间的交互，可实现自由切换。

虽然从技术层面看，平台之间的业务进行互操作需要进行指令数据的传输与交互，但是这并不意味着数据互联互通是业务互联互通的基础，因为数据指令本身与用户数据以及商业数据等相比价值较低，难以被归为一种生产要素。故在推动平台互联互通过程中，需要根据平台类型以及具体应用场景，决定实现业务还是数据互联互通的先后顺序，或者两者同时展开。

"平台互联互通"与"平台开放生态"是建立在平台互联互通基础上，随着平台间数据与业务合作开展的不断深化，形成更高层次的互联互通。平台生态开放将使得平台间包括业务、数据、算法等多种元素有机联动，实现价值共创、合作共赢，极具创新期待，同时也面临诸多挑战与困难，故现阶段仍应以数据与业务层面的互联互通为主。

（二）建立健全平台互联互通的配套制度

根据平台经济的特征和运行规律，对反垄断中的拒绝交易行为以及必需设施的判定条件进行调整和更新，以进一步划清平台拒绝互联互通的合法性边界。在判定平台是否构成必需设施时，应考虑平台所持有的数据要素或者业务具有不可替代性，且是否构成相关数据流量或要素进入的必经入口。

在尊重平台合法的自主经营权和数据财产权益的基础上，建立健全基于数据动态权属与利益分配制度。由于数据要素在其生命周期不同阶段所蕴含的信息以及价值存在差异，不同主体对数据要素价值产生的贡献不同，因此需要根据数据产生与价值生成的具体变动情况，确定数据动态的权属分配制度，并推动数据生产要素由市场评价贡献、按贡献决定报酬，按照数据价值生成的贡献大小分配数据利益。

根据平台互联互通的实际情况与需求，科学合理地划分平台类型和级别，并制定相应的规则体系，明确不同平台在互联互通过程中需承担的责任和义务。并强化分类与分级标准的内在关联，通过两者的交点能够有效定位该平台的基础核心业务归属，确定相应的监管主体、规则、工具及监管力度。

（三）加快研发支撑平台互联互通的相关技术

加快推动数据格式、应用交互端口协议以及数据安全保障等相关技术的规范化、标准化与统一化。相关技术标准的统一，不仅有助于互联互通工作更有效地推进，也有助于避免平台之间通过技术壁垒形成共谋。不过，由于相关技术的应用需要耗费一定的成本，因此也需要有关部门以及大型企业对中小平台企业给予适当的技术支持与帮助。

推动数据、内容价值计费技术的研发。平台间的计费模式可以参考移动运营商基于内容计费的实现方案，可以考虑在平台之间的链接端口设计能够根据数据类别和价值分别计算流量的端口，根据不同数据的类型以及价值的流量分别计算价格。也可以通过设置第三方中介机构，在数据传输过程中对需要另外计费的数据价值进行判定，并要求对方支付相应费用。

加快推动"数据不可见，业务可展开"的技术研发。一是可以通过共享 SDK 或者开放 SDK 权限的方式，实现数据不动模型动，在实现业务甚至操作系统互联互通的情况下，保障数据安全。二是可推动隐私计算技术的应用，能够让多个数据拥有者在不暴露数据本身的前提下，实现数据的共享、互通、计算、建模，最终产生超出自身数据的价值，同时保证数据不泄露给其他参与方。

"数据不可见，业务可展开"的技术，将有助于进一步提高平台互联互通的灵活性和可操作性，消除平台在互联互通中的数据安全顾虑，使场景化下的业务互联互通不再需要以数据互联互通为前提，可根据具体的需求选择对数据或者业务进行互联互通。

（四）创新监管工具并推动多部门协同

在监管工具创新方面，一是参考欧盟《数字市场法》、美国《通过启用服务切换（ACCESS）法案》中对于"守门人"和"涵盖平台"的经验，引入事前监管工具；二是建立"分级分类＋负面清单"规则，为平台互联互通设置"红绿灯"规则；三是将经济学量化分析工具应用于行为竞争效果评估之中，评估平台互联互通整体效益、长期效益、现实效益等多元指标。

在多部门协同方面，建立多部门会商制度，健全信息共享、共商共研、重点舆情联合应对等联动机制，建立跨部门的协同监管，在明确平台企业互联互通的牵头监管主体后，涉及具体分管行业领域，可由具体监管部门组织相关单位进行会商，通过联席会议交由平台所在市场业务对口的监管部门予以执行，其中获取的相关涉案信息、证据、结论、决定等应得到会商部门的互认，一并纳入各自部门的规范文件文书管理范畴，予以留存备查。在此基础上，还需进一步推动行业监管部门和市场监管部门协同，在行业监管与市场监管间实现有效联动。

此外，需在监管理念与基调上进一步明确和澄清以下几点。

一是注重权衡多方主体利益，开展互联互通应兼顾超大型平台、中小平台、平台内经营者、消费者用户等不同主体间的利益，在守住总体安全底线的基础上，坚持以创新发展为主线，以市场优先为原则，以政府监管为必要，明确"非必要不干预"。

二是明确个案原则，不同场景下平台互联互通的实现方式与标准不尽相同，在市场机制失灵或已显示难以满足互联互通需求之际，监管部门有必要依据场景正义原则与分类分级原则，在有效平衡长期主义与短期需求的关系下，以最小干预与最少必要为限，给予明确、可识别且可操作的监管举措，做到精细化有效性监管，避免对涉案平台企业或（和）整个行业带来持续的不确定性和不稳定性。

（原文题目为"以新修订《反垄断法》实施为契机 抓住平台互联互通着力点"，首发于《第一财经日报》2022年7月20日第A11版，收录时有调整）

平台经济治理的中国特色

　　中国是全球数字经济发展领先的国家之一，特别是海量的用户群体为数字技术应用场景的不断丰富提供了强烈的市场需求刺激，促使中国数字经济总量在 2020 年总规模稳居全球第二，增速居全球第一。

　　当人类社会进入数字经济时代，并高速发展的同时，也引发了由各类新经济、新业态、新技术、新应用所导致的大量新型纠纷，尤其在平台经济领域出现了强制"二选一"、自我优待、数据垄断、算法歧视、算法滥用等一系列问题。

　　为此，全球范围内掀起了以反垄断法律规则为代表的数字经济平台治理运动，诞生了譬如美国的新布兰代斯主义、欧盟的守门人义务平台，以及德国的跨市场影响力平台等特定概念。中国应国内外平台治理趋势，自 2020 年底以来，通过优化反垄断法律规则体系和持续有力的监管来促进和保障平台经济平稳健康发展，例如 2021 年 2 月 7 日国务院反垄断委员会发布了《关于平台经济领域的反垄断指南》(简称《平台经济反垄断指南》),这是全球首部专门治理平台经济领域竞争行为的政府规范性文件;同年 4 月和 10 月,先后对阿里巴巴和美团强制"二选一"行为做出了反垄断行政处罚。这些举措都为依法落实党中央、国务院明确要求的强化反垄断与防止资本无序扩张产生了实质效果,也为构建新发展格局、畅通双循环打下坚实基础。

为更好畅通双循环,加快建设规范高效、公平竞争、充分开放的市场体制机制,加快打造市场化法治化国际化营商环境,2022 年 4 月 10 日,中共中央、国务院发布了《中共中央 国务院关于加快建设全国统一大市场的意见》,其中进一步提出"培育参与国际竞争合作新优势。以国内大循环和统一大市场为支撑,有效利用全球要素和市场资源,使国内市场与国际市场更好联通","培育一批有全球影响力的数字化平台企业"。聚焦于此,更需注重对我国数字经济平台治理的规范化、专业化、法治化改进与完善,在做好与国际接轨的同时,总结自身经验,提炼中国特色,提升我国在国际经济治理中的话语权。

平台治理的脉络

目前,中国针对平台企业的反垄断政策和法律也在密集而又迅速地制定和完善之中,反垄断法实施保持持续化、常态化及精准化,监管理念、原则、方式及技术不断得以调适并完善。

自 2020 年 11 月以来,中央政治局会议、中央经济工作会议、中央财经委第九次会议等一系列重要会议,明确表明强化反垄断和防止资本无序扩张的态度和决心。2021 年 8 月召开的中央全面深化改革委员会第二十一次会议审议通过了《关于强化反垄断深入推进公平竞争政策实施的意见》,

强调"坚持监管规范和促进发展两手并重、两手都要硬"，以监管规范保障发展和促进发展。2021 年 12 月召开的中央经济工作会议明确提出"要提振市场主体信心，深入推进公平竞争政策实施，加强反垄断和反不正当竞争，以公正监管保障公平竞争"，为落实常态化、规范化反垄断工作指明了方向。

2022 年 1 月 19 日，国家发改委等九部门联合发布《关于推动平台经济规范健康持续发展的若干意见》（简称《意见》），针对目前平台经济领域的焦点问题，要求构筑平台经济新优势，推动平台经济高质量发展。

在相关配套法规制定上，如前述 2021 年 2 月《平台经济反垄断指南》正式发布，全面详尽地回应了平台经济领域广受关注且备受争议的热点问题，对加强平台经济领域反垄断规制，引导平台经济经营者依法合规经营，促进平台经济规范有序创新和健康发展具有重要意义。

同年 8 月 20 日，十三届全国人大常委会第三十次会议表决通过《个人信息保护法》，亦对大型平台的信息数据处理提出了专门要求，规定了对其信息披露、外部审计、平台内主体监管的制度，加强其责任，降低其垄断风险，从治理平台的配套规则方面加强了治理的规范性、周密性、严谨性。

2021 年 10 月 23 日，第十三届全国人大常委会第三十一次会议发布的《反垄断法（修正草案）》第 22 条将"具有市场支配地位的经营者利用数据和算法、技术以及平台规则等设置障碍，对其他经营者进行不合理限制"作为构成滥用市场支配地位的情形之一，充分回应了数字经济下反垄断监管的法治需求。

此外，国家市场监督管理总局于 2021 年 10 月 29 日公布了《互联网平台分类分级指南（征求意见稿）》以及《互联网平台落实主体责任指南（征求意见稿）》，全方位、多维度、分层次地对不同类型平台的经营行为和主体责任予以规范。

可见，从党中央政策定位、定向转入国家政策、法律制定及其落实落地阶段，强化数字经济、平台经济领域反垄断已成为当前中国市场竞争监管的重中之重。

在反垄断监管政策和法律的指引下，中国持续展开数字平台企业反垄断监管。

2020年12月14日，国家市场监督管理总局公布对阿里巴巴投资收购银泰商业股权、阅文集团收购新丽传媒股权、丰巢网络收购中邮智递股权等3起未依法申报违法实施经营者集中案做出顶格行政处罚决定，这是中国反垄断执法机关首次对数字经济领域的经营者集中做出行政处罚。

另据2022年3月17日全国市场监管系统反垄断工作会议，2021年全国查处垄断案件176件，罚没金额235.86亿元；审结经营者集中案件727件，附条件批准4件、禁止1件，反垄断领域取得明显成效，尤其是数字经济平台领域执法实现新突破、新发展。

尤其值得关注的是，2021年4月10日，市场监管总局发布对阿里巴巴实施"二选一"垄断行为的行政处罚决定。同年7月10日，市场监管总局发布对腾讯申报的虎牙与斗鱼合并案的经营者集中反垄断审查决定，禁止其进行此项经营者集中，拒绝了腾讯提出的附加限制性条件承诺。该案是互联网平台并购禁止第一案，强化了数字经济平台的反垄断监管。

同年7月24日，市场监管总局发布对腾讯控股有限公司收购中国音乐集团股权违法实施经营者集中案的行政处罚，责令腾讯及其关联公司采取措施重塑相关市场竞争秩序，依法申报经营者，并处以50万元罚款。该案是《反垄断法》实施13年来，第一起对违法实施经营者集中采取必要措施恢复市场竞争状态的案件，对积极维护公平竞争、推动行业创新发展有重要意义。

除强化反垄断执法，市场监管总局联同其他行业监管部门，多次召开针对数字平台企业的行政指导会议，以事前监管的方式对规范数字平台企业竞争行为、依法合规经营提出具体指导和要求。譬如，在近两年的"双11"前夕，市场监管总局会同其他部门，都召开了由各大数字平台企业参加的"规范网络经营活动行政指导座谈会"和"规范线上经济秩序行政指导会"。

各行业主管部门也对行业内落实强化反垄断执法、规范行业内新业态规范健康发展提出相关工作要求。譬如2021年7月30日，交通运输新业态协同监管部际联席会议召开2021年第二次全体会议，指出"要加强反垄断监管和反不正当竞争，依法查处网约车和货运平台垄断、排除和限制竞争""进一步加强网络与数据安全管理，切实保护消费者个人信息安全"。各地方市场监管部门也陆续组织对执法辖区内的数字平台企业开展行政指导会，督促其依法合规经营。目前正在形成全方位、多层次、立体化的数字经济平台治理体系及实施机制。

中国特色体现在哪里

值得注意的是，中国虽然对数字经济平台治理的态度呈现出与欧美主要经济体趋同的态势，但是监管理念、方式及具体措施上又不尽相同。中国在实践中更加注重政策导向和多元治理，讲求"稳字当头、稳中求进"，在政策的大方向下多层次、多方面、多领域统筹治理，循序渐进，坚持依法有序、科学审慎、精准有效的多元化举措，执法呈现常态化、持续化、科学化、精细化的特征。

具体而言，中国在数字经济平台治理上，无论从立法还是执法都充分贯彻落实了中央关于加强反垄断与反不正当竞争，以公正监管促进公平竞争，推动精细化、有效化监管，为资本设置红绿灯等系统化、整体化及科学化的决策部署。落实到对具体法律规范的解读和监管举措的实施上更要客观科学，聚焦"规范"的目的在于防止资本无序扩张，推动市场公平竞争和数字经济健康发展。

换言之，对数字平台企业要注重规制策略和规制方法的科学性、精准性和有效性，坚持发展和规范两手抓，激发市场主体创新活力，增强数字平台企业内增长的动力与可持续性。同时，需要平衡好阶段性政策目标和长期高质量发展要求的关系，避免对短期规制效益的过度追求，形成发展与规范协同并重的长远可持续发展模式，构建统一公平、竞争有序的数字经济市场。

当前，构建数字经济领域公平竞争、自由有序、规范发展的市场竞争秩序成为"十四五"时期推动数字经济持续高质量发展、打造国际竞争新优势的必然要求。面对数字经济日益激烈的竞争局面和监管博弈，中国应主动适应全球数字经济竞争和监管新趋势，在完善和强化数字竞争监管的法治规则和监管策略基础上，明晰数字经济反垄断监管完善的重点方向，在监管理念、监管主体、监管方式以及监管内容上加强改进。

在监管理念上，贯彻依法科学审慎监管理念，坚持发展与规范并重，在打击垄断行为、遏制不公平竞争风险与数字平台企业创新发展之间寻求法治框架下的动态平衡。其中包括明确反垄断监管部门的责任范围和监管边界，明确监管流程、方式和手段，避免部门间存在职责重叠或交叉不清；尊重数字经济市场发展特性和规律，避免因为严格的反垄断执法或执法不当致使市场失去应有的活力；开展跨领域多元协同监管合作，提升数字监管效能和效益。

在监管主体上，以市场运行为中心出发，在尊重市场运行基本规律之上，建立健全以市场监管总局为主导和中心，协同其他监管主体及地方监管部门的全方位、多层次、立体化监管体系，提高监管效能。

2018年机构改革设立市场监管总局，将原本分散在三个部门的反垄断执法权合一，一定程度上缓解了职能交叉、监管主体重叠的问题，改善了反垄断监管。同时也要看到，数字经济平台相较于传统实体平台，扩张更为便利、垄断更为隐蔽、竞争机制更为复杂，其多元经营和跨界竞争的情况也更为严重，因此需要各行业主管部门甚至是市场主体都参与到多元监管的行列中。联动行业主管部门，形成一套完善的监管链条，在金融、工信、网信等监管领域内建立监管联系，坚持共享信息、共定政策、协同合作。畅通市场主体举报渠道，重视舆论监督，完善沟通程序，强化处理结果公开。在市场监管总局的统筹管理下，实现全方位、全领域、全链条、全场景监管主体在线，提高监管效能。

在监管方式上，强化和完善反垄断事前预防机制，实现事前事中事后全链条监管。完成这一目标，不仅需要通过法律规范明确数字平台经营者行为规则和强化结构控制等义务要求，还需要引入科技监管工具，联动监管部门和平台经营者建立实时、数字化、智能化、全周期的监管机制，以回应数字经济领域全周期、全空域、全场景、全链条、全价值的竞争新范式和反垄断监管新要求。

在监管逻辑和程序上，科学审慎推进事前监管，鼓励和支持平台主体积极参与合规治理，精准施策，既做好有效防治，又要充分尊重平台主体的自主经营，可以综合运用行政指导、行政约谈、行政调查等多种方式，联动行业监管部门与市场监管部门，加大科技监管投入，提升事前监管能力。具体措施包括但不限于科学及时制定发布相关政策文件，加强政企沟通，为各平台主体提供政策讲解与协商，提供科学及时的行为指导，提倡引导为先，鼓励平台主体自我合规与监管部门外部规制相结合，以此提高事前监管效能；在事中事后监管上，需严格依法监管，科学设立正、负清单管理制度，明确并公开监管的启动程序、调查程序、听证程序、结果公布程序，做到公开、公正、公平，强化调查结果原因的释明，做到以公正监管促进公平竞争，对所有主体一视同仁。

在监管内容上，推动数据要素规范有序高效地开放和流通，注重数据采集、使用和管理动态过程中的多元利益平衡，有效遏制和规范数据垄断、封锁和滥用，确保数字经济领域公平自由竞争。同时，规范和引导中国跨境数字平台企业的依法合规经营，激活中国数字平台企业在全球范围内的创新力、创造力和竞争力，抢占数字经济国际竞争制高点。结合国家市场监管总局于 2021 年 11 月印发的《企业境外反垄断合规指引》，应增强中国数字平台企业的境外反垄断合规意识，鼓励其建立和完善境外反垄断合规制度，准确识别和评估其在国际竞争市场上可能面临的反垄断风险，以及与此相关联的数据安全风险、金融风险、知识产权侵权风险。

当然，由于数字平台企业竞争行为存在高度动态性、跨行业领域、跨国（区）域等特征，在全球竞争格局视阈下完善数字经济反垄断监管，还有赖于各国和地区不断加强和深化在双边、多边、区域层面的反垄断执法合作，推进数字技术、标准、规则、策略等内容的对接和协调。同时，在维护各国在数字领域的主权、安全、发展利益的基础上，推动建立反映各国利益和诉求的切实可行的数字经济国际竞争治理规则，以此构筑共建、共治、共享的全球数字经济竞争法治新图景。这些仍有待在接下来的研究和实践中进一步展开思考和探索。

（原文题目"数字经济平台治理的中国特色"首发于《财经》App 2022 年 4 月 23 日，收录时做了调整）

微软与新布兰代斯的较量

动视暴雪向投资者分享了一份美国证券交易委员会（SEC）文件，并称该公司股东在 2022 年 4 月 28 日参加一个线上虚拟会议，届时该公司将被要求对微软并购案进行无约束力的咨询投票。如果本次投票未获通过，微软对动视暴雪的收购很可能就此终止。

3 个月前的 2022 年 1 月 19 日，微软宣布以 687 亿美元的价格收购动视暴雪，这是游戏行业历史上最大的一笔交易。

动视暴雪曾出品多款经典游戏，然而由于其近年来新发布的游戏缺乏创新，导致了大量玩家的流失。此次微软收购动视暴雪，一方面是由于后者依然具有巨大的商业价值，在玩家中依然有较大的影响力，通过收购，微软可以将《使命召唤》《魔兽世界》《守望先锋》等热门游戏收入囊中，一跃成为全球第三大游戏公司。另一方面微软现有游戏资源有限，收购动视暴雪可以有助于其进军元宇宙的未来策略。此外，这起并购有助于微软提升其即将推出的云游戏平台——xCloud 的接受度。在 xCloud 上，只要用户有屏幕和互联网连接，就可以在没有控制台和电脑的情况下进行跨平台游戏。

但是，微软能否如愿将动视暴雪纳入囊中，尚存变数。此前动视暴雪表示，2022 年 3 月 3 日，它和微软各自收到了关于美国联邦贸易委员会（FTC）审查交易的额外信息和文件材料的要求。

近年来，随着新布兰代斯主义在美国的兴起，人们开始重新审视企业巨头，特别是互联网超级平台公司的市场竞争行为，并主张对它们加以遏制，并施以更严厉的监管。

新布兰代斯主义的兴起

FTC 对于微软收购动视暴雪案的反垄断审查，除对相关市场上竞争结构的关注外，还主要集中在两家公司持有的消费者数据以及收购对劳动力市场的影响两大问题上。

在伊丽莎白·沃伦等 4 位参议员 3 月 21 日写给 FTC 主席莉娜·汗的信中，沃伦等人表达了对收购可能造成工人权利受到损害的担忧。此外，微软通过收购动视暴雪可以通过更多渠道获得用户数据，这造成了数据被滥用的风险。因此，FTC 很可能扩大审查范畴，不仅仅局限于从经济效率角度来考虑是否批准此项收购。这一点与美国近年来兴起的新布兰代斯主义思潮暗合。

相较于消费者福利主义的支持者而言，新布兰代斯主义者不再专注于"消费者福利"标准的经济学分析思路与方法。

芝加哥学派认为，反垄断最重要的目的就是推动消费者福利最大化，由此建立了以消费者福利为基准的反托拉斯法适用框架。新布兰代斯主义者则批判唯消费者福利原则是从的观点，他们认为，应当重新审视反垄断法的宗旨，对数字巨头采取严厉的反垄断执法态度。例如，某一企业实施了远低于市场价格的掠夺性定价，依据芝加哥学派以"消费者福利"为反垄断的最重要目标，则这种行为无可指摘，但这一行为排挤了其他竞争者，甚至会造成其他竞争者被逐出市场，消费者的选择实际上变少了。此后，该企业就可能随时根据自己的需要来改变定价策略，从而破坏市场竞争秩序。

新布兰代斯主义的核心主张包括以下几点。

第一，反垄断是构建民主社会的关键工具与哲学基础。这犹如早年布兰代斯法官的观点——"民主不仅是政治与宗教自由，还包括工业自由"。他认为，经济权力的集中会导致政治权力集中，因此需要通过反垄断来避免经济权力的集中，实现实质意义上的民主。

第二，反垄断法只是反垄断的一种工具。反垄断法的目的在于维护市场公平竞争，而避免垄断、促进竞争还可以通过其他政府部门颁布的竞争政策实现。

第三，反垄断需要关注市场结构以及竞争过程，而非竞争结果。芝加哥学派认为，企业一旦拥有较高的市场份额，只要没有滥用这一地位，那么就不应对其采取行动。新布兰代斯主义者则认为，某些垄断结构本身就会带来损害竞争的威胁，因而必须加以纠正。例如，对于当下的互联网巨头企业应当采取严厉的执法态度，避免其实施垄断行为危害竞争秩序。

第四，新布兰代斯主义者认为，互联网超级平台的兴起，使得传统的"消费者福利"标准更加难以为继。超级平台往往提供零定价或低价服务，不断积累用户，消费者福利表面上看似没有损失，但随着时间的推移，用户在不同平台之间的转移成本不断增加，致使他们难以向其他平台转移，这同时又进一步固化了在位平台所聚集的强大的网络交叉效应。

同时，平台的强网络外部性也意味着存在较大的市场进入壁垒，初创企业很难进入市场。在位平台企业拥有大量用户，其规模越大，锁定效应就越强，初创企业也就越难以吸引用户的注意力，久而久之，用户的选择实际上是减少的。

此外，互联网超级平台实施数据交易对消费者福利带来的损害缺乏客观有效的计算标准。因此，为了适应平台经济带来的挑战与变化，新布兰代斯主义者认为，应当调整反垄断法的适用标准，采取多元化的评价标准。

微软收购动视暴雪面临挑战

基于此，微软收购动视暴雪可能产生的影响主要有以下几个方面。

第一，可能会对消费者产生影响。微软通过收购可获得《使命召唤》等火爆的游戏 IP，一旦微软继续采取并购策略，将竞争平台的游戏收入囊中，那么微软可能只在其旗下的 Xbox 游戏机发行游戏，迫使消费者选择 Xbox 而非 Playstation 等其他平台。如此一来，消费者的选择会受到限制，微软也借此获得更强的议价能力，消费者在购买游戏时，需要付出更高的费用。

第二，可能形成"扼杀式收购"，提高其他公司进入相关市场的壁垒。初创的游戏开发商很可能选择将成果卖给微软，而非与微软竞争。其后果是，真正的竞争仅仅发生在几家大公司之间。这并非杞人忧天——在微软与动视暴雪达成协议一周后，索尼就宣布收购热门游戏《命运》的开发商 Bungie。

第三，可能影响动视暴雪员工的利益。Public Citizen、Center for Digital Democracy 等反对收购的组织在公开信中表示："微软在美国的员工不属于工会组织，这致使微软的员工很难有效地组织起来保护自身利益。"此外，如果 FTC 批准这一并购，微软将成为全球第三大游戏公司，这会导致游戏设计师的跳槽机会减少，独立开发者的合作伙伴也会减少，从而对工资水平产生影响。

第四，可能会影响创新。收购可能会使得规模较小的游戏开发商因缺乏游戏出版商的支持，而无法创造风格独特的作品，游戏开发商一旦被收购会使得游戏趋于同质化，不利于创新。

第五，也是最为让人担忧的，收购可能会带来数据隐私风险。一方面，微软通过收购可以获得差异化的数据，提高在数据相关市场上的集中度，可能阻碍竞争，并形成数据原料封锁。另一方面，微软在收购后可能利用数据挖掘技术进一步获得游戏用户隐私等信息，或是因竞争减少而降低隐私保护质量，造成消费者权益受到侵害。

微软显然意识到这些问题，并试图缓解 FTC 的担忧。微软声称，即便完成收购，其依然落后于腾讯和索尼，仅仅在全球游戏公司中排名第三。微软也无意从 Playstation 等其他平台上删除游戏，其依然处于一个竞争激烈的市场，市场中的创新与价格因素不会因收购受到不利影响。

对于劳工权益方面的问题，如果微软宣布采取一系列有助于系统性改善动视暴雪劳动者环境的措施，则有助于消除 FTC 在这方面的疑虑。此外，也有人认为，游戏并非微软的核心业务，其带来的利润在微软营收中所占份额也不大，这削弱了微软挖掘游戏领域消费者数据的动力。同时，微软不太可能深度挖掘游戏消费者数据用于其他业务。

由此可见，尽管新布兰代斯主义在美国兴起，并未从根本上动摇效果分析在市场竞争评估中的作用，但已经显著影响了人们对互联网超级平台市场竞争行为的看法，并推动了效果分析的内容与范畴的调整，即不再单纯以经济效率为标准，而是需要权衡不同的经济、社会政策目标。这一点在实践中尤为重要，特别是在数字经济平台治理的过程中，重视反垄断适用的多元价值考量，包括消费者利益、市场竞争结构、效率与创新等多重因素，才能更好适应数字经济规范持续发展的需要，这已经成为全球数字经济发展的普遍共识。

最后多说一句，美国当地时间2022年4月25日，全球知名的互联网社交平台推特的董事会接受了马斯克的收购要约。这起收购会不会面临经营者集中审查、FTC会不会介入，以及需不需向其他竞争司法辖区的主管机构予以申报，都有待进一步观察。

即便是马斯克以个人名义，而非以特斯拉公司之名展开收购，作为后者的实际控制人，马斯克的并购行为可能对数据相关市场产生实质影响。因为特斯拉拥有海量车联网数据，而推特拥有海量社交数据，并购潜藏着对用户数据信息过度挖掘的风险，由此可能降低对用户隐私的保护，进而损害他们的利益。此外，并购也可能削减其他经营者，特别是数字平台经营者的竞争机会和能力。这些，在新布兰代斯主义者看来，或许都是值得关注的话题。

（原文首发于《财经》App 2022年4月28日，收录时做了调整）

拆分谷歌？没那么容易

美国东部时间 2022 年 5 月 19 日，犹他州共和党参议员麦克·李（Mike Lee）代表其与德州共和党参议员泰德·克鲁兹（Ted Cruz）以及民主党参议员埃米·克洛布彻（Amy Klobuchar）和理查德·布卢门撒尔（Richard Blumenthal），向参议院提出了"数字广告竞争和透明度法案"（The Competition and Transparency in Digital Advertising，CTDA）。

该法案主要通过两种方式恢复和保护数字广告市场竞争：（1）禁止一年数字广告交易超过 200 亿美元的大型数字广告公司拥有数字广告生态系统超过一个以上的组成部分；（2）要求处理超过 50 亿美元数字广告交易的中型和大型数字广告公司遵守以客户的最佳利益为出发点，为客户寻求最有利的条件，制定透明度要求，并在数据共享方面设置防火墙等多项义务，以保护其客户和竞争秩序。

如果该法案获得通过，谷歌、元宇宙和亚马逊可能不得不剥离大部分广告业务，例如推出工具帮助企业买卖广告、广告竞价等所有线上广告相关业务。而因为谷歌是数字广告市场的最大参与者，其受到的影响可能最大。

CTDA 缘起

互联网平台经济是典型的由双边或多边市场构成的经济业态，具有显著的网络效应，包括直接网络效应和间接网络效应，其聚集了不同市场上的消费者用户和（或）商家用户（以下均称用户），一边市场消费者的需求取决于另一边市场上用户的数量（间接网络效应），或是同一边市场上具有相似需求用户的数量（直接网络效应），双方或多方间具有高度动态的联动特征。

为此，互联网平台往往采取零定价模式吸引消费者进驻，以此获得不断增加且愈来愈牢固的用户基数，以保持对有相似需求的同边市场，或是有不同需求的另一边市场上用户的强大吸引力。

以数字广告市场为例，互联网平台一边向市场上的消费者提供免费内容与服务，吸引其进驻，随着进驻用户数量增加，平台所持有的用户信息与注意力资源也愈发丰富；另一边对市场的广告商而言，用户信息与注意力代表着消费者的需求与潜在客户发掘空间，吸引着其在互联网平台上投放广告，互联网平台也因而成了数字广告市场中的重要角色。

参议员麦克·李认为，数字广告是互联网经济的命脉。在零定价模式下，消费者只需付出注意力，即可享受优质产品和便捷服务，免费社交平台、支付平台、视频网站、新闻媒体等已经成为现代人日常生活中不可或缺的部分，人们对互联网平台具有高度依赖性。而广告商则依赖平台所持有的庞大用户基数，通过平台获取消费者的个人信息以了解其消费偏好，从而对消费者进行精准的广告投放，并向平台支付费用，大大提高了交易效率和商业机会。可以说，数字广告市场为互联网经济的发展注入了强大动力。

以搜索引擎起家的谷歌作为互联网巨头之一，拥有庞大的用户基数，掌握着大量用户个人数据，对广告商的吸引力比其他平台更加强大。除了可以直接提供自有平台的广告投放服务，谷歌还利用其在双边市场上的中间地位，提供广告购买与销售的中介服务。一名谷歌员工甚至将谷歌的广告业务描述为"高盛或花旗银行拥有纽约证券交易所"，意指谷歌拥有的数字广告生态系统具有强大的市场力量，进而能掌控对数字广告的控制权，从而对数字广告市场的竞争产生负面影响。

在谷歌一家独大的情况下，其对广告商的吸引力逐渐转换为广告商对谷歌的高度依赖。在挤压了其他的数字广告投放平台的生存空间的同时，谷歌对广告商也拥有了较大的自主定价权，损害了数字广告市场的公平竞争。

2020年12月，包括得克萨斯州在内的10个州的总检察长对谷歌发起反垄断诉讼，主要指控谷歌的广告技术存在反竞争行为，通过建立垄断地位，控制定价、进行市场串谋、幕后操纵广告市场竞价。

麦克·李认为，数字广告市场若缺乏竞争，也就意味着垄断租金会被强加给每个广告主。长期以来，以谷歌为代表的科技巨头以牺牲广告商、出版商和消费者的利益为代价，掌控着整个数字广告生态体系，主导着数字广告市场，不利于市场健康发展。因此，提出此项法案旨在制定规则，恢复和保护数字广告市场的竞争，创造更为公平、开放和自由的竞争环境，促进创新。

谷歌的六脉神剑

谷歌在数字广告市场上的优势十分显著，可以说任何一家企业都难望其项背。据财报显示，2022年第一季度谷歌收入约680亿美元，其中广告收入超过546亿美元，超预期同比增长22%，约为另一数字广告巨头——Facebook母公司Meta当季广告收入270亿美元的2倍，这还是谷歌广告收入增速较2021年四季度明显放缓的成绩。

那么谷歌的数字广告业务是如何开展的？在数字广告生态系统中，谷歌实际上扮演了两个角色，一个是广告发布平台，另一个是广告主与广告发布商之间的中间人。

作为广告发布平台，谷歌发布的广告包括搜索、展示、视频、应用、智能、本地与发现广告这几个类型，其中最主要的类型有以下四种：第一是搜索广告，基于用户输入的关键词进行输出，出现在谷歌搜索引擎结果页，广告商通过相互竞价来获得搜索结果页广告位或在搜索结果中显示的排位高低。第二是展示广告，在网站、YouTube和谷歌旗下的GmailMaps和Google Play应用商店展示广告图片，与搜索广告针对用户直接需求不同，展示广告则基于谷歌持有的用户数据，通过机器学习分辨出与现有用户相似的新用户，从而发掘潜在用户，扩大广告的受众面，增加影响力。第三是视频广告，与展示广告类似，针对目标人群展示品牌，扩大影响力。第四是购物广告，基于用户搜索的关键字，在搜索广告的基础上，进一步展示商品的图片、名称、价格、评论等信息，吸引人们购买。同时，谷歌还提供广告数据追踪等服务和技术工具。

作为中间人，谷歌还为数字广告市场参与者提供了一系列产品，为营销人员提供广告购买服务，为出版商提供广告销售服务，并为双方提供交易平台以从中获利。同时，谷歌还提供多个平台，应用开发商可以通过这些平台向广告商提供广告位并进行广告管理，获得的收益需要与谷歌进行分成。

可以看出，谷歌体量庞大的数字广告业务以其持有的大量用户和用户数据为基础，以强大的机器学习、算法分析能力为依托，让大数据在广告营销中发挥最大的价值。

基于互联网核心业务的经济和技术，谷歌已经围绕广告业务，结合谷歌社交平台、购物平台以及网络出版平台相互形成的利益链条，形成其平台生态系统，并持续带来收益。

需要注意的是，谷歌基于广告业务的强大生态系统带来的影响力可能不仅局限于市场经济领域，还能够进一步影响舆论，给谷歌带来政治影响力。例如，在 2022 年 2 月，乌克兰冲突后，俄罗斯通信审查机构曾指责谷歌在视频网站 YouTube 传播虚假和具有误导煽动性的数字广告，以宣传西方阵营的主张。同时谷歌还根据欧盟的一项制裁命令，在欧洲各地屏蔽了对俄罗斯官方媒体和卫星通讯社的访问。

美国行为研究与技术学会的高级研究心理学家、Psychology Today 前主编罗伯特·爱珀斯坦（Robert Epstein）还认为，谷歌具有左右美国大选结果的强大能力，其搜索算法可以轻易地影响到摇摆不定的选民的投票偏好。

故此，谷歌在数字广告市场上的绝对优势地位和其日渐强大的经济政治影响力，引起了政客们的担忧。CTDA 中要求的一年数字广告交易超过200 亿美元的大型数字广告公司和拥有数字广告生态系统的一部分以上的企业，实际上针对的主要目标就是谷歌，要求其除基本广告投放外，放弃其他的广告技术工具产品、交易平台服务等衍生业务。

但是，该法案能否通过、通过后如何实施、实施效果将如何，还有待实践检验。

CTDA 释放出什么信号

在 CTDA 被提出之前，谷歌已经在美国面临多项反垄断调查与诉讼。

2020 年 10 月，美国司法部对谷歌发起反垄断诉讼，认为其在搜索和广告业务上存在垄断行为。同年，美国 35 个州的总检察长也指控，谷歌利用反竞争行为来维持其搜索业务和广告的垄断地位。美国共和党 10 名总检察长也对谷歌发起了滥用广告技术的反垄断诉讼，在 2021 年另有 6 个州的检方加入起诉行列。

在欧盟，谷歌也同样面临多起反垄断诉讼。

2017 年 6 月，欧盟委员会裁定，谷歌滥用其在欧盟经济区 13 个国家的搜索引擎市场的支配地位，非法操纵购物广告搜索，并对其进行处罚。2019 年 3 月，欧盟委员会指责谷歌通过技术手段偏袒其自有的在线广告展示技术服务，扭曲市场竞争，判罚其 17 亿美元。2021 年 6 月，欧盟对谷歌展开正式的反垄断调查，以评估其是否违反了欧盟法规，偏袒自家在线显示广告技术服务，从而损害竞争对手的利益。

结合谷歌在欧美面临的多项反垄断诉讼，在立法上欧盟已经通过的《数字服务法》《数字市场法》，以及此次美国 CTDA 的提出，反映出美国、欧洲等经济体都在进一步加强反垄断监管。

而此次 CTDA 的提出，则体现了美国在打击科技巨头垄断上又迈出了一步，这种强监管态势在特朗普时期就有所体现，他在任时曾签署一项行政命令，誓言要通过《通信规范法案》第 230 条来打击像谷歌这样的网络公司。

美国现任总统拜登也曾在竞选时表示，如果当选总统，他将在司法部内部设立一个新部门，负责审查已经发生和即将发生的大型并购交易。在拜登上任后，分别任命了以主张加强监管和反垄断而闻名的哥伦比亚大学法学教授吴修铭（Tim Wu）加入白宫国家经济委员会、哥伦比亚大学副教授莉娜·汗（Lina Khan）为联邦贸易委员会（FTC）主席，同时，新设立白宫竞争委员会（The White House Competition Council）来协调和加强竞争。

值得注意的是，奉行精英主义的谷歌向来与民主党关系密切，而CTDA 却由民主党和共和党参议员共同提出，或许显示出在美国民粹主义愈演愈烈的态势下，民主党内部的激进派和温和派之间还在进一步分裂，两党在面对科技巨头反垄断的态度上趋于一致。

有反垄断法专家评论称 CTDA 若得到通过，将是一代人时间里美国反垄断法迎来的最大变更。综观美国反垄断的历史，出现过布兰代斯主义、芝加哥主义、后芝加哥主义以及新布兰代斯主义等思潮。

过去几十年，美国受芝加哥学派的影响，认为反垄断的目的是防止经济效率损失，政府应当减少对市场的干预，由此发展的后芝加哥学派则在此基础上更加强调消费者福利，因此执法机关对谢尔曼法（Sherman Act）、克莱顿法（Clayton Act）只是根据狭义的消费者福利标准来解读，更多关注涉嫌垄断的行为是否会引发面向消费者的价格上涨。但数字经济与平台经济等新经济业态的出现、数据与算法技术的应用、零定价模式等新商业模式的应用与科技寡头公司的崛起，给基于芝加哥学派的反垄断执法理念带来了新的挑战，改变了以往反垄断监管领域只关注经济效率和消费者福利的共识，更颠覆了美国政界党派对管控平台型大企业的一些传统观念。

但是，从现有的市场规制框架来看，规制谷歌数字广告业务的难度较大。美国及欧盟的反垄断调查、提起的反垄断诉讼往往要经历长达数年的司法程序，即使做出了判决，谷歌也能再次进行上诉，罚款对于谷歌的盈利而言也是九牛一毛，威慑力不大，故而诉讼的行为救济效果也不够明显，难以切实有效地恢复和保护市场竞争。而 CTDA 制定了明确的禁止规定，如果能够通过，也许能够直接拆分谷歌的数字广告业务，更加精准有效地达到保护市场竞争的作用。但是，也有许多反对意见认为，该法案将降低数字广告市场的效率。

与此同时，谷歌强大的经济与技术实力仍不可小觑，即使 CTDA 得到通过，谷歌的数字广告生态系统被拆解，也有可能会反向激励竞争。这一点从美国现代意义上第一部反垄断法谢尔曼法的制定与早期实施中也可见一二，即看似通过联邦立法来规制大企业，而在客观上却刺激规制对象更快更好地调整其经营模式，澄清了在规制市场竞争行为过程中的未明确之处，使规制对象更好地聚焦其合规发展。可以说，美国在反垄断的每一次重大立法并没有限制规制对象的发展，反而是规范和激励了规制对象更好地发展，千万不要简单认为规制即为限制。

现实中，谷歌历经多年的开发优化和数据沉淀才成就了如今的算法技术和算力优势，这样的技术能力也是谷歌在数字广告市场获得优势地位的关键，即使 CTDA 通过也无法简单地改变这个事实。况且，作为美国领先科技的代表企业之一，美国当局也不愿意看到用一部法案就削弱了谷歌的全球竞争力。相反，美国更希望见到更多类似谷歌这样的企业得以创立和发展，当然也必然包括支持现在的谷歌更规范更健康地发展。在数据与算法技术的优势下，资金和技术实力雄厚的谷歌有可能会另辟蹊径，在数字广告市场开发新的商业模式与技术，从而获得新的市场优势地位。

（原文首发于《财经》2022 年第 11 期，收录时做了调整）

第四编

数字经济监管体系的法治化升级

落实中央经济工作会议精神
推动平台经济治理细化实化

2022年1月19日，国家发改委等部门联合发布《关于推动平台经济规范健康持续发展的若干意见》(简称《意见》)指出，应当立足新发展阶段、贯彻新发展理念、构建新发展格局，健全相关规则制度，优化平台经济发展环境，推动平台经济规范健康持续发展。

回顾过去数年，数字经济已经成为中国经济稳定增长的重要引擎。然而，平台经济在飞速发展的同时，也为公民个人信息保护、市场竞争秩序等方面带来了威胁。在这一背景下，一方面，有关执法部门加大了执法力度，处理了多起平台企业实施强制"二选一"、数据垄断、算法歧视等行为的违法案件；另一方面，制定了一系列的政策法规，明确要保障平台经济在发展中规范，在规范中发展。

《意见》的出台，进一步细化了2021年底中央经济工作会议有关精神，即要正确认识和把握资本的特性和行为规律，要为资本设置"红绿灯"，坚持发展和规范并重，力求构建平台经济的协同治理体系，优化平台经济发展环境。

构建平台经济协同治理体系

《意见》要求，搭建平台经济协同治理的体系，一方面应加强政府部门内部不同部门之间的协调合作，坚持"线上线下一体化监管"原则，实现审批、主管、监管权责统一；推动各监管部门间抽查检验鉴定结果互认，避免重复监管，为市场主体减负；探索建立案件会商和联合执法、联合惩戒机制，实现事前事中事后全链条监管。另一方面，应加强政府部门与其他社会主体之间的合作，譬如鼓励平台企业间形成合法合规经营的良好环境，由行业协会牵头制定团体标准与行业自律公约督促企业合规经营，加强公众与第三方专业机构对平台企业的监督，提升平台企业合规经营的公开度与透明度。

在实践中，由多部门联合进行执法的情况较为常见。值得注意的是，不同部门往往根据自身职能出发，采取相应的监管措施，缺乏系统性、协同性、整体性。《意见》由发改委"牵头"，则意味着在接下来的实践操作中，相关文件未来极有可能归口发改委统一审核签发，规整不同监管部门的职责权限。避免监管标准接口不一致、监管混乱的情况，稳定平台经营者预期，形成监管合力，全面覆盖平台经济运行的各个环节。

此外，考虑到社会公众、行业协会等其他主体在监督平台经济时具有一定的优势，更容易发现平台企业的违法行为，对平台企业形成有力的制约，因此，应充分发挥行业协会、科研机构、社会公众、平台企业等相关主体的作用，与政府部门相互配合，形成平台经济有序竞争的良好风尚。

为了保障社会公众能够有效监督平台企业合法合规经营，提升平台的透明度，《意见》要求建立平台合规管理制度，形成平台合规经营有效的外部监督、评价体系。

同时，建立互联网平台信息公示制度，保障社会公众能够有效监督。此外，还应当进一步强化超大型互联网平台责任。根据国家市场监督管理总局发布的《互联网平台落实主体责任指南（征求意见稿）》，超大型平台经营者负有公平竞争示范、平等治理、开放生态、内部治理、风险评估、风险防控、促进创新等方面的特殊义务。

考虑到超大型平台兼具市场主体与管理者的双重属性，连接了大量的平台内部经营者与消费者，掌握着大量数据，其能否合规经营对市场运行秩序至关重要。因此，应当完善超大型平台的内部治理，强化超大型平台的相关义务，促使超大型平台形成良性竞争的环境。

加强平台经济重点领域整体协同监管

中央经济工作会议指出，要正确认识和把握资本的特性和行为规律。要为资本设置"红绿灯"，依法加强对资本的有效监管，防止资本野蛮生长。在平台经济的推动下，传统的以中心化和实体化为主的金融监管秩序，面临着以去中心化和数字虚拟化为表征的金融业务的挑战。

《意见》明确要重点强化支付领域监管，断开支付工具与其他金融产品的不当连接，防止资金流在平台体系内闭环循环。依法治理支付过程中的排他或"二选一"行为，避免发生平台强制或默认只能有一种支付选择，不给用户或者商家提供其余选择的情形。滥用非银行支付服务相关市场支配地位的行为加强监管，研究出台非银行支付机构条例。

考虑到平台企业在数据上占据的巨大优势，为了避免其在利用相关数据将流量变现的利益驱使下实施违规经营行为，《意见》明确指出，应当规范平台数据使用，从严监管征信业务，确保依法持牌合规经营。此外，《意见》规定，应严格规范平台企业投资入股金融机构和地方金融组织，督促平台企业及其控股、参股金融机构严格落实资本金和杠杆率要求。这一规定对平台的战略投资进行了限制。

《意见》还对平台企业使用数据、算法的行为进行了严格的规定。贯彻收集、使用个人信息的合法、正当、必要原则，严厉打击大数据杀熟、黑市数据交易、非必要采集数据、超范围收集个人信息、超权限调用个人信息等行为。提升算法的透明度与可解释性，保证算法的公平，严厉打击利用算法造假、传播有害低俗信息、流量劫持等行为。治理平台企业使用数据与算法的行为，还需要结合《网络安全法》《数据安全法》《个人信息保护法》《互联网信息服务管理办法》《关于平台经济领域的反垄断指南》《互联网信息服务算法推荐管理规定》等法律法规，构建多法协同的治理体系。

深入落实"放管服"，为平台主体赋能

《意见》虽然明确要厘清平台企业的责任，严厉打击平台企业实施的违法行为，但同时提出要在规范中谋求发展，优化市场环境，增强企业创新发展能力。

首先，《意见》指出，要降低平台经济参与者经营成本。这主要体现在减轻平台企业的准入成本上，《意见》规定：持续推进平台经济相关市场主体登记注册便利化、规范化。进一步清理和规范各地擅自扩权的平台经济准入等规章制度。完善互联网市场准入禁止许可目录。同时，应给予优质小微商户一定的流量扶持。

其次，《意见》指出，应建立有序开放的平台生态，避免平台之间互相实施屏蔽行为。避免平台利用自身在数据、算法、技术上的优势，实施

限制其他平台的行为。平台间应形成公平竞争、包容发展、开放创新的环境，共同推动数字经济的发展。

《意见》指出应进一步增强平台企业的创新发展能力。具体而言，应支持平台企业开展技术创新与模式创新。应当为市场主体构建良好技术创新政策环境，健全适应平台企业创新发展的知识产权保护制度。同时，鼓励投资进入科技创新领域，加强科研机构对相关人才的培养，健全推进平台经济发展的政策体系，为平台经济的发展提供政策保障。

平台经济领域法律法规的完善是规范平台经济健康发展的必须也是必然。《意见》的发布可谓是一场及时雨，由国家发改委牵头，将各相关部门的规制职能与诉求进行整合，给予平台主体以明确指引。可以说，该《意见》已指出一条依托已有机制，强化部门协同、央地联动，推动行业自律，加强社会监督的统筹协调监管之路，这无疑有助于平台主体更明确高效地找准自身定位，把好方向，合规发展，为平台经济规范健康持续发展固根本、稳预期。

总而言之，过往基于平台经济粗放发展的治理方式已不可持续，今后的治理监管应深化"放管服"，即在国家划定的红线内，在安全底线上，搞活经济、保障竞争。经由精准的治理投放、系统的监管统筹、全面的服务保障，提振平台经济主体信心，优化平台经济市场环境，助力平台经济规范健康持续发展。

（原文首发于《第一财经日报》2022年1月25日第A11版，收录时有调整）

为资本设好"红绿灯"：平台经济规制思维进路

2022年3月16日，国务院金融稳定发展委员会召开专题会议，会议针对当前经济形势和资本市场问题做了深入讨论。会议指出，"关于平台经济治理，有关部门要按照市场化、法治化、国际化的方针完善既定方案，坚持稳中求进，通过规范、透明、可预期的监管，稳妥推进并尽快完成大型平台公司整改工作，红灯、绿灯都要设置好，促进平台经济平稳健康发展，提高国际竞争力"。这是对2021年12月召开的中央经济工作会议精神的进一步落实与细化。

2021年12月，中央经济工作会议指出，要正确认识和把握资本的特性和行为规律。社会主义市场经济是一个伟大创造，社会主义市场经济中必然会有各种形态的资本，要发挥资本作为生产要素的积极作用，同时有效控制其消极作用。要为资本设置"红绿灯"，依法加强对资本的有效监管，防止资本野蛮生长。要支持和引导资本规范健康发展，坚持和完善社会主义基本经济制度，毫不动摇巩固和发展公有制经济，毫不动摇鼓励、支持、引导非公有制经济发展。

事实上，早在 2020 年中央经济工作会议上就已明确提出要"强化反垄断和防止资本无序扩张"，相比之下，2021 年中央经济工作会议在要求"防止资本野蛮生长"的基础上，提出了新的要求，要求把握资本的特性和行为规律，在发挥资本的积极作用时抑制其消极作用，并且创造性地提出要为资本设置"红绿灯"。由此产生的问题是，为什么要为资本设置"红绿灯"，其作用何在，又应该如何为资本设好"红绿灯"，才能在防止资本野蛮生长的同时，支持和引导资本规范健康发展？

一　规范平台经济发展为资本设好"红绿灯"

2021 年中央经济工作会议之所以对资本监管提出新的要求，源于我国对资本特征的认识正在不断深化。在市场经济环境中，资本作为一种关键的生产要素，具有两面性，既能发挥积极作用，也可能产生消极影响，具体到我国平台经济领域尤为明显。

过去 5 年是我国平台经济飞速发展的阶段，据中国信通院的数据显示，2015~2020 年，我国超 10 亿美元数字平台的总价值由 7702 亿美元增长到 35043 亿美元，年均复合增长率达 35.4%。在平台经济发展早期，资本发挥了重要作用，多数平台企业所采用的零定价商业模式，在其发展初期需要大量资本支持。当平台企业的流量到达一定量级，其可以通过流量和数据变现进一步融资，汇集大量资本以支持平台规模的扩大，提升商品或服务的质量和技术水平，获取更多流量、数据及资本，形成正向反馈效应。

同时，平台经济领域也成为资本无序扩张的重灾区。随着资本不断向头部平台企业汇聚，资本要素所具有的消极影响也逐渐显现，这些头部平台企业为追求利润最大化，不仅通过收购企业的方式不断扩大经营范围，形成规模经济，还凭借其市场力量实施封锁屏蔽、自我优待、强制"二选一"、扼杀式收购等行为，限制其他平台企业的发展和技术的创新，例如，近年来，社交平台巨头微信限制其用户分享来自抖音的内容，封锁屏蔽字节跳动旗下"飞书会议""飞书文档"等软件的分享链接，都可能涉及不正当竞争或滥用市场力量限制、排除竞争等违法行为。

针对平台经济领域资本无序扩张，相关部门及时出台有关政策文件，采取积极行动。在政策规范文件的制定上，针对平台经济领域的垄断问题，2021 年 2 月国务院反垄断委员会发布《国务院反垄断委员会关于平台经济领域的反垄断指南》，提出要着力预防和制止平台经济领域的垄断行为，防止资本无序扩张；同年 10 月，国家市场监督管理总局发布了《互联网平台分类分级指南（征求意见稿）》和《互联网平台落实主体责任指南（征求意见稿）》，将平台企业经济体量作为平台分类分级的重要标准，拥有大量资本的超大型平台将承担更多的责任和义务；同年 10 月第十三届全国人大常委会公布《反垄断法（修正草案）》，其中第 10 条第 2 款明确提出"经营者不得滥用数据和算法、技术、资本优势以及平台规则等排除、限制竞争"。

2022 年 1 月，国家发改委、市场监管总局、中央网信办等九部门发布《关于推动平台经济规范健康持续发展的若干意见》，要求严格依法查处平台经济领域垄断协议、滥用市场支配地位和违法实施经营者集中行为，平台经营者不得利用数据、流量、技术、市场、资本优势，限制其他平台和应用独立运行，同时，强化支付领域监管，断开支付工具与其他金融产品的不当连接，依法治理支付过程中的排他或"二选一"行为，对滥用非银行支付服务相关市场支配地位的行为加强监管，研究出台非银行支付机构条例，加强穿透式监管，完善金融消费者保护机制等；2022 年 1 月，最高人民法院印发《最高人民法院关于充分发挥司法职能作用　助力中小微企业发展的指导意见》，明确提出要依法认定经营者滥用数据、算法、技术、资本优势以及平台规则等排除、限制竞争行为，防止资本无序扩张，保护中小微企业生存发展空间。同年 2 月，交通运输部等多部门发布《关于加强网络预约出租汽车行业事前事中事后全链条联合监管有关工作的通知》中设定禁止"低价倾销"条款，也含有防止资本无序扩张的目的和功能。

在市场竞争监管执法上，2021 年 4 月，市场监管总局依法对阿里巴巴在中国境内网络零售平台服务市场实施"二选一"垄断行为做出行政处罚；同年 10 月，市场监管总局对美团实施"二选一"垄断行为也做出了行政处罚。

当前，通过对平台经济领域资本行为的穿透式监管、常态化监管，虽然对该领域的资本无序扩张形成了有效的威慑，但在一定程度上也影响对该领域投资的积极性，不利于激发资本要素的积极作用。故为资本设好"红绿灯"，实现平台经济在规范中发展、在发展中规范，科学高效处理好政府与市场关系的关键设施，也是支持和引导资本在平台经济领域"有所大为"的重要保障。

二　为资本设好"红绿灯"的出发点与落脚点

为资本设置"红绿灯"这一形象比喻，实际上是通过放管结合的方式对资本进行依法监管，推动形成统一、开放、竞争、有序的市场体系，释放了清晰明确的政策信号，对资本要兴利除弊，促进发展和依法规范并重。以当前资本野蛮生长的重灾区——平台经济领域为例，为资本设好"红绿灯"的出发点与落脚点表现在以下几点。

一是规范平台经济持续健康发展。互联网平台经济以互联网平台为主要载体，以网络信息基础设施为重要支撑，通过互联网技术、物联网技术、大数据与云计算以及人工智能算法等先进科技融合创新适用为核心动力的新经济业态，也是数字信息时代生产力的一种新组织形式与表达方式，在经济社会发展全局中的地位和作用日益凸显。虽然资本于互联网平台经济早期发展起到了积极的推动作用，但是随着资本不断集中于头部平台企业，对涉及民生、金融、新闻等关键领域的相关市场结构形成了不断封闭且强化的状态，资本的逐利性暴露无遗并不断放大，致使低水平竞争蔓延开来，严重抑制了平台经济早期发展中不断显现的创新精神和本应具有的创新能力。

虽然，在短期内资本集中于头部平台企业可能会在一定程度上提高企业的经济效率，甚至能够带动某一领域的经济发展，但是从长期发展看，大量资本经由头部平台企业甚至是挟持头部平台企业所拥有的海量用户无节制、无规则的肆意扩张，跑马圈地，不仅会限制、排除其他中小企业的创新机会，也可能伤及这些头部平台企业自身的创新动能，掏空其创新精神，不断重复低水平的创新，不利于平台经济持续健康发展，更不利于我国有互联网优势的平台企业出海竞争，打造世界一流企业。

需要清醒认识到，我国互联网平台企业的发展与资本行为之间有着密不可分的历史关联和现实观照，平台企业尤其是那些已经具有某一基础或核心竞争优势的平台企业，为了不断巩固其市场优势地位，追求更大的市场盈利空间和经济效果，会凭借大量资本收购中小企业，形成规模经济，致使互联网经济发展背离了其普惠化、去中心化、弱结构化建设与发展的初衷，相关市场不断陷入趋中心化和强结构化的状态，新进入者特别是中小企业生存空间不断压缩，其对头部平台企业的流量、数据依赖，以及整个互联网领域资本的依赖越来越强，资本此时无论是对头部平台企业抑或初创中小企业的穿透控制力及其任意性彰显无遗。若放任资本无序扩张，无疑会导致市场不断封闭，抑制高水平创新的生长，长此以往，市场有效竞争渐渐丧失，市场机制不能正常发挥作用，导致市场资源配置缺乏效率，市场失灵现象频发，且短时间难以自我修复，平台经济的发展由此终将陷入停滞状态。故为资本设好"红绿灯"，从现实的紧迫性和长远的持续性两个维度讲，都将有助于促进平台经济高质量创新发展，实现平台经济的可持续迭代发展。

二是稳定和提升市场主体信心。当前，在全球疫情和俄乌冲突的影响下，全球范围出现了投资动力不足现象。我国作为全球经济稳定发展的重要压舱石，正面临"需求收缩、供给冲击、预期转弱"三重压力，当前稳住经济发展的基本盘，实现稳中求进的关键所在是要发挥投资的重要作用，为此，则需要引导资本积极寻找市场投资机会，鼓励多方市场主体敢于投资、加大投资，着实有效提升市场主体信心。然而，在近期平台经济领域有效监管、持续监管的趋势下，虽然资本的野蛮生长在一定程度上得到抑制，但是也在一定程度上影响甚至动摇市场主体对该领域进行投资的信心。这在很大程度上，囿于目前相关领域的法律法规仍待进一步调整和完善，尚不足以有效覆盖和规范平台经济快速发展过程中不断衍生出的诸多新业态、新产业、新模式及新技术在市场竞争中所引发的新问题和新挑战。

在这种情况下，政府监管力度和强度的加大无可避免，由此增加了平台企业的合规压力和动力。按理说，这是一种对平台经济健康发展的正向反馈要求，然而，由于政策措施及法律法规的制定与实施较为疾速，大多数市场主体尚未做好预期和规划，致使该领域的投资风险基于政策法律的调整短期内升高，其中部分原因在于平台企业难以预见其商业模式和竞争行为是否会受现有或调整后的规则体系的挑战，投资者为规避风险会因此减少对平台经济领域的投资，这很可能导致平台经济发展在短期内陷入停滞。因此亟须为资本设好"红绿灯"，通过明确和规范正面清单和负面清单相结合使用的监管制度及实施机制，为平台企业合法合规提供有效指引，让资本行为更好地"绿灯通行"而非"红灯禁止"，使投资主体更明确且准确预判其资本行为，更好地提振各类企业积极参与市场经济发展的信心和能力，将资本引导到当前社会更加需要的领域，同时有助于降低平台企业合规经营成本，建立公平、开放、有序的平台经济市场生态系统。

三是提高政府监管效能。对企业合规成本、政府监管成本、社会共治成本而言，预防要远远优于事后处罚。若要避免之前"强监管"走向"硬监管"，对市场主体经营活动形成过度干预，就需要把握好监管的适时度，配置和运用好监管的具体方式方法。通过为资本设好"红绿灯"，进一步完善市场公平竞争的相关制度、原则规则及实施方法，不断健全充实多部门、多层次、跨区域的整体性、系统性及立体化政府监管的政策法规、部门规章及指南办法等，做好制度规则之间的深层次连接将有助于为政府监管提供科学规范、符合实际需要且易操作的监管依据和实施工具，以更好地处理政府与市场的关系，使市场在资源配置中起决定性作用，更好发挥政府作用，提高政府治理效能，从而避免因政府监管体制机制的不适甚或失灵而制约平台经济的持续健康发展。

四是运用法治思维和法治方法，建立规则意识，树牢底线思维。运用法治思维和法治方式是推进国家治理体系和治理能力现代化的基础保障与关键抓手。党的十八大以来，以习近平同志为核心的党中央特别强调运用法治思维和法治方式深化改革、推动发展、化解矛盾、维护稳定，这在推进国家治理体系和治理能力现代化中发挥着非常重要的作用。2021年12月的中央经济工作会议提出为资本设置"红绿灯"，即意味着在法律法规的制度框架下，通过"绿灯"和"红灯"相互配合，划清合法与非法的界限，更好地发挥法治固根本、稳预期、利长远的保障作用，实现对资本行为的依法监管、有效监管，进而建立起一整套成熟的可规范行为模式、可预期行为后果的法律制度，为积极发挥资本在平台经济领域乃至整个国民经济建设中的正向激励作用奠定坚实的制度基础和行动规则。

五是为实现稳字当头，稳中求进奠定制度运行基础。2021 年 3 月召开的中央财经委员会第九次会议强调，要"坚持发展和规范并重，把握平台经济发展规律，建立健全平台经济治理体系"，规范是发展的前提，发展是规范的目标。同年 8 月召开的中央全面深化改革委员会第二十一次会议审议通过了《关于强化反垄断深入推进公平竞争政策实施的意见》，再次强调"坚持监管规范和促进发展两手并重、两手都要硬"，以监管规范保障发展和促进发展。资本"红绿灯"的有效设置，能够在坚守法治底线的同时，推动和优化资本要素市场化配置。

特别是在百年未有之大变局下，全球疫情的加持使得数字经济成为全球经济发展之引擎的定位及作用更加凸显，其中平台经济的发展则是重中之重，我国必须从构筑全球竞争优势的维度，看待资本行为及其对国家经济发展的重要意义和关键作用。当前，面对国内外经济运行的复杂情势，"扩内需、保就业、保民生"与平台经济的健康发展密切相关。在此背景下，虽然需要明确厘清平台企业的应当义务与责任，严格规范和有效约束平台企业特别是头部平台企业滥用数据、流量、技术、市场、资本优势等实施的违法行为，但与此同时，也需要在规范中发展，通过优化平台经济领域的市场竞争环境，提高资本行为的可预测性与合规性，增强平台企业以及其他投资主体创新发展的信心和能力，稳中求进推动平台经济规范健康发展。

三 为资本设好"红绿灯"需从多方面着手

为资本设好"红绿灯"对于规范和引导资本健康发展具有重要作用，然而，这并不意味着只要为资本设置了明确的正面清单和负面清单即可发挥预期效果，因为市场经济特别是资本市场瞬息万变，加之平台经济领域蕴含不断涌现的新业态、新技术、新模式，资本行为之于平台经济领域其变数和实际效果很难做即期的准确评估，故资本行为特别是其行为涉及高度动态的平台竞争时，对其行为正面清单和负面清单的设置必须科学合理、全面客观，必须符合资本运行的规律以及平台经济领域具体相关市场上的实际情况。若为资本设置的"红绿灯"不合理、不适时，不仅不能发挥其应有的作用，正确规范引导资本行为之于平台经济的健康发展，相反，很可能会抑制资本有助于平台经济创新发展的正向激励效果的发生，不利于资本积极作用的发挥，更不利于市场主体特别是平台经济领域经营者从事创新发展的信心的提振。为此，需从多方面着手，科学合理、适时适度、依法依规地为资本行为设置"红绿灯"，要让资本"红绿灯"在法治框架下有序亮起来。

设好"红绿灯"，需要法律制度和治理机制的不断创新与完善

在法律制度层面，需要进一步建立健全相关法律法规，特别是要加快修订与完善《反垄断法》以应对高度动态变化的数字经济特别是平台经济市场竞争现实，科学准确识别资本无序扩张导致的非法垄断、不公正交易等行为。同时，还需要根据具体市场和行业的发展需求，建立健全完善的资本运行规则体系。以平台经济领域为例，由于平台企业资本运作与数据要素密切相关，故在《反垄断法》《反不正当竞争法》的基础上，还需要不断推进和完善《网络安全法》《数据安全法》《个人信息保护法》《互联网信息服务算法推荐管理规定》等相关法律法规的实施，为平台经济领域的资本运作及相关行为设置全面、系统、立体的"红绿灯"规则，特别是需要做好多部门、多层次、多领域内的"红绿灯"衔接与协调制度的设置。

在治理机制层面，需要进一步创新高效能的监管治理理念、模式、规则及方法。由于平台经济领域市场主体的技术创新周期越来越短，商业模式变革越来越快，传统治理机制难以有效应对日益复杂且高度动态的市场行为，特别是当资本行为与平台企业技术、模式等创新行为深度融合时，很难识别哪些是合法的真创新，哪些是违规的伪创新，甚至面临着在现有法律法规框架下，评估创新的尺度与程度是否属于法治评价范畴的挑战，极容易出现"一管就死、一放就乱"的困局。为此，亟须更新监管治理理念，创新监管治理方法与工具，提高监管工具的适用性和灵活性。

2021年10月，国家市场监督管理总局发布了《互联网平台分类分级指南（征求意见稿）》《互联网平台落实主体责任指南（征求意见稿）》提出了分类分级治理机制，优化且丰富了平台经济领域的监管治理理念、方法及工具，其中对超大型平台的认定基准以及相应义务与责任的设定，在很大程度上都将平台主体对资本掌握、动员以及使用能力作为重要的参考指标，体现了平台经济治理与资本行为规范之间的密切关联。由此可见，若在为资本设置"红绿灯"时，依据科学合理界定的平台类型，与客观适度划分的平台等级，来制定相应的正面清单和负面清单的适用对象、范围及调整依据，无疑将有助于实现对平台经济领域资本行为、竞争行为予以更加科学合理的监管，增强监管的科学性、针对性及有效性。

应基于不同经济领域中资本的特性和行为规律制定相应的"红绿灯"规则

资本要素在不同经济领域中其特性和行为规律可能存在一定差异，

故，为资本设好"红绿灯"，还需充分考虑资本要素在不同经济领域的具体相关市场和行业中实际运行的情况，制定具有弹性和刚性相融合的亮灯规则，必要时还可以引入"黄灯"规则，给予资本行为一定的时效性，客观全面正确地看待资本的逐利性，真正做到"法无禁止皆可为"，拒绝"事后法"，为投资主体打好强心针，吃下定心丸，树稳法治号。

以平台经济领域为例，随着大数据和人工智能算法等数字数据技术的广泛应用和创新发展，平台企业聚焦消费者用户数据以建立相关商业模式，对消费者用户数据的采集、分析、加工、挖掘能够使平台企业萃取可用于提供优质商品或服务、进行交易撮合的极具价值的信息。正所谓平台经济"数据为王"，数据已经成为平台企业展开优势竞争的关键要素。故在平台经济领域中，数据要素与资本要素之间具有天然的一体性，数据与资本构成了平台企业激烈争夺的关键要素，数据行为与资本行为往往交织在一起，形成平台经济发展不可或缺的两大要素，特别是对于头部平台企业而言，其控制和处理数据的能力往往能直接决定其获取资本的能力。同时，伴随其资本行为的扩张，其获取数据的能力亦在不断增强，数据能力与资本能力相互支撑，夯实了平台企业不断扩张的生态系统的底座，一旦以某一头部平台企业为核心的生态系统形成，其对数据与资本的控制力会源源不断增强，欲突破该生态系统所构筑的围墙将会越来越难，同时拥有和掌控这一生态系统的平台企业及其背后的资本亦可能在市场竞争中愈来愈任性妄为。

实践中，在强大的网络效应和传导效应的作用下，该头部平台企业获取数据和资本的效率会得到进一步提升，无可避免地会导致海量数据和巨量资本都集中于该企业。由此可见，在认识平台经济领域资本运行特征与资本行为规律时，要充分关注资本要素与数据要素之间的密切关联，打好组合拳，才能为平台经济领域资本运行设好"红绿灯"。简言之，要充分考虑资本要素与数据要素之间相互作用的复杂形态与基本规律，在规范资本行为的同时，高度重视与数据相关行为的治理，打通多部门、多层次、多领域数据信息的互联互通互认，提高为资本设置"红绿灯"的智能化水平。

大力推动合力监管形成监管合力，从个案监管走向深层次制度连接与协同

当前，大多数企业都趋向数字平台化与平台数字化相融合的发展模式，市场竞争具有高度动态特征。企业在不断发展壮大的过程中，会向相关或相邻市场扩张，走跨行业、跨市场、跨区域发展之路，此时企业所实施的各类行为，可能对多个经济领域下的多市场、多层级以及多群体产生显性或隐性的影响，加之在这一过程中资本数字化与数字资本化得到融合发展，资本行为与其他的市场竞争行为的边界愈发模糊，由此也对政府相关监管部门采取及时、有效、适度的监管提出了巨大挑战，如对非银行支付服务相关市场、新业态灵活用工服务相关市场等领域发生的资本、技术、数据等相关行为的融合创新与合规运行之间的界限如何识别和设定就需要进一步展开研判，更需要多部门共同参与，健全和完善合力监管机制，释放监管合力。

在制定具体市场或行业的正面清单和负面清单时，通过多部门的会商制度，实现数据信息的互联互通互认，推动监管规则设定的共商共研，制定符合市场特征、行业特点且具有可操作性的规则，特别是要考虑到我国具有超大市场规模优势的同时，也具有十分复杂的区域市场特征、行业市场特性等现实，提升跨区域、跨部门、跨市场协同监管的行动力，针对资本的逐利性及资本行为的强渗透性，做好事前事中事后全周期、全链条的智能监管机制的研发设计及实施，加快转变以个案监管执法合作为主的协调机制向深层次制度连接方式的转向，围绕资本实际运行的全周期、全场景、全价值，打破条块分割，打通准入、生产、流通、消费等与资本密切相关的各个环节，不断健全和完善跨部门、跨区域的系统化、立体化监管联动响应与协作机制，以实现对资本"闯红灯"行为的及时高效精准的识别和响应。

随着我国社会主义市场经济法治化建设不断向纵深发展，市场经济法治化治理的能力与水平不断提高，对各类市场要素及彼此间关系的认知得以不断深化，特别是对平台经济领域资本要素、数据要素及技术要素等之间的关系的认识和分析水平越来越成熟、越来越全面，这就需要在实际的政府监管过程中通过为资本设好"红绿灯"的方式，在依法加强对资本的有效监管、防止资本野蛮生长的同时，支持和引导资本规范健康发展，充分激发资本的积极作用，推动我国经济高质量发展。

（原文首发于《国家治理》2022 年第 9 期，收录时做了修订）

平台经济"常态化监管"，应该怎么管？

　　平台经济"多行多市"跨界跨境运营特征，使得科学界定平台类别、合理划分平台等级并给予针对性、有效性监管时仍存在诸多困难。为此，需进一步明确监管的规范底线与发展主线、细化优化分类分级指南、健全完善互联互通互认的监管协同机制，加大对专业人才的培养力度，提高监管能力与水平，落实做实科技监管，以推动平台经济平稳健康发展。

　　中共中央政治局 2022 年 4 月 29 日召开会议，分析研究当前经济形势和经济工作。会议强调，"要促进平台经济健康发展，完成平台经济专项整改，实施常态化监管，出台支持平台经济规范健康发展的具体措施"。

　　可以看到，自 2020 年底中央强调"加强反垄断与防止资本无序扩张"以来，以平台经济领域为主战场的反垄断与防止资本无序扩张工作引起了高度重视，相关法律法规得以及时出台，有关部门对社会各界反映强烈的平台垄断问题做出了科学规范、及时有效的响应，取得了阶段性成果，有效规范了平台经济领域的市场公平竞争秩序。

在加强平台反垄断工作的同时,相关部门也对平台发展中出现的用户数据隐私安全、企业数据产权确权及保护、国家数据安全、大数据杀熟整治、算法推荐管理、信息茧房破解、数据断供恢复、涉数产业征纳税、灵活用工权益保护、网络灰黑产业治理、视频知识产权争议、信息网络传播保护等问题做出了及时跟进,制定并实施了相关规范性文件与政策,平台监管一时间在经济社会的各领域、各层面成为需重点关注且亟待精细化、有效性规范处理的问题。

2021 年 10 月 29 日,市场监管总局公布了《互联网平台分类分级指南(征求意见稿)》(简称《分类分级指南》),为下一步网络平台监管迈向常态化、持续化、专业化提供了参考。

2022 年 1 月 19 日,国家发改委联合九部门印发《关于推动平台经济规范健康持续发展的若干意见》,运用系统观点,从健全和完善全方位、多层次、立体化平台监管体系,推动平台规范持续发展的角度,做出了进一步部署。

在现有基础上,有必要思考如何进一步完善体制机制,推动平台经济的健康可持续发展。

平台监管需要克服的困难

第一,分类分级的整体认识需更加精准。

平台经济发展至今,已不再单纯代表某一市场主体或行业领域,而是一种与传统第一、第二、第三产业深度融合的生产方式或经济组织形式,在一定程度上平台经济领域也存在相应的第一、第二、第三产业业态,且网络平台集团的组织形式越来越凸显实际运营成效,平台的综合性与生态性特征越发显著。

当前，相关监管部门仍将其主要作为服务业态予以分类分级监管，未来需要精准认识网络平台所具有的强烈的数字化特征，以及数据要素在网络平台这一生产方式、生产组织下进行生产消费、流转分配、使用收益、清理回收等环节高度动态特征。避免对网络平台基于业务领域和连接属性的分类难以适应网络平台实际运营中各具体环节上平台行为及行为效果的监管，防止用相对静态的监管思维回应高度动态的网络平台行为。

第二，主线与基线思路有待进一步明确。

强化平台监管，发展是目的，规范、持续、健康、稳定等是要求，保障和促进平台发展是主线。

2020年底以来，平台领域较为集中的监管活动令相关市场主体、地方政府容易产生一种对平台监管急剧转向的误解与失准，而忽略了科学审慎、规范持续的常态化监管的基线并没有改变。

按照中共中央政治局会议的要求，对平台经济要实施常态化监管。这意味着，无论是市场竞争监管，还是行业安全发展监管都需要在法治框架下展开，平台经济不是昙花一现而是国家经济高质量发展的重要组成部分，对规范发展平台经济的态度将越发明确。过度放大常态化监管带来的平台经营行为的调整，是有违监管初衷和实际效果的。在这方面各方需要统一思想、凝聚共识，以实际行动提振网络平台市场主体信心。

第三，需要全面理解分类分级监管的具体措施。

分类分级是压实网络平台常态化、规范化、精准化监管的重要举措，但因其推行过程相对复杂，相较之下，直接有效的反垄断执法更受重视和青睐。需要明确，平台监管≠平台反垄断≠平台领域的反垄断法实施。反垄断法是平台反垄断的法律依据之一，反垄断执法活动也仅是平台监管诸多手段之一。未来应摒弃"补丁式""被动式"的思想观念，避免会议监管、文件监管等方式，在平台监管具体实施上更积极作为。

第四，分级分类规则需要可操作的精细度。

虽然市场监管总局于 2021 年 10 月 29 日发布了《分类分级指南》，但仍需进一步细化明确实操层面的精细度。

首先，分类的科学性有待补足。《分类分级指南》中依据平台的连接对象和主要功能分为六大类，包括网络销售类、生活服务类、社交娱乐类、信息资讯类、金融服务类及计算应用类。有些类别之间存在较明显的差别，比较容易区分与识别，但有些类别之间平台业务内容存在交叠，需进一步划定平台所运行的基础核心业务及实现场景，以及赖以发展的关键生态系统所利用的技术、生产方式及商业模式等为标准对平台分类分级予以细化，总体思路是简化分类类型。

其次，分级的专业性需更加精细化。《分类分级指南》依据平台在中国的年活跃用户数量、平台业务种类、市值及限制能力，划分为超级平台、大型平台、中小平台三个等级。这种单纯依托数据指标的判定标准对于具有"多主体、多行业、多市场"特性的网络平台而言较为粗略。以活跃用户数这一关键指标为例，域外国家进一步区分了自然人用户和商家用户，但中国目前未做甄别。

最后，分类与分级间缺乏联动。《分类分级指南》按照"分类—分级—区分主体责任范围与大小"的逻辑递进。但在后文表述中，分类仅是对平台进行分级时需要考虑的指标之一，除业务种类外，分级还需综合考虑用户规模，以及平台所具有的限制或阻碍商户接触消费者的能力等因素，且《分类分级指南》并未就分类与分级的关联予以说明，也未对两者产生交叉时如何取舍进行阐释，这使得分类与分级标准间产生了冲突。

第五，分类分级监管亟须监管部门合力。

依照《分类分级指南》的设计，可能引发行业主管部门与市场监管部门间的冲突，极易产生监管竞争、多头执法、交叠规制等不利于平台规范健康平稳发展的情况。

第六，网络平台监管能力与专业队伍建设需要加强。

在监管能力建设层面，网络平台监管不仅涉及信息技术层面，由于同民生就业、市场竞争、国家安全紧密关联，监管部门及有关人员在应对平台信息流、资金流、物流过程中需要具备全局意识和系统观念，不能仅停留在数据指标的采集、统计上；同时，需要及时引入科技监管手段，对不同类别和级别的平台采取精细化、立体化、动态化的监管机制。

在人才队伍建设层面，国内对于网络监管的人才培养主要集中于计算机技术应用领域，而平台经济领域监管需要具有经济学、法学、行政管理学等复合学科背景的专业性人才。落实和推进网络平台的分类分级，意味着对各行业各领域的平台监管将会向纵深化、精细化发展。扩充监管人员且提高综合素质，对不断涌现的新兴网络平台才不至于无所适从。

当然，网络平台监管能力与人才队伍建设除受制于前述原因外，还有建设无依据、权责不清晰等现实因素，这是平台监管能力与队伍建设面临的更深层次问题。

平台监管须精准有效

第一，筑牢规范型监管与发展型监管的底线与主线。

要明确平台监管的核心价值理念——规范监管与促进发展并重。平台经济是中国数字经济的驱动引擎，总体上应对其持鼓励态度。监管重心可适当向资本运作、数据采集、算法应用、重点行业（科技、新闻、金融等）相关领域的网络平台予以关注。在筑牢国家总体安全底线的同时，设好平台经济发展的"红绿灯"。

以明确的"红灯停"来规范平台经营行为，提高平台监管效能，以更多的"绿灯行"来提振和促进平台经济主体的信心。对初创型中小平台，和（或）关涉民生日常需求细分场景内的平台行为可采取相对弹性灵活的监管思路，在兜住国家总体安全和社会民生底线的基础上，最大限度激发平台的市场活力。

第二，将分类分级监管理念入心入脑。

各主管部门和地方政府需及时转变思维理念，深刻认识平台经济组织形式的广泛社会影响。高度重视平台监管的复杂性、紧迫性及专业性，给予相应监管工作必要的人员、物力及财力保障。需避免将平台监管单一化理解为反垄断执法监管的观念，将分类分级强化平台监管作为全局性、一体化、系统性的任务，建立健全全方位、多层次、立体化、系统性的监管体系，设立必要的协同协商联席会议机制，成立平台监管工作专班。

第三，进一步细化优化《分类分级指南》。

（1）积极听取多方意见，组织科学论证。对《分类分级指南》中的六种平台类型，各方可组织平台代表、专家学者、平台用户代表等进行意见研讨。当前《分类分级指南》尚未正式发布，各主管部门可根据实际工作反馈意见，为修正分类分级标准提供建议和意见。例如，结合国内外执法经验，将平台类型以其基础核心业务场景划分为社交、搜索、支付、内容、电商五大类，便于识别、便利实践。

（2）适当借鉴域外有益经验提升专业度。《分类分级指南》在分级上的规定内容较之分类略显简单。除却年活跃用户数量、平台业务种类、市值及限制能力外，可以参考欧盟《数字市场法》中对于"守门人"平台的有关规定，增添年营业额这一关键参考指标。此外，对于活跃用户数量的统计口径也应有所明确，自然人用户、商家用户、机构用户应当有所区分，并可在不同平台间按一定比例进行折抵。

（3）强化分类与分级标准的内在关联。网络平台的分类与分级是做好平台监管的前提和基础，两者是一体两面的关系。通过两者的交点能够有效定位该平台的基础核心业务归属，确定相应的监管主体、规则、工具及监管力度。

可考虑将平台分类与分级标准设置为类似横纵坐标轴的监管赋值基线，以两者的交叉点或交叉范围来设定平台监管阈值，结合平台经济"红绿灯"，设置平台主体及行为的"白名单"标准及申请审核机制，从而将文字版的标准指南转化为具有模型观察、系统运行支撑的操作工具。

第四，健全完善"互联互通互认"的多部门监管机制。

完善监管部门和地方政府间的联通互认监管机制。在明确牵头主体后，涉及具体分管行业领域，可由具体监管部门组织相关单位进行会商，通过联席会议形式根据平台所在市场交由业务对口的监管部门予以执行，其中获取的相关涉案信息、证据、结论、决定等应得到会商部门的互认，一并纳入各自部门的规范文件文书管理范畴，予以留存备查。牵头单位与实际交办单位对监管活动负主要责任，协同单位负次要责任，进而厘清相关监管部门权责界限，推动形成监管合力。

第五，着力补足专业队伍人才及培养短板。

（1）建立平台监管治理人才培养体系，将经济学、法学、管理学等学科嵌入计算机相关专业学生的必（选）修课之中，重视长期导向的基础型人才培养。

（2）完善体制内平台监管机构建设与人才激励机制，依托监管部门内部专业机构处室与科研院所、平台企业开展技术合作，将政策导向与市场绩效有机结合，培养一支高素质科技人才队伍。

三是加强国内外平台监管技术成果交流，尤其注重参与数据分类分级、用户隐私安全、科技道德伦理、法律法规协调等领域的标准制定，搭建国际一流水准的协同执法平台，加大科技监管能力与水平建设。

（原文首发于《财经》App 2022 年 5 月 5 日，收录时有调整）

加快推动统一大市场建设的关键抓手

2022年4月10日,《中共中央　国务院关于加快建设全国统一大市场的意见》(简称《意见》)正式发布,充分延续了中央经济工作会议的精神,强调稳市场、保就业、促发展。在新冠肺炎疫情反复的大背景下,《意见》的出台提振了市场信心,对维护市场安全、促进市场要素涌流具有重要意义。《意见》中所提及的大部分内容属于之前各类经济政策的整合提升,建设全国统一大市场也是维护公平竞争、促进产业转型升级、优化要素分配机制的必然结果。因此,建设全国统一大市场也是对经济社会治理的一次综合改革升级,是全方位、多层次、全领域的完善和加强。

此次《意见》从建设国内统一大市场,促进国内经济大循环的全局高度出发,以党的十九大、十九届历次全会精神为指导,以稳定市场环境、加强市场公平、促进市场高质量发展为目的,在市场制度、市场设施、要素市场类型、市场质量、市场监管等几个方面提出更高水平的要求，充分发挥全国一盘棋的制度优势，克服疫情困难，提振市场主体发展信心。统一大市场的建设不是指重新回到计划经济，而是充分利用我国超大市场规模的优势，畅通国内循环，抵御外部风险。

建立全国统一大市场是一个综合转型升级的复杂过程，《意见》所展示治理过程，实际上也是不断推动市场做出两个转变的过程，一是由松散转向凝合的转变，讲求全国一张清单；二是市场不断由做大转向做强的转变。为确保两种转变的顺利进展，其关键在于法治化、市场化，尤其是不断完善法治化，而推动法治化的关键抓手就是不断推动监管体系立体化、多样化以及监管能力的精准化、智能化及专业化。以治理明确导向，以治理推动转变，通过统一治理的建设带动统一市场的建设，通过治理能力的提升引领市场由大向强迈进，是《意见》的整体逻辑。

统一市场规则加快统一大市场法治化建设

建立全国统一大市场的基本进路是国际化、市场化与法治化，其中最重要的就是法治化。依法治国是我国的基本治国方略，法治是所有工作开展的前提。《意见》中指出："完善统一的产权保护制度"、"实行统一的市场准入制度"、"维护统一的公平竞争制度"以及"健全统一的社会信用制度"，意在促进基本市场规则形成统一标准。市场规则统一是指破除地方垄断、区域壁垒的通用规则，是全国范围内的不同地区、不同行业的市场都需遵守的基本、逻辑自洽的行为准则。

市场规则的统一绝不是简单地一统了之，其间存在重要的利益衡量，是逻辑自洽的统一。在"维护统一的公平竞争制度"部分提及的产业政策和公平竞争政策，两者之间存在矛盾，需要进一步加强协同。虽然两者都是调整市场经济的工具，但不同地区、不同行业的产业政策极易违反公平竞争政策，此时规则的统一就不是简单地加或减，而是需要对政策具体审查，梳理出更为精准化、区分化的规则。这并不是一个一蹴而就的过程，因此市场规则的统一需要及时洞悉市场方向、察觉市场问题，在基本的统一框架下，依据利益衡量经验，运用分级分类等手段，切实落实规则的精准性、融贯性、统一性。

市场规则的统一不是部分的统一，而是更为广泛、高水平的统一。统一的市场规则应更能涵盖传统市场与新兴市场，并将各区域、各行业连接得更为紧密。《意见》中提到"建设现代流通网络""完善信息交互渠道"等，表明统一的规则应是经过更为严密的整合之后，能够明显提高市场效率的规则，即更为精密、广泛的规则体系。规则在转型升级的同时也表明，我国市场正在由做大逐渐转向做强，两者相辅相成。

推动数据要素市场化，充分释放要素创新价值

法治化不仅体现在现行市场法律法规与政策规则的有机融合与协同一致，也体现在向以新业态、新产业、新模式为表征的"三新"经济领域的不断延伸，做到新领域、新场景市场上有法可依、有序发展。《意见》中指出，要打造统一的土地和劳动力市场、资本市场、技术和数据市场、能源市场以及生态环境市场。与土地和劳动力、资本等传统生产要素市场相较，数据要素作为新型生产要素，其要素市场建立和完善的意义和必要性更为突出。之前，中共中央、国务院发布《关于构建更加完善的要素市场化配置体制机制的意见》，提出"加快数据要素市场化"问题。2020 年 5 月，中共中央、国务院发布《关于新时代加快完善社会主义市场经济体

制的意见》，再次强调"加快培育发展数据要素市场，建立数据资源清单管理机制，完善数据权限界定、开放共享、交易流通等标准和措施，发挥社会数据资源价值"。2022 年 1 月，国务院印发《"十四五"数字经济发展规划》，初步将建立数据要素市场体系作为"十四五"期间我国数字经济发展的目标之一，提出要基本建成数据资源体系，显现数据要素市场化的成效，有序开展数据的确权、定价、交易，探索建立与数据要素价值和贡献相适应的收入分配机制。可见，数据要素市场的建立和完善需要重点关注。

《意见》对于数据要素的发展进一步提出要求，强调"建立健全数据安全等基础制度和标准规范，开展数据资源调查，推动数据资源开发利用"。从两个方面对建立数据要素市场进行规范。一方面，要求建立数据流通的基本制度和规范。这表明对于数据要素流通的政策应进入新的发展阶段，在《数据安全法》《电子商务法》《个人信息保护法》等法律出台后，应进一步完善相应的配套规定，细化审查规定，对于权利保护、交易流通、开放共享、安全认证等设定具体的管理措施，做到全链条、全领域、多层次地对数据要素市场进行规制。另一方面，数据资源的开发要提高利用效率、释放数据创新价值。数据资源作为一种信息，具有固有的无体性、变动性、多样性，因此其利用的方式方法也具有多样性、复杂性、隐蔽性。基于数据资源及其利用方式的特性，数据资源的保值与升值很大程度上取决于其流通和传播，同时只有数据资源保持其流动性和优化要素配置，才会最大化其创新价值。故此，更为深入地开发和利用数据资源，就要畅通数据资源的流通路径、市场循环，破除数据要素市场中存在的诸如"二选一"、封锁屏蔽之类的违规行为，促进创新和资源配置，防止数据垄断。

然而，在开发和利用数据资源的过程中，也需要兼顾数据安全和竞争公平，对于数据资源流通中的利益各方，在开发利用的过程中也要保护其合法利益。对于数据提供方来说，要完善数据安全保护机制，在采集和使用环节要公开其采集和使用政策；对于数据收集方来说，一方面要防止其实施数据垄断、建造"围墙花园"的行为；另一方面也要按照"谁投入、谁贡献、谁受益"的原则，保护其应分配利益。

当前，促进数据要素市场的培育和完善仍然存在问题，《意见》中相关政策落实仍具有现实困难。首先是数据权属问题尚未得到有效界定，原始数据信息当然属于信息创始人，《个人信息保护法》也对数据携带权予以确认，但仅对数据携带权做出了原则性规定，其他经过收集、整合、加工、赋能之后的数据信息其权属，数据的范围、传输格式等，目前都尚不明确，这对于数据要素流通是一大困难。其次是监管机制仍有待完善，对于数据要素市场方面新型的垄断行为与不正当竞争行为监管方法仍在逐步建设之中。最后是纠纷解决能力仍不强，数据要素市场的纠纷解决机制不够灵活多样，整体解决率较低。以上三个问题的解决对于数据要素市场的建立和完善具有重要意义。

总之，要素市场扩大是此次建立全国统一大市场的重要举措。一方面将更多要素纳入市场经济的范围，能够促进经济发展、市场主体创新以及产业优化升级，推动市场由大向强；另一方面，将各种新兴要素加入市场规制的范围，有利于防止其在无序的状态下扩张，及时预估其动态，维护市场竞争公平。

以公正监管促公平竞争，补监管短板增监管效能

法治是建立统一大市场的前提和基础，是基本进路，而保证达到法治的关键抓手就是完善监管，只有监管到位，才能保证统一大市场沿着法治

的道路继续建设。完善监管包括两个方面，一是完善监管体系，提高监管主体之间的融通度、监管程序的严谨度、监管手段的精确性，补齐监管短板，打造立体化、多样化的监管体系；二是提高监管效能，促进监管的精准化、智能化、专业化。

建立全国统一大市场的关键是在法治框架下保障市场的公平竞争和有序健康，这就要求在建立统一大市场的过程中有效规制垄断、不正当竞争以及其他不公正交易行为。特别是在促进不同区域、行业市场融合接洽的过程中，如何避免由高向低的垄断以及由强到弱的排斥是《意见》治理主要内容。

公正监管是贯穿整个《意见》的底层逻辑与基本要求，其在"市场基础制度规则统一"部分就指出要维护统一的公平竞争制度，在"打造统一的要素和资源市场"部分也提到为资本设置红绿灯，防止资本无序扩张，并且在最后监管部分又着重强调立破并举，对统一大市场建立进行规制。

在"立"的方面，《意见》指出要补齐监管短板、提高监管效能。补齐监管短板需要打造立体化、多样化的监管体系。多样化监管强调主体和领域多样，因此《意见》对多领域、多主体、多方式、多层次明确了要求，例如对食药领域、新型互联网领域以及工程建设领域的提及，对行业协会的作用的重视。市场监管需要更为新鲜的血液和更为灵活的方式，绝不仅仅局限于政府和主管部门的单领域立法，闭门造车。

同时，对于《意见》中所重点提及的领域，也可从中窥见中央对于市场领域的态度，即在重视新兴发展领域的同时，也关注关涉最广大人民群众切身利益的领域。在新冠肺炎疫情期间的经济建设中，给予无论是市场主体还是消费主体以充分的信心和振奋，充分体现了人文关怀。监管体系的立体化则倾向于使监管体系精准把控、深入探索，向精准化、针对化延伸，例如在反垄断方面，重申了分类分级进行反垄断审查机制的重要性，防止向一般条款逃逸。

在提高监管效能方面，《意见》要求从程序和方式两个方面进行提升。在以往的监管程序中，监管主体往往单兵作战，导致执法效果不尽如人意。在建立全国统一大市场的前提下，《意见》着重强调监管执法需要不同行政区域、不同行业主管部门的联动，积极达成合作，统筹执法资源，优化执法力量配置，提高执法的统一性、协调性和权威性。而对于不断发展的市场，传统的方式也逐渐无法适应，因此需要创新执法方式，提高执法能力，《意见》提出"充分利用大数据等技术手段，加快推进智慧监管，提升市场监管政务服务""跨行政区域网络监管协作""鼓励行业协会商会、新闻媒体、消费者和公众共同开展监督评议"，通过多种方式开展监管工作。

在"破"的方面，《意见》着重强调违法行为的查处和有关法规的清除。反垄断法与反不正当竞争法的应用仍然是市场监管的重中之重，《意见》指出在反垄断与反不正当竞争方面应当针对新业态、多领域等及时加以规制，依法惩处。法规、政策的清理也是《意见》的亮点之一，建设全国统一大市场不仅需要对融合中的市场产生的新问题进行规制，更重要的是对尚未融合之前的、与建立统一市场相抵触的法规、政策及时清理。需要遵守的规则越多，监管所面临的规则适用问题、裁判问题就越多。

在实践中所出现的裁量问题往往来自标准的不同。因此，这就更需要法规、政策制定的行政机关及时进行自我审查，清理与公平竞争、市场统一相抵触的法规与政策。

此外，《意见》还重申了既往一直重视的破除地方保护和区域壁垒的问题，即目前仍存在市场小封闭、小循环的情况。解决方法主要有两个方向：第一，对于既往已有的地方歧视性政策进行全面清理和废止；第二，对于将来新出台的政策展开严格监管，审慎制定政策，完善审查程序和条件。

在监管方面，《意见》无疑是在全方位地要求监管系统转型升级，坚持问题导向，着力解决突出的矛盾和问题，实事求是地推动监管的协调性、权威性和统一性。监管工作是市场建立工作的最后保障，切实守好市场治理的最后一道防线是确保全国统一大市场顺利建成和完善的关键。

综上，《意见》重点指出以法治化、市场化为基本进路，以全方位、多层次、立体化监管体系的建设与精准化、智能化、专业化监管效能提升为关键抓手，对建立我国的统一大市场做出战略部署，全面而系统地针对统一市场建立过程中的重点与难点做出相应指导，针对重点领域和新兴行业做出专门的有针对性的调整，进一步提高市场综合治理体系和治理能力的现代化水平，同时也使市场之外整个经济发展的治理能力有了更大的提升。《意见》的出台实际上是推动国内外循环畅通，在疫情背景下提振市场主体信心、推动国内市场由做大逐步转向做强的关键一步。

（原文首发于《第一财经日报》2022年5月6日第A6版，收录时有调整）

完善治理方能让数字经济走实走稳

　　真正要实现促进数字经济发展这个目标，需清晰地认识到当前数字经济发展中存在的种种问题，把握数字经济发展中的重点与难点，有效提高数字经济治理体系和治理能力的现代化水平，为数字经济发展营造科学合理、规范有序的市场环境与法治环境，推动中国数字经济发展走实走稳。

　　2022 年 3 月 5 日，十三届全国人大五次会议在京开幕，国务院政府工作报告中提出，2022 年的工作任务之一，就是要促进数字经济发展，加强数字中国建设整体布局。建设数字信息基础设施，推进 5G 规模化应用，促进产业数字化转型，发展智慧城市、数字乡村。加快发展工业互联网，培育壮大集成电路、人工智能等数字产业，提升关键软硬件技术创新和供给能力。完善数字经济治理，释放数据要素潜力，更好赋能经济发展、丰富人民生活。

　　数字经济一词已连续 5 年在政府工作报告中出现，与前几年不同之处在于，2022 年的政府工作报告将"促进数字经济发展"的内容独立成段，不再仅作为"推动新兴产业发展"的子项，而且对促进数字经济发展内容进行了明确和细化，提出要完善数字经济治理，释放数据要素潜力，更好赋能经济发展、丰富人民生活。这一变化足以反映政府对数字经济发展及其治理的认识深度和重视程度正在不断提高。

2022 年 1 月，国务院印发了《"十四五"数字经济发展规划》，明确"十四五"时期中国数字经济发展的指导思想、基本原则和发展目标，确定了 8 个方面的重点任务，部署了 11 个专项工程。这标志着中国数字经济发展将迈入深化应用、规范发展、普惠共享的高质量发展新阶段。

数字经济发展之所以受到重视，不仅是因为它广泛存在于国民经济社会生活的方方面面，还在于它是当今国家综合实力的重要体现，是构建和改进现代化市场经济体系的重要引擎和实践场域。数字经济发展速度之快、辐射范围之广、影响程度之深前所未有，正推动人类生产方式、生活方式和治理方式的深刻变革，成为重组全球要素资源、重塑全球经济结构、改变全球竞争格局的关键力量。

因此，为促进数字经济发展规范持久发展，亟须正视中国数字经济发展中面临的关键问题，完善数字经济治理，方能让数字经济走实走稳。

完善数字经济治理迫在眉睫

2021 年作为"十四五"规划的开局之年，中国数字经济发展也迎来由大到强的拐点，数字经济特别是平台经济正在历经一场质量体检与提升工程。然而，在数字经济发展中，仍然面临着资本无序扩张、数据要素流通不畅、数据安全风险高，以及数据治理水平不足等问题。

数字经济领域存在资本无序扩张的现象。受国内外产业链滞碍的影响，依托平台（组织）和数字技术所创造的各类新业态、新产业、新模式为中国经济产业"双循环"提供了必不可少的发生场景、实现路径及工具支撑。然而，随着资本不断向头部平台企业汇聚，资本要素所具有的消极影响也逐渐显现，有些头部平台企业为追求利润最大化，通过大量收购企业特别是初创中小型企业的方式不断扩大经营范围，在形成规模经济的同时，在一定程度上抑制了中小企业创新发展的空间，还凭借其市场力量实施封锁屏蔽、自我优待、强制"二选一"等行为，不当限制其他企业的发展空间和技术创新。

数据要素市场化配置仍面临较大阻碍。数据要素市场化配置的程度与水平，决定了其价值能否充分释放，对加快数据产业链、价值链重构与转型升级意义重大。然而，现行法律制度尚未明确数据的权属，全国统一的数据要素市场尚未建立，数据要素定价机制尚未明晰，数据监管行为与市场行为的边界还不够清晰，这些阻碍了数据要素市场化配置的充分实现。

此外，基于数据要素已成为企业特别是平台企业间竞争的关键要素，一些企业为排除、限制竞争，滥用其数据优势，构筑数据壁垒，这抑制了数据要素的有效市场流通与创新使用，为中小企业正常发展设置了不合理的交易条件，推高经营成本，减损了社会整体福利。

数据安全仍面临较大风险。随着大数据、云计算、人工智能、物联网等技术的发展，社会正在高速迈进数据时代，人们的每个行为皆可产生数据，这些数据不仅能够为人们生活带来便利，同时也有助于提升商品服务质量。然而，数据采集、使用、流动的扩围和速率的加快也增加了用户信息安全风险。在现实中，用户数据被泄露和滥用的事件时有发生，侵扰了用户的日常生活，甚至侵害用户的人身财产安全。

同时，数据跨境流动也关涉国家总体安全。在经济全球化背景下，数据跨境流动成为数字经济时代显著特征，为全球经济增长注入活力动力的同时，也容易引起不同国家和地区有关数据管辖权及相关权益之争，数据安全已成为国家安全的重要组成部分。

数字经济治理协同性有待提升。步入数字经济时代，传统企业面临数字化转型和升级，新兴企业更是应随信息通信技术和数字数据技术的创新发展而高速发展。在这一过程中，大多数企业都趋向数字平台化与平台数字化相融合的发展模式，企业的技术创新周期越来越短，商业模式变革越来越快，市场竞争具有高强度动态特性，对数字经济治理提出极大挑战。然而，在实践中，仍然存在诸如"规则打架""九龙治水""条块分割"等问题，致使数字经济治理效果与治理成本之间难成比例。

此外，在国际和区际合作领域，数字经济治理的协同性更加复杂，其涉及双边、多边及区际协定间有关主权国家、国际组织，以及跨国企业等主体就数字数据标准规则设定、流动共享、管辖救济等多方面事项的协调与认定。

完善数字经济治理的基调

2022 年的政府工作报告提出，坚持稳中求进工作总基调，完整、准确、全面贯彻新发展理念，加快构建新发展格局，全面深化改革开放，坚持创新驱动发展，推动高质量发展，坚持以供给侧结构性改革为主线，统筹疫情防控和经济社会发展，统筹发展和安全，继续做好"六稳""六保"工作。同时，政府工作报告还强调，要深入实施创新驱动发展战略，巩固壮大实体经济根基，促进产业优化升级，突破供给约束堵点，依靠创新提高发展质量。

为此，数字经济发展必须紧紧围绕"实"和"稳"两大主题，规范有序展开工作。

首先，数字经济发展要走实。

推动数字经济与实体经济深度融合。数字经济是以数据资源为关键要素，以信息网络为主要载体，以信息通信技术融合应用、全要素数字化转型为重要推动力的新经济形态。

虽然数字经济所依托的信息网络具有虚拟性，但其发展不能与实体经济脱节。政府工作报告在提出促进数字经济发展的同时，还强调要"建设数字信息基础设施，推进5G规模化应用，促进产业数字化转型，发展智慧城市、数字乡村。加快发展工业互联网，培育壮大集成电路、人工智能等数字产业，提升关键软硬件技术创新和供给能力"。为此，数字经济发展走实，不仅需要加快推进数字产业化，强化新型数字基础设施建设，还需要加快推进产业数字化，促进新一代信息技术的规模化应用，促进平台经济、共享经济的健康发展，更好地支撑经济社会的数字化转型，让整个社会都能够分享到数字经济发展红利。

为资本设置好"红绿灯"。政府工作报告在提出"加强和创新监管，反垄断和防止资本无序扩张，维护公平竞争"的同时，也提出"要正确认识和把握资本的特性和行为规律，支持和引导资本规范健康发展"。

资本具有两面性，在防止资本无序扩张的同时，支持和引导资本规范健康发展，激发资本的积极影响，就需要创新监管方式，为资本设好"红绿灯"。通过明确和规范正面和负面清单相结合的方式，进行动态监管、智慧监管等监管理念与监管方式的创新，引导和规范资本合理配置，更好地支持实体经济发展。

加快推动数据要素市场化流通。数据具有虚拟性、非排他性、瞬时性、价值低密度性等特征，是与传统的土地、劳动力、资本、技术等生产要素完全不同的一种新型要素，故对其权属设定、权益分配与分享、权益保护与救济等制度，以及实现机制的设计与实践都有着全新挑战。

政府工作报告指出，"完善数字经济治理，释放数据要素潜力，更好赋能经济发展、丰富人民生活。数据要素的市场化配置关系着数据要素的潜力能否充分释放"。为此，要以"数据相关行为"为基准，设计动态权属制度，做好数据要素标准化的顶层设计，探索数据要素全国统一市场。同时，还需要建立健全数据要素由市场评价贡献、按贡献决定报酬的定价机制，加快形成"市场有效、企业有利、个人有益"的配置机制。

其次，数字经济发展要走稳。

保障数据安全，筑牢数字经济发展底线。发展固然重要，但也更需要以安全为保障和底线。失去安全，发展的稳定、可持续将无从谈起。数据安全在政府工作报告亦有体现，报告提出"要推进国家安全体系和能力建设。强化网络安全、数据安全和个人信息保护"。

对个人数据安全问题，要注意平衡个人数据权利与企业数据权益之间的关系，聚焦数据全周期运行中的不同使用场景下的具体数据行为，构建以"数据行为"为基准的数据分类方法。具体来说，经初次采集而得的个人用户数据，在充分保障用户知情且有效同意的情况下，实行"场景化授权"和"一次性授权"并行的模式，在有效保障个人用户数据权利的前提下，加快数据流动共享和开发利用的频次，促进数据价值的增值与释放。

对国家在数据安全问题上的权力与义务而言，除需要满足个人数据自决、保护企业合法数据权益等而应承担的义务与责任外，上升至国家层面，还包括本国对数据的控制权，以及免遭数据威胁的国家安全需要。为此，明确国家核心数据类别与内容，细化并严格落实数据出境安全评估等工作，也是当前筑牢数字经济发展底线的关键任务。在国家安全利益面前，数据安全必须无条件得到保障，同时也要谨防以国家安全名义不当限制，甚至违法侵夺企业对数据要素进行自主经营与合法使用的权益。

建立全方位、多层次、立体化的协同监管体系。数字经济的稳步发展，离不开治理提供的秩序保障。保障数字经济稳步发展，不仅需要透明规范和公平公正的市场规则，还需要能及时因应复杂多变的数字经济运行情势的体制机制及其实践能力。为此，政府工作报告提出"加快建立健全全方位、多层次、立体化监管体系，实现事前事中事后全链条全领域监管，提高监管效能"。

具体而言，就是要通过制度层面的创新，协同协力回应和解决当前监管体制机制不适配的问题，建立起系统观念，做好制度工具与监管效能层面的"互联互通互认"，形成制度合力，推动合力监管、整体监管、系统监管及智慧监管，实现公平竞争的市场环境与安心经营的法治环境"双供给"，切实提高市场主体合规能力与营商信心。

真正要实现"促进数字经济发展"这个目标，需清晰地认识到当前数字经济发展中存在的种种问题，把握数字经济发展中的重点与难点，有效提高数字经济治理体系和治理能力的现代化水平，为数字经济发展营造科学合理、规范有序的市场环境与法治环境，推动中国数字经济发展走实走稳。

（原文首发于《财经》2022 年第 5 期，收录时有调整）

夯实对互联网空间
内容提供与分发服务的管理

在新冠肺炎疫情发生以来，无论是直播、网购等热度持续上涨，还是各类公共服务体系向数字化转型，都体现着互联网服务特别是以平台企业为主体所提供的各类内容服务正占据着人们从事生产生活的方方面面。以互联网平台为主要主体所提供的各类服务，特别是内容服务已不知不觉对经济社会生活产生了极大影响。

一方面，互联网内容服务是数字经济发展的主要业态之一，是各类超大型平台竞争日益激烈的主要领域，是获得、维持、强化其平台流量，规模效应、锁定效应的主要手段，当前已经从"流量为王""数据为王"逐步走向"内容为王"，对数字经济市场的健康发展具有重要意义。另一方面，互联网内容服务已逐渐具有国民基础设施性质，对于公民的意识形态、思想觉悟、理想信念都有着塑造和维持的作用。

截至 2021 年底，国内 App 上架总量达到 252 万款，应用商店分发总量达 21072 亿次，数量巨大且仍在继续增长。其中，有不少 App 存在传播虚假信息、淫秽色情、暴力恐怖信息、窃取隐私、恶意扣费等问题，亟待解决。由此，在发展数字经济的同时，也需要加强对互联网内容服务的管理，完善管理体制，净化网络环境。

2022 年 6 月 14 日，国家互联网信息办公室发布新修订的《移动互联网应用程序信息服务管理规定》（简称《规定》）。这是该文件自 2016 年出台以来的第一次重大修订，表明在互联网信息服务治理部分，国家将进一步优化管理、把控方向，响应"十四五"规划中数字经济的发展以及"网络可信身份战略"，在提高数字经济发展效率的同时，关注随之而来的安全问题，针对新时代的新情况、新问题、新矛盾提出相应的处理办法，及时适应国内形势的新变化。

与 2016 年相比，本次修订主要在四个方面进行了更新：第一是配合《个人信息保护法》的出台，进一步对网络个人信息的实名制进行规制，加强网络空间有序化管理；第二是强调应用程序提供者和分发平台的主体责任，以结果为标准明确其应负义务；第三是重视多元监管主体的作用，第一次提出网信办作为网络内容监管的主体，区分应用程序提供者以及应用程序分发平台进行管理，细化管理规定，要求各程序提供者和分发平台自行监督与互相监督，为监督提供重要渠道；第四是对于重点问题，诸如虚假宣传、虚假刷单等行为，给予重点关注。

以上新变动和新规定都表明我国在互联网内容信息管理方面将进一步加大力度，基本方向是走深走细，既在原有规定的基础上提高力度，增添可操作程序规定，又细化管理，区分各类主体，促进治理的精准化、有效化和法治化。

一　深度维护信息安全

在 2016 版《规定》中，其要求应用程序提供者按照"后台实名、前台自愿"的原则，对注册用户进行基于移动电话号码等真实身份信息认证；在新版《规定》中，则对应用程序实名制进行了更为细致化的要求。这不仅是对《个人信息保护法》中对个人信息权益相关规定的回应，同时也是对"网络可信身份战略"的回应，《规定》中对这一点予以了特别的强调。

"网络可信身份战略"是以网络可信身份认证体系为核心。网络可信身份认证通过汇聚国家公民身份基础数据资源作为信任支撑，将能够在方便业务应用的同时达到个人身份信息的最小化收集，并且能够以自主创新的去标识化处理、分域加密存储等技术全流程保障个人信息安全、可用。

加强身份信息认证将有助于解决身份被盗用和冒用的问题，从源头杜绝个人信息被泄露、滥用、篡改、毁损等风险，并且可破解身份信息核验环节"人证合一"的准确性、可靠性等问题，解决因缺乏数据比对源、认证源而过度收集、非法缓存等问题。

加强身份信息认证是对之前相关规则的深化与加强，表明新时代的互联网信息内容治理不仅需要在本领域加强管理，更要与其他国家政策深度协同，建立体制与规则间的联动机制，形成规模效应，从根本上解决各类同质问题，提高治理效率。

二　明确主体义务责任

相较于 2022 年 1 月 5 日国家网信办发布的征求意见稿，正式发布的《规定》还增加了"应用程序提供者应当对信息内容呈现结果负责""应用程序分发平台对申请上架和更新的应用程序进行审核"。一方面,《规定》进一步加强了互联网信息内容呈现者与分发平台所负义务和所担责任;另一方面,《规定》也明确了责任承担判断的标准是以结果归责,标准不可谓不高。

此处"应用程序提供者对信息内容负责"包含两层含义:第一层是指例如游戏程序、休闲程序、学习程序等对其实体内容及其结果负责,不得损害社会公序良俗、违反法律;第二层则是指对于平台程序,其自身的内容和用户上传的内容都需符合该规定,实际上,结合加强身份认证的内容的修改,对于第二层的规制意味明显更重。换言之,该条规定是以平台内容治理为中心,对平台赋予更高审核义务和责任,这也同时包括了应用程序分发平台。

明确平台对内容结果的义务实际上和之前《互联网信息服务算法推荐管理规定》中对算法推荐服务提供者对信息传播承担的义务形成呼应,如第6条"算法推荐服务提供者不得利用算法推荐服务从事危害国家安全和社会公共利益、扰乱经济秩序和社会秩序、侵犯他人合法权益等法律、行政法规禁止的活动,不得利用算法推荐服务传播法律、行政法规禁止的信息,应当采取措施防范和抵制传播不良信息"。

因此,此处规定实际上是要求平台在发展的同时,也需要其承担相应的社会责任,通过进一步落实和明确平台在信息传播方面的责任,有助于避免平台为追求流量而放任不良信息的传播,倒逼平台由"避风港原则"下的"通知—删除"规则的被动式监督转为主动监督,充分发挥平台转为管理者的权能。

该规定明确了以结果归责,是一种高标准的规则,这就要求无论是实体程序、平台程序还是分发平台,都要从内部出发,建立更为严格的内部审核规则和程序,从根源上净化网络环境。

三 重点问题强调处理

在互联网内容治理的过程中,《规定》不仅在总体的义务和责任上做出规定,对于具体的重点问题也给予了重点关注,例如《规定》第9条"应用程序提供者不得通过虚假宣传、捆绑下载等行为,通过机器或者人工刷榜、刷量、控评等方式,或者利用违法和不良信息诱导用户下载",以及第20条"应用程序分发平台应当加强对在架应用程序的日常管理,对含有违法和不良信息,下载量、评价指标等数据造假,存在数据安全风险隐患,违法违规收集使用个人信息,损害他人合法权益等的,不得为其提供服务"。以上所列举的都是互联网服务中最常见疑难问题,想要根除并不容易,此次在《规定》中单列更是体现了我国强化互联网内容治理的决心和毅力。

其中,"通过机器或者人工刷榜、刷量、控评"的行为不仅损害互联网市场秩序,更涉及"僵尸号""空壳号"等与个人信息认证密切相关的问题,且其行为较为隐蔽、难以察觉,需要作为治理的重点和突破点,以点破面,推动治理的精准化、法治化、有效化。

四 细化监管多元治理

首先,《规定》首次明确了网络信息服务的监管主体是网信办。明确主体对于治理体制来说,很大程度上杜绝了各部门之间踢皮球的行为,保证治理过程中监管主体全程在线,并提供专业、妥善的领导作用;对于其他监督主体来说,明确主体更能为其提供最终的举报和追溯对象,是对市场中弱势一方的维护。

其次，强调网络内容服务主体之间的相互监督，不仅包括分发平台对上架程序提供者的监管，服务提供者出于对公平竞争和规则透明的追求，对分发平台同样具有一定的督促作用，循环管理、层层递进。

再次，《规定》对互联网应用程序提供者和分发平台进行区分治理，细化了管理规定。从互联网治理的角度而言，对两者区分实际是根据平台的属性以及对应用程序提供服务的控制方式等方面因素，对平台类型进行的细分。从《规定》实际要求来看，分发平台需要配合并辅助监管部门进行监管，并承担对程序提供者一定的监督和管理责任。而程序提供者在接受监管部门以及分发平台的监管的同时，也需要进行自我约束，积极合规。这种监管模式一方面体现了我国分类监管的思路，另一方面体现了我国多元共治的治理思路，让多元主体参与治理。

最后，注重程序正义，不仅在实质内容上要求监管内容增加，更要求建立实际的渠道和方法实现监管可行、监管必行的原则。不仅在服务主体方面要求增加举报入口和举报审查机制，更在监管主体层面上要求建立更为完善的工作规则和体制，切实做到有法可依、执法必严、违法必究。

五　关注技术更新规则

随着 5G 通信的普及和信息时代的发展，连接到网络的用户和设备每天都在增加，然而如今进行通信依赖的是 IPv4 地址已耗尽，不能满足日益增长的 IP 地址的消耗，而目前国内 IPv6 尚未广泛普及，因此鼓励使用 IPv6 是一种现实需求。

对于监管和企业而言，IPV6 具有诸多益处。首先，IPv6 可以解决当前 IPv4 地址耗尽的问题，尤其在如今网络用户不断增长的情况下，若要进一步落实网络可信身份战略，IP 地址是其中重要的信息，而 IPv6 地址是由 128bit 构成，单从数量级来说，IPv6 所拥有的地址容量约是 IPv4 的 8×1028 倍，使得海量终端同时在线且统一编址管理变为可能。

其次，IPv6 将使上网行为管理、网络监管等更加简单。IPv4 网络大面积使用 NAT 技术，破坏了端到端连接的完整性。而使用 IPv6 之后，IPv6 加入了对自动配置的支持，这是对 DHCP 协议的改进和扩展，使得网络（尤其是局域网）的管理更加方便和快捷。将不再需要 NAT 网络设备，上网行为管理、网络监管等将变得简单。

最后，IPv6 具有更高的安全性。通过 IPv6 协议的 IPSEC、真实源地址认证等安全机制，可对网络层的数据进行加密，对 IP 报文进行校验，这提高了数据的安全性。

故此，应对新形势新变化，我国在治理方面也及时做出了回应，提高治理质量，深化治理精准度。总体来讲，本次《规定》的修订预示着在数字经济发展的新时代，我国对互联网内容服务的管理将更加深化、细化，无论是信息安全还是内容安全都将得到进一步的保障。

（原文首发于《第一财经日报》2022 年 6 月 22 日第 A11 版，收录时有修订）

第五编

数字经济要素专项治理法治化

以数据安全为中心和主线，廓清筑牢
平台规范发展的基线底线

　　2021 年 12 月召开的中央经济工作会议强调，必须坚持高质量发展，推动经济实现质的稳步提升和量的合理增长。必须坚持稳中求进，坚持先立后破、稳扎稳打。必须加强统筹协调，坚持系统观念。具体到数字平台经济领域，则是必须坚持安全与发展的统筹，在规范中发展，在发展中规范，实现稳中求进、可持续健康发展。

　　2021 年 10 月 29 日，国家市场监督管理总局发布《互联网平台分类分级指南（征求意见稿）》（以下简称《分类分级指南》）与《互联网平台落实主体责任指南（征求意见稿）》（以下简称《责任指南》），旨在规范互联网平台经营活动，推动平台经济健康发展；同年，11 月 14 日，国家互联网信息办公室发布《网络数据安全管理条例（征求意见稿）》（以下简称《管理条例》），旨在规范网络数据处理活动，保障数据安全，保护个人、组织在网络空间的合法权益，维护国家安全、公共利益。这一系列"征求意见稿"的发布，对于保障平台经济活动中的数据安全，促进数据合法有效的流通具有重要意义。

2021年以来，与数据有关的法律法规密集出台，其中最具代表性和专业性的当属《中华人民共和国数据安全法》（简称《数安法》）和《中华人民共和国个人信息保护法》（简称《个保法》）。前者确立了"发展与安全并重，以发展促进安全，以安全保障发展"的基本原则。这一原则在《管理条例》第3条中得到进一步细化，提出在数据安全方面要加强数据安全防护能力建设，在数据利用方面要保障数据依法有序自由流动，突出在数据安全基础上有序促进数据合理有效利用的立法目标。后者明确规定了不同主体在处理个人信息时应遵守的基本原则、规则及方式方法，为互联网平台规定了相应的保障和管理个人（数据）信息安全的义务与责任，进一步规范了个人（数据）信息的安全保护与开放利用问题。综合以上相关立法和征求意见稿，可以发现国家相关负责机构已大致勾勒出以数据安全为中心和主线的互联网平台发展与规范图景。

细化实化平台处理一般数据安全保障义务

作为数据领域的基本法和专门法，《数安法》与《个保法》为数据处理者与个人信息处理者规定了数据与个人信息处理的基本原则、主要规则以及相应的方法措施，构筑起我国在互联网领域，特别是针对平台主体落实数据安全与合规使用的基本法治体系和实施机制。具体而言，《数安法》规定了以下几方面的义务。

第一，处理数据应依法依规进行。数据处理者应建立健全全流程数据安全管理制度。数据安全管理应覆盖数据的来源、传输、存储、使用、清理等各个环节。不同环节所面临的风险不同，对应采取的保护措施也不相同。

第二，应组织开展数据安全教育培训。教育培训可以与教育、科研机构和企业等主体合作进行，促进人才交流。

第三，数据处理者可根据数据的重要程度、一旦发生安全事故造成的危害、处理数据的具体场景等因素，采取相应的技术措施等手段保护数据安全，避免对重要程度相对较低的数据采取较为严格的保护措施而阻碍其流通，浪费相应资源。

第四，若是数据处理者利用信息网络处理数据，则需在网络安全等级保护制度的基础上，履行数据安全保护义务。《中华人民共和国网络安全法》第21条具体规定了网络安全等级保护制度。根据《信息安全技术网络安全等级保护定级指南》的规定，网络安全等级依据等级保护对象的重要程度等因素可具体分为5个等级。

第五，对于处于未然状态的风险，数据处理者应立即采取补救措施，阻止未然状态的风险变为现实；而对已经发生的安全事件，则需立即采取补救措施，并告知用户，向有关部门报告。

与之相关，在刚实施的《个保法》中也规定，个人信息处理者应在内部管理制度、操作规程、操作权限、教育培训、制定应急预案等方面加强数据安全保护工作，防止未经授权的访问与个人信息的泄露、篡改、丢失等问题。同时，个人信息处理者也应当依据处理目的、方式、个人信息种类、可能存在的风险等因素，采取相应的加密、去标识化等安全技术措施。可见，无论是在《数安法》还是在《个保法》之中，均重视通过分级分类制度，采取相应的保护措施等规定来统筹数据安全与数据利用，避免因过度的数据保护而导致有关主体假借数据安全之名行数据封锁之实，加剧数据孤岛、数据断供、数据垄断等现象。

《管理条例》则针对有关主体特别是平台主体处理数据信息的安全保

障方面的义务做了进一步的细化。

其一,《管理条例》明确了数据安全应当包含数据的完整性、保密性和可用性三个方面,可采取的安全措施包括备份、加密、访问控制等。

其二,《管理条例》进一步落实应如何依据网络安全等级保护的要求履行数据安全保护义务,具体应加强数据处理系统、数据传输网络、数据存储环境等方面的安防问题。

其三,《管理条例》细化了应如何面对潜在的或已经发生的数据安全风险。当数据处理者提供的产品或服务存在威胁国家安全、危害公共利益等方面的风险时,数据处理者同样需要采取补救措施以及数据安全应急处置机制以应对潜在的风险。

其四,《管理条例》对数据爬取的问题进行了规定,爬取个人信息后必须在一定时间内将个人信息删除或做匿名化处理,体现了对数据安全与数据利用的平衡兼顾。

规范压实平台处理重要数据的义务与责任

《数安法》确立了数据分类分级保护制度,根据数据的重要程度以及一旦遭受篡改、破坏、泄露或者非法获取、非法利用造成的危害程度分为一般数据、重要数据与核心数据三种类型。关系国家安全、国民经济命脉、重要民生、重大公共利益等数据属于国家核心数据。然而《数安法》并未对重要数据予以定义,《管理条例》则弥补了这一缺失,通过"概括 + 举例"的方式,明确重要数据是指一旦遭到篡改、破坏、泄露或者非法获取、非法利用,可能危害国家安全、公共利益的数据,包含未公开的政务数据等类型。

在对重要数据的保护上,《数安法》明确有关部门应制定重要数据目录，对重要数据加以保护。重要数据的处理者还应明确数据安全负责人和管理机构，定期对其数据处理活动展开风险评估并向有关部门发送评估报告。《管理条例》与《责任指南》则进一步细化了对重要数据的保护措施。

首先，细化了数据分类分级制度。各地区、各部门在制定重要数据目录的基础上，还应当制定核心数据目录。

其次，处理重要数据的平台应当配备相应的负责人员。处理重要数据的平台应当明确数据安全负责人和管理机构，同时确立了数据安全负责人和管理机构的具体职责。

再次，明确了重要数据的保护方式。数据处理者应当使用密码对重要数据和核心数据进行保护。同时明确了重要数据的识别、交易规则：重要数据的处理者，应当在识别其重要数据后的 15 个工作日内向有关部门备案；交易、委托、共享重要数据，数据处理者应当与另一方就处理数据的目的、范围等问题做出约定，并保存相关记录；数据处理者共享、交易、委托处理重要数据的，应当征得有关部门同意。

最后，在处理重要数据的基本原则上应满足三级以上网络安全等级保护和关键信息基础设施安全保护要求，处理核心数据的系统依照有关规定从严保护。

《个保法》则将个人信息中的敏感个人信息做了单独的区分，对其处理规则做了特殊规定。相较于一般类型的个人信息，敏感个人信息一经泄露，更容易侵害自然人的人格尊严或人身、财产安全。只有在具备特定的目的与非常必要，并采取严格保护措施的情况下，方可处理敏感个人信息，处理个人信息应当取得个人的单独同意。

《管理条例》进一步明确，处理敏感个人信息应取得个人的单独同意，并具体到身份认证这一使用敏感个人信息的具体场景，明确数据处理者利用生物特征进行个人身份认证的，应当对必要性、安全性进行风险评估，不得将人脸、步态、指纹、虹膜、声纹等生物特征作为唯一的个人身份认证方式，以强制个人同意收集其个人生物特征信息。这就为进一步规范压实数据处理者，特别是拥有海量复杂数据的互联网平台在保护数据安全和规范数据使用上的义务与责任的设定与落实，提供了科学的具有可操作性的规则与依据。

多法协同统筹平台发展中数据安全与利用

区别于一般的数据处理者，互联网平台一方面通过提供"零价格"服务获取用户的数据，积累了大量数据资源用来优化产品、提升算法，进而获取更高的市场份额。另一方面，数据资源也构筑了市场进入壁垒，初创企业相较于在位企业尽管可能具有技术与理念上的优势，然而受限于缺少相关的数据资源，可能难以进入相关市场。与此同时，平台一旦占有大量数据，也有可能实施侵害消费者隐私的行为。《个保法》《分类分级指南》《责任指南》《管理条例》中，均体现了互联网平台应在保障数据安全的基础上，促进数据流通与分享，打破数据垄断、数据封锁的发展理念。

《管理条例》将互联网平台运营者与大型平台运营者进行了区分。其中大型互联网平台运营者用户数量较多，社会动员能力和市场控制能力较强，还会处理大量个人信息与重要数据。相较于普通平台，大型互联网平台运营者应当委托第三方每年对其数据安全、个人信息保护、数据开发利用等情况进行审计，清晰体现了我国兼顾数据安全与数据开发利用的规制思路。同时，《管理条例》也依据平台运营的业务内容，将提供即时通信服务的平台运营者区分为提供个人通信和非个人通信，对个人通信的信息按照个人信息保护要求严格保护，非个人通信的信息按照公共信息有关规定进行管理，以分类施策来平衡平台所负有的数据安全与享有的数据发展之间的平衡。

《分类分级指南》则将互联网平台分为超级平台、大型平台、中小平台三级。《责任指南》则在此分级基础上，重点对超大型平台经营者的治理进行了规定。超大型平台经营者一方面应加强数据管理、内部治理、风险评估与风险防控，提高平台内经营者合法合规经营的意识，避免出现危害数据安全的行为。另一方面，应积极发挥其公平竞争示范上的引领作用，在与平台内其他经营者竞争时，无正当理由不可使用其他经营者或用户产生的非公开数据。平台自治应坚持平等治理，不得假借"治理"之名而实施"自我优待"行为。基于此，互联网平台应在保障数据安全的基础上，开放生态，努力推动不同平台之间的互联互通，促进数据的流通，促进市场上的创新。

《个保法》则对平台发展所涉及的海量的个人（数据）信息的安全保护与合理利用提供了规制工具，体现了"保护优先"下平衡数据利用的治理思路。如《个保法》第45条所规定的个人信息可携权，虽然是对个人对其自身信息处分权利的丰富，但是对作为主要的个人信息处理者的互联网平台如何合规开放与利用个人信息（数据）提供了切实可用的工具。

总体看来，我国已认识到并积极搭建促进平台经济规范发展、稳中求进的系统法治构造。为进一步理清和处理好平台发展中数据安全与开放利用的合理配位关系，需要切实有效结合《数安法》《个保法》《责任指南》《管理条例》等不同法律法规文件，审慎权衡不同利益，结合数据行为发生的具体场景，针对不同类型、不同周期的数据采取相应的保护措施，对不同类型、不同级别的平台赋予相应的数据安全保障与数据开放利用的义务与责任，搭建多法协同、多工具协力的数据治理体系，以数据安全为中主线，廓清和筑牢平台经济规范发展的基线与底线。

（原文首发于《第一财经日报》2021 年 12 月 23 日第 A11 版，收录时有调整）

规范数据信息处理
有序推动平台"互联互通"

　　平台经济已经成为一种重要的经济形态，其在给生产生活带来巨大效益的同时，也带来了诸多问题。如平台实施的不正当封禁、屏蔽等行为，阻碍了作为重要生产要素的数据的流通。为了能够促进数据的流通，保障用户权益，为中小企业和平台提供更加优质的发展机遇，有必要加紧实现互联网平台的互联互通，而互联互通的实现，需要紧密结合《数据安全法》与《个人信息保护法》的施行，规范各类平台的数据信息处理行为。

　　互联互通来源于电信业领域。我国《电信条例》明确规定，电信网之间应当实现互联互通，主导的电信业务经营者不得拒绝其他电信业务经营者和专用网运营单位提出的互联互通要求。监管机构将对主导的电信业务经营者施加互联义务作为一种竞争治理工具，为电信业务市场引入有效的市场竞争机制。在金融领域，2021 年 7 月 19 日中国人民银行、中国证监会发布的《中国人民银行　中国证券监督管理委员会公告》〔2020〕第 7

号中规定，"互联互通是指银行间债券市场与交易所债券市场的合格投资者通过两个市场相关基础设施机构连接，买卖两个市场交易流通债券的机制安排"。

具体到平台经济领域，目前尚无法律法规对互联互通做出明确的定义，2019 年国务院办公厅发布的《关于促进平台经济规范健康发展的指导意见》中规定，政府在监管时要"尊重消费者选择权，确保跨平台互联互通和互操作"。在实践中，部分平台经营者出于限制、排除其他经营者对其构成竞争威胁的考量，以平台管理者的身份对其他经营者实施封禁行为，限制竞争对手发展，妨碍"互联互通"的实现。对此，我国一方面在执法上加大对于平台上实施"二选一"和"封禁"行为的查处和指导力度。另一方面在立法、司法层面，发布禁止互联网领域不正当竞争行为的相关规范性文件和司法解释，同时，提升司法裁判活动的不断专业化、精细化水平，对涉及数据互操作的竞争纠纷案件予以高度重视，通过个案审理逐渐明确类案处理规则，多管齐下积极推动平台间互联互通的尽早实现。

具体而言，在《国务院反垄断委员会关于平台经济领域的反垄断指南》中，明确规定平台经营者通过屏蔽店铺、搜索降权、流量限制、技术障碍、扣取保证金等惩罚性措施实施的限制，对市场竞争和消费者利益造成损害，一般可以认定构成限定交易行为；在国家市场监督管理总局 2021 年 8 月 17 日发布的《禁止网络不正当竞争行为规定（公开征求意见稿）》中，明确规定无正当理由，对其他经营者合法提供的网络产品或者服务实施屏蔽、拦截、修改、关闭、卸载，妨碍其下载、安装、运行、升级、转发、传播等行为。经营者不得利用技术手段，恶意对其他经营者提供的服务或产品实施不兼容。不得利用技术手段，实施"二选一"行为，妨碍、破坏其他经营者合法提供的产品或者服务的正常运行，扰乱市场公平竞争秩序。

与立法相呼应，工信部近日决定在前期 App 专项整治的基础上，开展互联网行业专项整治行动，重点整治恶意屏蔽网址链接和干扰其他企业产品或服务运行等问题，包括无正当理由限制其他网址链接的正常访问、实施歧视性屏蔽措施等场景。基于此，两家互联网巨头阿里和腾讯高层的"隔空对话"表明态度，释放了两者"破冰"的信号。强监管之下，这两家如何进行生态开放、开放到何种程度成了亟待解决的新问题。

统筹发展与安全　实现高效"互联互通"

数据共享与数据安全之间既存在紧张的关系，也存在相辅相成的关系。互联互通可能会提升隐私泄露的系数，给数据安全带来巨大威胁；过分重视数据保护，也会对互联互通带来危害，让平台企业走上"以数据保护为由，行数据垄断与封锁之实"的旧路。因此，在加强平台企业互联互通的背景下，做到兼顾数据的流通与安全的保障，是一个十分重要的问题。

2021 年 9 月 1 日，《数据安全法》正式施行，《数据安全法》是一部从贯彻总体国家安全观的目的出发、以数据治理中最为重要的安全问题作为切入点的数据安全领域的基础性法律。《数据安全法》着眼于统筹数据发展与数据安全，在第 13 条明确"国家统筹发展和安全，坚持以数据开发利用和产业发展促进数据安全，以数据安全保障数据开发利用和产业发展"。《个人信息保护法》也于 2021 年 11 月 1 日起施行。该法律侧重于针对个人信息的保护。

在具体制度上，两部法律主要在以下方面对数据的安全与利用做了规定。

首先,《数据安全法》与《个人信息保护法》均针对数据与信息进行了分类:《数据安全法》第 21 条中明确了国家要建立数据分类分级保护制度，将数据根据其重要程度以及一旦遭到篡改、破坏、泄露或者非法获取、非法利用所造成的危害，分为一般数据、重要数据与国家核心数据。对不同重要程度的数据采取不同的保护策略，对重要数据处理者课以明确数据安全负责人和管理机构、定期开展风险评估以及跨境安全管理三项义务，将监管资源分配到了较为重要的数据上，提高了治理效率，同时也减轻了一般数据流通所受到的阻碍。而对于重要数据目录的制定，以及国家核心数据所应采用的"更加严格的管理制度"，还需要进一步细化。《个人信息保护法》则进一步加强针对敏感个人信息这一重要的数据类型的保护力度。在定义上明确采用了"概念 + 举例"的定义方式，明确敏感个人信息的核心在于一旦泄露或经不当使用，会危害人身、财产安全，同时列举了不满 14 周岁未成年人的个人信息等属于敏感个人信息的具体类型。对于敏感个人信息的使用，必须要遵循处理目的特定、处理具有必要性、采取严格的保护措施，必须要获得单独同意以及要告知处理的必要性及对个人权益的影响等规则。数据分级分类的实行，一方面可以确保重要的数据在流通中的安全，另一方面可以减少相对不重要的数据在流通中的阻碍。

其次,《数据安全法》与《个人信息保护法》均确立了关于数据交易与个人信息处理的规则，使得数据流通进入有法可依的阶段:《数据安全法》第 19 条确立了数据交易制度。在这之前，国内已经陆续建立了贵阳大数据交易所等数据交易中心，本次数据交易制度以立法形式得到了明确，为我国数据交易制度未来的发展打下了坚实的基础。此外,《数据安全法》还要求从事数据交易服务的中介机构、服务机构必须说明数据来源，审核交易双方的身份，并留存审核、交易记录，提升了对数据交易程序的监管力度。《个人信息保护法》第 13 条确立了个人信息处理的"告知 + 同意"这一基本规则，同时又规定了处理个人信息无须取得个人信息主体的同意的情况，体现了对消费者的知情权的保护，又兼顾了公共利益。《个人信息保护法》第45条第3款还增设了个人信息可携带的规定：当个人请求将其个人信息转移至其指定的个人信息处理者，符合国家网信部门规定的条件，个人信息处理者应当提供转移的途径，为"互联互通"的实现提供了具体路径。

《数据安全法》与《个人信息保护法》均规定了数据处理者、个人信息处理者的法律义务以约束其处理数据、个人信息的行为：《数据安全法》第27条规定数据处理者应根据其所处行业、数据重要程度，采取与之相适应的保护措施，体现了场景化原则的运用，避免了"一刀切"的保护，有利于统筹数据安全与共享；第29条规定数据处理者在面对未发生的风险时，应当开展风险监测，发现未知的风险；而当发生实际的数据安全事件时，应当及时采取补救措施。在《个人信息保护法》中，第9条、第51条则对个人信息处理者的数据安全保障义务做了规定，处理者应当根据处理目的、处理方式、信息种类等因素，采取分类管理、加密、去标识等手段，使得个人信息在保证安全的基础上能够有效流通。

综上，可以发现《数据安全法》侧重于对数据的保护，侧重于通过公法的力量来保护数据安全，关于"数据发展"的相关条款则以宣示性为主；而《个人信息保护法》则是一部赋权性的法律，赋予了个人信息主体权利，也为他人处理个人信息提供了法律依据。为了进一步促进互联互通，统筹数据安全与共享，在未来的监管中还应加强以下几个方面。

首先，依据《数据安全法》进一步细化数据分类分级，并根据不同类型制定相应的保护与流通规定。以近日由国家互联网信息办公室、国家发展和改革委员会、工业和信息化部、公安部、交通运输部联合发布2021年10月1日施行的《汽车数据安全管理若干规定（试行）》为例，其对汽车行业的重要数据所包含的类型进行了列举，并明确汽车数据处理者开展重要数据处理活动，应当进行风险评估，并向有关部门发送风险评估报告。2020 年 9 月，中国人民银行发布的《金融数据安全　数据安全分级指南》也明确，金融业机构在开展数据安全分级工作时，对于重要数据的安全等级不可低于指南中确定的 5 级保护标准。可见，当前立法上采用的依然是根据不同行业制定相应的数据保护规则，同时结合数据的重要程度进行分类，制定不同的保护措施。在此基础上还可以进一步细化分级分类标准，例如根据数据功能将数据分为商业数据、工业数据、社会数据、自然数据等，根据数据来源将数据分为原始数据、衍生数据、创生数据。根据其不同类型制定不同的流通与保护的规定。以衍生数据为例，所谓衍生数据是指对原始数据进行加工、处理并具有财产价值和增值价值的一类数据。对于衍生数据，在强调保护企业竞争性财产权益、鼓励数据流通利用的同时，保留用户对仍具有个人信息可识别性的数据享有自决的权益，以确保平台之间实现互联互通的同时，个人的权益不会受到侵犯。

其次，在数据分类分级的基础上，针对涉及互联互通的不同数据周期制定差异化的保护策略。互联互通涉及数据采集、数据传输、数据共享等多个环节，不同环节由于其性质不同，所面临的危险也有很大的差别。数据采集中的风险如未经许可使用爬虫技术爬取他人网站上的数据等。若是双方平台协议通过数据传输实现互联互通，则会面临着恶意拦截、篡改或破坏的风险。数据共享主要是通过数据在不同主体间的流动，有效促进数据互联和数据作用的发挥，该阶段面临的风险主要包括非法访问、恶意更改、非法外泄等。因此，应当在数据分类分级的基础上，针对不同级别、不同类型的数据制定不同的采集程序要求，愈发重要的数据，就应当采用更加严格的采集程序。在数据传输环节，则应当以传输加密技术为核心，对于较为重要的数据通过专线传输。在数据共享环节，则要平衡双方利益，厘清参与共享主体之间的协议制定和履行、风险分担、收益分配、责任界定等问题。

再次，应当完善数据治理的多元共治体系。数据的流通涉及社会多个主体，数据的安全也与广大群体的利益息息相关。唯有构建多元共治治理体系，才可以从各个方位全方面监督数据流通，在确保安全的基础上实现互联互通。在政府层面，《数据安全法》已经明确了中央国家安全领导机构决策议事、统筹协调，各行业主管部门承担本行业安全监管，公安机关和国家安全机关在各自范围内承担数据安全监管职责，以及国家网信部门统筹协调网络数据安全和相关监管工作的执法体系。政府部门还应当进一步厘清其职责，落实"放管服"，充分做到简政放权，注意发挥市场自我调节的作用，避免公权力的过度介入。在行业自治方面，《个人信息保护法》第58条对于提供重要互联网平台服务、用户数量巨大、业务类型复杂的个人信息处理者课以义务，加强其对于平台内部经营者处理个人信息问题的监管。《数据安全法》第9条明确要求行业组织、科研机构、企业、个人等共同参与数据安全保护工作，形成全社会共同维护数据安全和促进发展的良好环境。在此基础上，应当进一步构建开放安全的互联互通体系，鼓励行业组织、科研机构参与到数据开发、数据安全的标准制定的程序中，为平台企业间破冰提供技术支持。同时，应当进一步发挥行业协会和社会组织在市场与政府间的中介地位，通过行业协会约束经营者，通过社会组织维护消费者权益，在广大主体间培育有序竞争的文化，确保实现高效安全的互联互通。

最后，在司法与执法中应注意权衡多方利益。实现互联互通可能会对某些经营者的利益带来一定的减损：经营者失去了其自身耗费一定努力收集的原始数据和进行分析后得出的衍生数据与创生数据，可能会影响其竞争优势地位。然而，互联互通对于初创企业和消费者可能存在一定好处：初创企业获得了大量本需要在积累一定用户、形成锁定效应后方能获取的数据，与其技术优势结合，促进了市场的竞争；这种竞争往往会促进创新，满足消费者群体日益多样化的需求，为消费者提供方便、安全的服务。不同主体在互联互通中可获得的利益并不相同，难免会出现耗费成本与获得利益不平衡的问题，导致平台经营者无法从中获得有效回报，将会影响部分平台互联互通的积极性。因此，在实践中应当注意权衡多方利益，比较积极效果与消极效果的大小，同时还需要对多元价值的位阶进行权衡，将竞争秩序与消费者的利益置于较高的位阶。

统筹数据安全与开发利用是一个较为复杂的问题。对于平台企业间的互联互通，应当结合《数据安全法》与《个人信息保护法》，进一步细化数据分类与分级，针对不同类型、不同周期的数据制定相应的保护策略，发挥多元共治，充分衡量多方利益，在保障数据安全的基础上，实现高效有序的互联互通。

（原文首发于《知产财经》2021年第5期，收录时有调整）

防止平台垄断　数据治理是关键

当前，受国内外产业链滞碍的影响，依托平台（组织）和数字技术所创造的各类新业态、新产业、新模式为我国经济产业"双循环"运行提供了必不可少的发生场景、实现路径及工具支撑。同时，也诱发甚或助长了平台强制"二选一"、大数据杀熟、自我优待、恶意封禁等利用数据和算法、技术、资本优势以及平台规则等排除、限制竞争行为的发生，扰乱了公平竞争的市场秩序，损害了消费者合法权益和社会公共利益，平台反垄断治理成为社会各界的重点关切。

2021年10月18日，中共中央政治局就如何把握数字经济发展趋势和规律，推动我国数字经济健康发展进行第三十四次集体学习，为不断做强做优做大我国数字经济给出了最新战略部署和行动指引。同年10月23日，全国人大常委会公布了《中华人民共和国反垄断法（修正草案）》（简称《修正草案》），集中体现了对数据竞争行为的重视，以及对平台正义的关注。

平台通过海量的多样化数据分析，将大数据技术与人工智能算法相结合，能有效把握市场的动态运行规律，更精准有效地施行各项竞争行为。特别是数据的收集和使用具有明显的规模效应和网络效应，这使得平台企业能够凭借已经积累的数据优势，来维持和扩大市场力量，提高市场进入壁垒，降低市场有效竞争。

平台企业在某一个数字市场上收集的数据可以成为其进入其他数字市场的宝贵资产，特别是当存在消费者重叠时。如，音乐平台企业收集消费者在音乐平台上的收听习惯数据，很可能对其从事定向演唱会门票销售服务业务具有很大价值。同时，由于数据和算法的双轮驱动，强化了平台的网络效应，特别是当新用户使用某一平台并提供其数据，这会增加平台对现有用户的价值，这意味着内容共享平台将会有更多的内容分享，用户增加会改进算法质量、提高广告定位等。这还可能会增强平台对用户的锁定效应，增加用户的转换成本，在其他条件相同的情况下，抑制高水平的竞争和创新。

平台滥用数据、限制竞争的主要表现

为应对平台经济高速增长带来的新型垄断挑战，早在 2021 年 2 月国务院反垄断委员会就发布了《关于平台经济领域的反垄断指南》（简称《指南》），以回应社会大众普遍关注的平台垄断问题，预防和制止平台经济领域垄断行为，保护市场公平竞争，促进平台经济规范有序创新健康发展，维护消费者利益和社会公共利益。同时，《指南》也构成了目前我国反垄断法体系下对与数据相关的平台垄断问题进行规制的主要框架。

在垄断协议方面，《指南》对经营者利用数据、算法等从事垄断协议的行为提供了一定的规则指引。例如，将具有竞争关系的平台经济领域经营者"利用数据、算法、平台规则等实现协调一致行为"视为横向垄断协议；将平台经济领域经营者与交易相对人"利用数据和算法对价格进行直接或者间接限定""利用技术手段、平台规则、数据和算法等方式限定其他交易条件，排除、限制市场竞争"等视为纵向垄断协议。

此外，考虑到平台经济领域经营者更易于达成具有横向垄断协议效果的轴辐协议，《指南》明确提示具有竞争关系的平台内经营者可能借助与平台经营者之间的纵向关系，或者由平台经营者组织、协调，达成轴辐协议，《指南》指出分析该等协议是否属于反垄断法规制的垄断协议，可以考虑具有竞争关系的平台内经营者之间是否利用技术手段、平台规则、数据和算法等方式，达成、实施垄断协议，排除、限制相关市场竞争。

在滥用市场支配地位方面，《指南》采用了必需设施概念，规定如果控制平台经济领域必需设施的经营者，拒绝与交易相对人以合理条件进行交易，可能排除、限制市场竞争，构成滥用市场支配地位行为。根据指南，认定相关平台是否构成必需设施，一般需要综合考虑多种因素，其中包括该平台占有数据情况等。在用户锁定效应显著、数据资源逐渐呈现寡头垄断的当前背景下，这一规定旨在防止和规制支配企业利用其控制的数据资源来构筑市场进入或扩张壁垒，排除竞争对手，实施排他性滥用行为。

在经营者集中方面，《指南》考虑到平台经济的特点，将数据相关因素列为审查考量的特殊因素。在评估平台经营者对市场的控制力时，指出可能需要考虑经营者是否对关键性、稀缺性资源拥有独占权利，以及该独占权利持续时间，平台用户黏性、多栖性，经营者掌握和处理数据的能力，对数据接口的控制能力等因素；在评估平台经营者集中对市场进入的影响时，强调考虑市场准入、经营者获取数据、用户等必要资源的难度，用户在费用、数据迁移、谈判、学习、搜索等各方面的转换成本等。此外，在评估平台经济领域经营者对消费者的影响时，《指南》将"不恰当使用消费者数据"也纳为考量因素。

值得指出的是，在刚发布的《修正草案》中也对数据垄断问题做出了回应，例如《修正草案》第3条规定"经营者不得滥用数据和算法、技术、资本优势以及平台规则等排除、限制竞争"，第9条强调"具有市场支配地位的经营者利用数据和算法、技术以及平台规则等设置障碍，对其他经营者进行不合理限制"构成滥用市场支配地位。可见，数据要素及与之相关的数据竞争行为已成为规范平台公平竞争、实现平台正义的关键。

科学治数，助力平台公平竞争

数字经济下平台垄断问题，已从早期的流量竞争和商业模式角力、简单地靠"烧钱"补贴流量争夺、大搞掐尖式并购、形成市场封锁结构，到数据和算法、技术及资本优势的协同发力，形成以某一超级平台为核心和中台的数据生态系统型垄断竞争。在位平台企业会在"数据＋算法"的驱动下形成多轮、多向交互，向各市场传导数据与算法优势，不断强化对各端用户的锁定，并通过用户数据资源的积极共享与深度使用，实现全系统协同，最终完成竞争优势构建，由此引发了不断强化其市场力量和支配范围的"平台生态型垄断"。

在这一垄断格局下，破解以数据为核心的平台生态型垄断不仅需要从反垄断法角度发力，还需其他多部门协调、多法律工具协作，完善多种治理方式，真正推动平台公平竞争。其中实现平台数据的互联互通，解决数据权属和权益分配，数据开放义务及责任承担，数据安全标准统一等都构成了平台公平有序竞争的基础。

为此，2021 年 9 月 9 日，工信部有关业务部门召开了"屏蔽网址链接问题行政指导会"，随后，工信部新闻发言人在国新办发布会上表示，互联互通是互联网行业高质量发展的必然选择，从行业行政指导和监管的维度，在一定程度上回应了当前平台封禁、数据垄断等妨碍平台经济领域公平有序竞争，损害中小企业利益和消费者利益的治理诉求。平台互联互通一时间成为推进平台公平竞争的行业内竞争治理工具，为从行业监管入手，推动市场监管破局，且合力行业与市场两种监管方式和力量提供了契机。

平台互联互通可以描述为，建立平台间无障碍的连接，实现数据互操作和开放生态系统，即两个或两个以上的平台间建立连接，实现数据的安全流动与合理共享，以及业务的有效互通与便利操作，使不同平台的用户可以进行安全无障碍的便利切换和贯通服务，其中核心的问题在于推动用户数据的可携带和平台数据的互操作。

落实用户数据可携带

2021 年 11 月 1 日起施行的《个人信息保护法》赋予了个人数据可携带权。数据可携带权是指数据主体有权从数据控制者处获取个人信息副本，以及请求数据控制者直接将其个人信息传输给另一实体。举例说，天猫商家如果同时想在京东上卖货，他就会希望能够将其在天猫上积累的各种数据迁移到京东上，如各种货物的销量数据、好评情况、用户反馈等数据。数据可携带权旨在加强数据主体对其个人数据的自主权，助力于促进平台之间的互联互通，破除数据垄断，起到防止个人信息锁定、降低市场准入门槛以及增强平台之间竞争的效果。但是，也需注意到，若实施不当，数据可携带在实践中反而可能起到强化垄断的反面效果，使得中小创新型平台的用户利用数据可携带将其用户信息迁移到大型或超级平台，进一步增强超级平台的市场力量，降低中小创新型平台的竞争力。

《个人信息保护法》对数据可携带仅做了原则性规定，有关数据可携带权适用的数据范围、可携带数据的传输格式等并未提供明确指引，还有待未来相关执法机关在实践中进一步论证和完善相关制度，以更好落实数据可携带权，促进其在推动数字平台之间的互联互通、破除平台垄断方面发挥作用。

在这一方面，其他司法辖区的相关立法和执法实践或可具有一定借鉴价值。例如，在数据可携带权的适用数据范围方面，一般来说，用户数据主要包括以下几类：一是用户有意或主动提供的个人数据，例如用户名、年龄、身份证等身份信息，以及在社交媒体平台上输入的内容（如微信上的聊天记录等）。二是对用户使用服务或设备的观测数据，例如在某应用上的在线时长、点击率等；三是基于统计分析、算法加工计算产生的衍生数据，例如互联网平台根据用户的购买模式等信息对用户进行偏好分析，用户画像，从而实现精准营销。

当然，不同国家和地区具有不同的法律体系和社会特点，在构筑我国数据可携带权的法律框架时，还需立足于本国国情，本着严谨科学的态度，选择真正适合我国的规则和方案，以实现科学监管、审慎监管。

推动平台数据互操作

互操作是指不同数字服务之间进行相互通信、协同工作的能力。互操作旨在让不同平台间可以更好地实现互补，让用户的使用体验更为便捷。根据要求互操作的平台／应用之间的关系，互操作可以分为纵向互操作和横向互操作。纵向互操作是指处于上下游的应用或平台之间的通信和协同问题。例如，社交媒体平台（如微信）与电商平台（如淘宝）的互通，就属于纵向互操作。横向互操作是指具有竞争关系的数据平台或应用之间相互通信的能力。例如，两个即时通信软件（如微信和钉钉）之间的互通，即属于横向互操作。

互操作能有效消除很多反竞争问题，有利于解决平台滥用数据垄断的问题，这也是各国或地区执法机构都在考量和关注借助互操作解决平台垄断可能性的原因。具体而言，实现横向互操作可以有效破解平台对用户的圈占，促使平台将更多心思和资源投入提升平台服务、增加平台特色上。促进纵向互操作，则有助于抑制平台将其在某一业务上的优势传导至另一业务领域，从而有效减少平台自我优待、交易歧视等垄断问题。

然而，也需注意到互操作很可能成为阻碍创新的一个因素。一方面，实现互操作的前提条件之一是平台之间需要在接口、操作规范、操作机制上达成一定的统一规范，而统一的规范在达成后较难进行修改，这就可能在一定程度上降低创新的步伐。另一方面，互操作的推进也可能增加企业搭便车的风险，从而进一步减少创新的激励。

鉴于此，如何在实践中落实互操作，既要防止恶意垄断，又要避免对先发企业的创新抑制，平衡好数字平台经营者的正当利益和平台内经营者、消费者的正当利益，以及整个市场创新发展利益之间的关系，还有待于执法机构和专家学者在实践中的密切配合和共同探讨。

（原文首发于《第一财经日报》2021 年 11 月 11 日第 A11 版，收录时有调整）

数据出境安全治理将迎来新规

随着国际数字贸易的飞速发展，数据跨境流动成为各国和地区数据信息交流和经贸往来的重要形式和通路。数据跨境流动的爆炸式增长在促进国际数字贸易繁荣的同时，也对个人信息安全、数据产业发展甚至国家数据安全带来挑战，诸如个人信息泄露、商业数据违规披露、国家数据主权冲突等层见叠出，如何规范数据出境活动，促进数据跨境安全、自由流动，维护个人信息权益、国家安全和社会公共利益成为社会各界关注的热点与难点。

数据出境合规体系更加完善

2021年10月29日，国家互联网信息办公室（简称"网信办"）就《数据出境安全评估办法（征求意见稿）》（简称《征求意见稿》）向社会公开征求意见。《征求意见稿》共 18 条，内容囊括了数据处理者应当申报数据出境安全评估的具体情形、申报数据出境安全评估应当提交的材料、数据处理者风险自评估与监管部门安全评估、数据处理者与境外接收方订立合同要求、数据出境安全评估主管部门、重新申报评估情形以及相关法律责任等，对数据出境安全评估提供了明确的规则指引。

在《征求意见稿》发布前，《中华人民共和国网络安全法》（简称《网络安全法》）、《中华人民共和国数据安全法》（简称《数据安全法》）和《中华人民共和国个人信息保护法》（简称《个人信息保护法》）从法律层面建立了数据出境合规机制，构建了科学系统的网络空间数据出境合规法律体系。

具体而言，《网络安全法》第 37 条规定了关键信息基础设施运营者在我国境内运营中收集和产生的个人信息和重要数据原则上应当遵循本地化储存原则，确需进行跨境传输时，应当履行数据出境安全评估义务。

《数据安全法》第 30 条和第 31 条规定了重要数据处理者的风险评估义务，以及关键信息基础设施运营者和其他数据处理者在我国境内运营中收集和产生的重要数据的数据出境安全评估义务。

《个人信息保护法》第 36 条和第 40 条规定了国家机关处理的个人信息在向境外提供时，应当进行安全评估，以及关键信息基础设施运营者和处理个人信息达到规定数量的个人信息处理者，在向境外提供个人信息时，应当进行安全评估。然而，上述法律并未对数据出境评估规范进行细化规定，导致实践中对数据出境进行安全评估时缺乏具体实施规则，不利于依法规范开展数据出境安全评估，维护个人信息权益、国家安全和社会公共利益。

本次《征求意见稿》在遵循上述法律基本要求的前提下，对数据出境安全评估规范进行了细致的规定。《征求意见稿》第 2 条明确规定：数据处理者向境外提供在中华人民共和国境内运营中收集和产生的重要数据和依法应当进行安全评估的个人信息，应当按照本办法的规定进行安全评估。

在适用对象上，《征求意见稿》并未采用《网络安全法》《数据安全法》《个人信息保护法》有关"关键信息基础设施运营者""重要数据处理者""其他数据处理者"的表述，而是统一采用"数据处理者"，在适用对象上更具广泛性和包容性。当然，也存在与现有法律如何衔接的问题，可能会引发对"数据处理者"这一概念的不同理解，不利于对数据出境活动中负有核心义务的数据处理者做规范化、系统化及法治化的认定。

《征求意见稿》重要内容解析

一是坚持事前评估和持续监督相结合、风险自评估与安全评估相结合。《征求意见稿》第 3 条明确指出"数据出境安全评估坚持事前评估和持续监督相结合、风险自评估与安全评估相结合"，对数据出境评估流程进行了清晰的制度构建。其中，事前评估具体体现为风险自评估与安全评估制度，通过数据处理者对风险自评估与监管部门所做的外部安全评估，可及时发现并预判数据出境可能存在的潜在风险或已知风险，及时采取措施化解风险，降低数据泄露对个人信息权益、社会公共利益和国家利益的影响。

持续监督具体体现为数据出境评估结果有效期制度，根据《征求意见稿》第 12 条，数据出境评估结果有效期两年，如在有效期内出现本条规定的特定情形，数据处理者需要向监管部门重新申报数据出境安全评估。通过事前评估与持续监督"双管齐下"，《征求意见稿》建立了全流程、全链条、全周期的数据出境风险防范与化解机制，有助于灵活高效应对数据跨境流动中可能存在的治理难题，提升数据出境安全评估治理效能。

二是明确应当申报数据出境安全评估的具体情形。《征求意见稿》第4条明晰了数据处理者应当申报数据出境安全评估的具体情形，内容涵盖关键信息基础设施运营者、重要数据处理者、处理个人信息达到规定数量的个人信息处理者以及其他数据处理者等，并将规定数量确定为"处理个人信息达到一百万人"或"累计向境外提供超过十万人以上或者一万人以上敏感个人信息"。该规定立足个人信息跨境流动的客观风险来源与我国个人信息保护制度的具体要求，契合实践中对个人数据（信息）跨境流动风险防范的现实需求。当然，如该条得以施行，仍需遵循《网络安全法》《数据安全法》《个人信息保护法》等上位法的规范，维护法律法规间的统一性与系统性。

三是明确规定数据出境安全自评估与数据出境安全评估。《征求意见稿》规定了数据处理者向境外提供数据满足规定情形时的两类评估义务，即数据出境安全自评估与监管部门数据出境安全评估。第5条明确规定了数据出境风险自评估的具体事项，有助于数据处理者全面分析和预测数据安全风险，形成系统的数据出境风险自评估报告，为监管部门进行数据安全评估提供参考，形成政府与企业数据出境安全评估交流的互动机制。第8条对监管部门数据出境安全评估的事项进行了细化规定，填补了《网络安全法》《数据安全法》《个人信息保护法》对数据出境安全评估事项规定的空白。且第8条规定的数据出境安全评估事项在范围上大于第5条数据出境风险自评估事项，这将对监管部门全方位审查数据出境活动的安全风险程度以及数据处理者相应安全保障措施的适当性，提供更加全面客观的指南。

四是要求数据处理者与境外接收方订立合同时应当充分约定数据安全保护责任。境外数据接收方的技术安全能力，处理数据的用途、方式，以及出境数据是否会再转移等因素，均会影响数据保护水平，对数据跨境流动安全产生挑战。故在与境外接收方订立合同时，充分约定数据安全保护责任，是强化境外接收方按照中国法律履行数据安全保护义务的重要保障，有助于提供具有约束力的行权条款和争议解决条款，在境外接收方出现违约时，便于中国数据出境企业和权益受损的个人依法进行维权。

同时，数据安全保护责任也是监管部门数据出境安全评估以及重新申报数据出境安全评估的重要内容或影响因素，随着《征求意见稿》对境外接收方数据安全保护责任的规定，数据出境安全将迎来更加系统的安全保障体系，在日趋激烈的国际数据争夺战中，为维护中国数据主权、安全和发展利益提供强有力的法治保障作用。

五是明确重新申报数据出境安全评估的情形。实践中数据出境安全保护环境复杂多变，例如，数据出境目的、方式、范围变化，境外接收方改变数据用途、使用方式，境外接收方所在国家或地区法律环境变化，数据出境合同变更等因素，均会从实质上改变数据出境安全环境。根据《征求意见稿》第20条对重新申报数据出境安全评估的规定，数据出境评估结果有效期两年，除非出现本条规定的特定情形，否则无须重新申报数据出境安全评估。作为数据出境评估结果有效期制度的重要组成部分，重新申报规定在保持数据出境安全稳定性的同时，有助于灵活应对数据出境安全保护环境变化，实现全场景、全链条、全周期防范数据出境安全风险。

保障数据出境安全需多措并举

数据的价值在于流动，只有在持续高质量的流动中才能充分发挥和挖掘数据价值，最大效能释放数据红利。作为数据出境安全评估的重要价值目标之一，《征求意见稿》第3条明确指出"保障数据依法有序自由流动"，然而，数据流动本身便意味着风险存在，在促进数据自由流动的同时，也应妥善应对和防范数据出境安全风险，实现数据流动与数据保护的平衡。故立足于中国数据出境流动治理的现实情况，建议多措并举保障数据出境安全，维护中国在全球数据经济活动中的合法权益。

第一，在制度建构层面，根据《数据安全法》《信息安全技术数据出境安全评估指南（征求意见稿）》等法律、国家标准的规定，尽快建立数据分类分级制度。根据数据在经济社会发展中的重要程度，以及一旦遭到篡改、破坏、泄露或者非法获取、非法利用，对国家安全、公共利益或者个人、组织合法权益造成的危害程度，对数据实行分类分级保护。对不同安全层级的数据采取不同层次的保护水平，降低数据出境对国家安全、社会公共利益的影响，最大限度避免数据安全事件的发生。

第二，在国际合作层面，加强中国在数据跨境流动治理领域的国际合作。一方面，加紧推进国际合作渠道尤其是区域性合作渠道的建立，2021年9月16日，中国正式申请加入"全面与进步跨太平洋伙伴关系协定"（CPTPP），CPTPP针对互联网规则和数字经济设定了较高标准，其中涉及数据跨境流动与数据本地化存储等问题，在正式加入后可能成为沟通中国与世界各国数据合作的纽带。另一方面，可以尝试将国际协定与国内治理进行衔接，率先与已经构建起良好协作关系的国家或地区进行数据跨境流通的先行先试，逐渐推动国内治理机制与国际规则的双向交互发展。

第三，在监管层面，完善数据跨境流动行业监管体系，建立数据安全监管平台。当前，数据安全风险更多地来源于数据运行周期的不可控性，数据安全风险存在于数据收集、存储、分析、加工、共享到销毁的每一环节。故有必要借助数据交易中心的建设，建立数据安全监管平台，做到对数据跨境流动全周期监控和实时预警，维护市场交易稳定与安全，推动数据市场健康发展。

第四，在行业自律和企业合规层面，切实发挥行业协会与企业的积极性与能动性，减轻政府对数据跨境流动风险审查的压力。在行业自律方面，应充分发挥行业协会自身优势，积极参与维护数据安全、促进数据竞争的治理，推动建立行业内部惩戒机制、健全行业自律规则、完善数据跨境流动规范，形成公平有序、开放竞争、安全可靠的数据跨境流动治理行业标准。

在企业合规方面，除积极引导企业开展合规工作外，还应建设企业合规的新工具，例如，构建企业资质认证制度，对企业的数据保护能力及专门从事数据跨境传递业务的水平等资质进行考核评定，做好事前资质审查，避免等待审查、重复审查的情况出现。同时，针对数据出境不可逆的特性，企业应充分重视境外合规工作，通过加强与高校、科研机构的深入合作，准确把握境外接收方所在国家或者地区的数据治理法律制度，灵活应对域外法律环境的变化，采取有效措施避免或降低域外相应制度对我国数据利益的不当影响。

（原文首发于《第一财经日报》2021年11月24日第A11版，收录时有修订）

立足数据要素特征和客观实际，
推进市场化配置

2021 年 11 月 25 日，上海数据交易所揭牌并启动全数字化交易系统，为推动数据进场交易、促进各类资源要素快捷流动创造了有利条件，有利于实现大数据交易从分散化向平台化聚合，为进一步推动数据要素市场化配置提供了基础和有益尝试。

数据要素市场化配置的程度与水平决定了数据要素动能能否充分释放，对加快数据产业链、价值链重构与转型升级意义重大。数据要素市场化配置的前提是明确数据产权归属，基础是构建统一开放的数据要素市场，发展方式是健全高效的定价机制，底线是保障数据要素安全发展。

我国虽已明确了数据这一新型生产要素的重要地位，但相关法律尚未明确数据的产权归属，全国统一的数据要素市场尚未建立，数据要素定价机制尚未明晰，数据监管与市场的边界还不清晰，阻碍了数据要素市场化配置的充分实现。故需立足数据要素市场的特征与现实，以"数据相关行为"为基准设计动态权属制度、构建统一开放的数据要素市场，建立健全数据要素由市场评价贡献、按贡献决定报酬的定价机制，廓清数据监管边界，保障数据要素市场安全发展，实现数据要素高水平、高质量、高效率的市场化配置。

数据要素市场化配置面临的制约

当前数据要素市场化配置面临数据权属制度不完善、交易市场未统一、定价机制不明确、监管边界难清晰等困境，不利于数据要素的公平竞争与有序流通。

1. 数据权属制度不完善，影响数据要素公平竞争

数据权属制度设计仍然不够完善。权利应当由国家制定法明确规定，目前，《民法典》《数据安全法》《个人信息保护法》的相关规定虽然都涉及"与数据有关的权益"，但是并未对数据权益类型、体系及权属关系等予以明确。此外，法学界对数据权益归属与保护的研究，多从私法赋权和救济的维度出发，试图对数据中的人格权益与财产权益分别予以赋权，对相关权利性质、权利内容、权能体系进行构造。随着互联网经济新业态的不断更新、数字数据技术的高速发展，对数据进行静态赋权的保护范式已不能适应数据活动的蓬勃发展，具体而言，市场主体无法辨明数据要素在市场竞争中的合法边界，容易导致不正当竞争行为的发生，影响数据要素安全高效流转和公平有序竞争。

2. 数据交易市场未统一，阻碍数据要素有序流通

当前我国并未有效建立统一的数据要素市场与数据流转规则，只存在各地建设的数据交易平台。根据中国信息通信研究院统计，目前国内现有贵阳大数据交易所、上海数据交易中心等在内的 14 家数据交易平台。由

于缺乏统一的数据要素市场，导致各市场相关主体产生了数据恶意争夺或封锁屏蔽的现象。由于统一的数据流转规则，导致各市场相关主体难以有效互信，产生了数据提供方、购买方、中介方私自留存、复制甚至转卖数据的现象。这均是当前数据交易市场未统一而产生的弊病，阻碍了数据要素的有序流通。

3. 数据定价机制不明确，妨碍数据要素高效循环

价格是要素价值与市场供需关系的直接体现，是市场进行资源配置的度量衡与风向标。当前，数据定价机制是全球面临的难题，与传统要素相比，数据要素具有非排他性、价值的低密度性、复用性等截然不同的特征。数据产业链涉及数据的采集、传输、存储、使用、清理等各个环节。数据要素定价机制的不明确，直接导致了市场难以发挥资源配置的作用，妨碍数据要素高效循环。

4. 数据监管边界难清晰，影响数据要素健康发展

《数据安全法》第6条规定："各地区、各部门对本地区、本部门工作中收集和产生的数据及数据安全负责。工业、电信、交通、金融、自然资源、卫生健康、教育、科技等主管部门承担本行业、本领域数据安全监管职责。公安机关、国家安全机关等依照本法和有关法律、行政法规的规定，在各自职责范围内承担数据安全监管职责。国家网信部门依照本法和有关法律、行政法规的规定，负责统筹协调网络数据安全和相关监管工作。"分类分级固然是数据监管的基本原则，但需要警惕在"多龙治水"的状态下，各级各类行政部门过度干预市场，以行政权力代替市场竞争机制，破坏了公平竞争的市场秩序，扭曲市场资源配置作用，影响数据要素市场健康发展。

数据要素市场化配置的推进之策

社会主义市场经济须以保护产权、维护契约、平等交换、统一市场、公平竞争、有效监管为基本导向。当前，完善数据要素市场化配置进路的关键与保障就是因应数据要素特征，构建并完善数据权属、数据交易、数据市场、数据监管的法治体系。

1. 以"数据相关行为"为基准设计动态权属制度

数字经济发展所涉及的诸多环节具有高度的内在统一性，本质是围绕数据相关行为，即数据采集行为、数据计算行为、数据服务行为、数据应用行为形成的完整的数据行为生态系统。数据不仅作为信息载体而被数据控制者收集和整理，更作为一种生产要素被数据控制者进一步挖掘与使用，体现了消费产品与生产要素的高度聚合。故此，根据数据运行的全周期及"数据相关行为"的实施进展程度，可将数据区分为原始数据、衍生数据、创生数据。对于原始数据，应加强个体权益保护；对于衍生数据，在保障用户个人正当权益的同时，也要注重对处理者权益保护；对于创生数据，需着重保护"数据创生者"的权益，激励为数据价值释放与创新投入劳动与资本的主体。

2. 构建统一开放的数据要素交易市场

第一，探索建立数据要素全国统一市场。一是由中央政府主导建立全国数据要素交易中心，数据供给方、数据需求方可以直接在该中心进行交易。二是由中央政府牵头建立全国数据交易平台，该平台并不直接提供交易服务，其作用在于为各地方数据交易中心提供接口，打通地方数据交易中心的物理屏障。

第二，做好数据要素标准化建设的顶层设计。对于数据要素市场而言，探索建立统一规范的数据标准管理制度，能够提高数据质量和规范性。如，可以"数据相关行为"为中心点，聚焦于数据的采集、计算、服务、应用等环节构建数据行为标准。在实现数据相关权益保护的同时，消除噪声数据，实现对有价值数据的高效整合与归集。

第三，推进政府数据科学有序开放。我国政府数据开放共享应适时结合实践经验，通过加强政府数据开放共享的顶层设计，以高位阶规范性文件推进全国政府数据的开放共享。一是创新相关制度，注重对政府数据的有序开放共享，建立起政府数据的开放共享目录；二是畅通多元主体间数据流通通道，建立"政—政"数据共享、"政—企"数据开放、"企—政"数据汇集和"企—企"数据互通四维数据要素流通公共服务体系。

3. 建立健全数据要素由市场评价贡献、按贡献决定报酬的定价机制

当前亟须建立健全数据要素由市场评价贡献、按贡献决定报酬的机制。数据作为数字经济的核心生产要素，其作用在于使数据信息与实体要素通过数字技术与通信技术在网络空间中有机结合，以产生跨越时间与空间的融合作用，进而实现对工业经济时代造就的经济模式与生产生活方式的变革。只有让数据在市场上充分流通，由市场评价贡献、按贡献决定报酬，方能激活数据要素的生命力与创造力。促进数据在不同主体间的自由流通、放大数据赋能的叠加倍增效应、推动数据资产化进程的基础上，加快形成"市场有效、企业有利、个人有益"的配置机制。

4. 廓清数据监管边界，保障数据要素市场安全发展

第一，加强部门法之间的协同，形成治理合力，为数据要素市场化配置提供科学完善的法律保障体系。当前《数据安全法》《个人信息保护法》《网络安全法》等多部门法律均定了数据安全与发展的监管边界，在《民法典》《反不正当竞争法》《反垄断法》中也涉及对数据要素动态流转行为的法律规则。应切实推进上述各部门法的协同，有效应对实践中可能存

在的法律适用竞合，提升数据要素治理实效，实现数据要素高水平、高质量、高效率的市场化配置。

第二，实施要素市场准入负面清单制度，厘清市场与政府边界。在当前分类分级、分地区分部门开展数据监管的背景下，更需要加快在数据要素市场实施负面清单制度，在法治轨道上合理约束行政权力在数据要素市场规制中的行使，统筹安全与发展兼顾，坚决做到"法无授权不可为"，充分发挥市场在资源配置中的决定性作用。

第三，建立多元主体参与的共商共建治理模式，支持监管部门、平台、用户等在内的多元主体参与数据治理，切实有效推动数据有序流通与数据安全保护的平衡共进。监管部门应健全和完善科学化、专业化、常态化的数据监管体系；平台应切实保障数据安全，规范数据采集、使用、处理等行为；用户要增强数据权利意识，有效维护自身数据权益。

（原文首发于《第一财经日报》2021年11月30日第A11版，收录时有调整）

推动数据要素市场化交易健康发展

近年来，数据要素市场相关制度建设不断提速，基础性法律如《数据安全法》《个人信息保护法》相继颁布实施，《网络数据安全管理条例（征求意见稿）》等配套措施不断落实，数据要素的可用性得以具象化，成为新发展格局下推动要素价格市场化改革、健全要素市场运行机制、完善要素市场化配置的重大突破。在国务院印发的《"十四五"数字经济发展规划》中，更是将初步建立数据要素市场体系作为"十四五"期间我国数字经济发展的目标之一，提出要基本建成数据资源体系，显现数据要素市场化的成效，有序开展数据的确权、定价、交易，探索建立与数据要素价值和贡献相适应的收入分配机制。

然而，目前仍然存在一些妨碍我国数据要素市场化交易开展的问题，主要包括以下几个方面。一是数据权属待明确。我国数据要素市场的建立和运行困境，其本质是数据权属的确认问题。目前，原始数据公认为归用户所有，但经过数据处理者加工后具有实际商业价值的部分，权益该如何认定归属，其客观估价仍然存疑。由于权属形态的不稳定，缺乏明确且统一的交易单位，致使数据要素价格评估主观性过大，相较于土地、资本、劳动力等传统要素，可供客观比较的财务项目过少，导致数据要素权属不明、价值不清，这将从源头上对数据要素交易产生影响。二是监管机制待优化。当前，数据要素市场上企业的新型不正当竞争行为和垄断行为对市场竞争秩序容易造成明显冲击。数据要素的市场化交易应遵循社会主义市场经济的基本规律，运用价格调节手段，通过市场竞争方式进行有效展开，故符合数据要素市场运行特征的监管机制不可或缺。三是解决纠纷能力待提升。数据要素的交易纠纷解决整体效率偏低，作为推进数据要素市场交易的兜底与保障，纠纷化解机制的重要性十分重大。

我国是数据要素禀赋较为丰富的国家，数据总量约占全球的 20%，若无法有效开展数据要素市场化交易，将可能阻碍数据要素实现市场的优化配置，难以充分激发海量数据中蕴藏着的巨大价值，进而也难以推动我国实现数字经济的高质量发展。为此，结合近期发布的《"十四五"数字经济发展规划》《国家发展改革委等部门关于推动平台经济规范健康持续发展的若干意见》中"数据要素是数字经济深化发展的核心引擎""数据为关键生产要素"等意见，因应"健全完善规则制度""提升监管能力和水平"等要求，亟须针对数据权属、监管机制以及纠纷解决等三方面制定相应的方案和对策，以消除我国数据要素市场化的障碍。

设计和规范数据权属规则，活化数据要素交易价值。一是以"平等、合理、非歧视"为基本原则，在行业政策与法律法规设计层面搭建数据权属制度，平衡"用户—企业""企业—企业""企业—政府"等多主体间数据权利义务关系。二是以"安全合规＋应用场景"为必要条件，构建数据资产评估指标体系，开展数据资产凭证试点，准确反映数据要素的资产价值。三是以"一数一码，全域可查"为标准交易形式，设立全国公认的数据产品登记凭证与首发数据产品说明书，实现可登记、可统计、可阅读、可普查。

优化多元协同监管，促进数据要素交易公平与效率。一是完善不正当竞争行为的认定标准以及垄断行为的相关市场界定，构建动态运转、灵活高效的竞争法规范体系。二是贯彻落实公平竞争审查制度，加快推动政府数据开放，提升政府数据开放的数量和质量。三是统筹多方利益，激发行业自律效能，引导市场主体在监管合规框架之内，自主、自律地开展市场竞争。

丰富争议解决机制和工具，保障数据要素交易安全。一是借助公平竞争审查制度，结合权威性试点的有益经验，逐步规范各区域内数据要素市场同类型争议问题的解决流程，保障数据跨区交易的安全底线。二是聚焦数据要素价格透明化、市场化改革，引导行业构建要素价格公示和动态监测预警机制，以便数据要素纠纷定责，提供"去中心化"的可信、可查、可诉、可罚依据。三是健全数据要素应急交易等辅助机制。在数据要素市场交易特别是跨境交易过程中涉及国家安全、核心技术、关键设施等敏感问题时，需及时纳入应急管理，防范交易风险。

当前，实现数据要素价值市场决定、流动自主有序、配置高效公平，是加快完善社会主义市场经济体制、建设高标准市场体系、推动经济高质量发展的应有之义。随着资产估值、市场竞争、多重保障等制度机制不断完善，必将推动数据要素配置依据市场规则、市场竞争、市场价格实现效益的最大化与效率的最优化。

（原文首发于《中国社会科学报》2022年2月22日第A8版，收录时有调整）

穿透技术面纱　算法推荐侵权到底谁该担责

　　随着移动互联基础设施的建设和移动终端设备的普及，信息通信技术和数字数据技术的应用场景和频次得到极大丰富和提升，海量的用户数据的生产、流动、使用、开发得到极大提速，算法技术的开发和应用得到极大激励。以海量数据为基础的算法推荐技术与网约车、网络购物、灵活用工等应用场景深度融合，给数字经济高质量发展注入强大动能。然而，算法推荐服务的广泛应用也可能引发算法黑箱、算法歧视、信息茧房等问题，对市场秩序、消费者福利以及经营者权益产生不利影响。

　　近期，中国首例算法推荐案——北京市海淀区人民法院对北京爱奇艺科技有限公司（简称"爱奇艺"）诉北京字节跳动科技有限公司（简称"字节跳动"）侵害《延禧攻略》（简称"延剧"）信息网络传播权一案做出判决。

　　在案中，原告爱奇艺诉称，字节跳动未经授权，在延剧热播期间，其运营的今日头条 App 利用信息流推荐技术，将用户上传的截取自延剧的短视频向公众传播并推荐。爱奇艺认为，字节跳动在应知或明知侵权内容的情况下，未尽到合理注意义务，存在主观过错，侵害了自己对延剧享有的信息网络传播权。

法院经审理认定，字节跳动具有充分的条件、能力和合理的理由知道其众多头条号用户大量地实施了涉案侵权行为，属于法律所规定的应当知道情形。字节跳动在本案中所采取的相关措施，尚未达到"必要"程度。

最终，法院认为字节跳动的涉案行为构成帮助侵权，并判定其赔偿原告爱奇艺经济损失 150 万元及诉讼合理开支 50 万元，共计 200 万元。

作为全国首例算法推荐案，该案引发了对提供算法推荐服务的平台应承担何等注意义务及责任的广泛探讨。毋庸置疑，明确算法推荐侵权责任，将更有利于算法推荐技术的合理合法应用，同时也警醒算法推荐服务提供者，有助于引导有关行业和平台合规运营。

算法推荐侵权归责之困

一般情况下，行为人因过错侵害他人合法权益造成损害的，应承担侵权责任。然而，随着自动化算法技术的广泛应用，平台可以在无须人为干预的情况下进行信息推送、合同签订以及信息删除等行为。若这种自动化算法产生的行为导致侵权损害发生，将可能面临法律责任追究困难的局面，由于算法技术是中立的，并不存在人为导致的主观过错，这种困境也被一些学者称为"责任鸿沟"。

所谓责任鸿沟，是算法的设计者和运营者未能预测算法自主学习及其运行产生的后果，人对机器的行动并没有足够的控制权，因此无法要求人去承担类似传统的机器制造者和操作者的过错责任。依照传统的归责原则，一个法律主体只有在其知晓自己的行为及其后果，并且可以自由选择是否作为的时候，才应该承担法律责任。

责任鸿沟在爱奇艺诉字节跳动一案中亦有体现，字节跳动在辩称其已尽到合理注意义务时提出，涉案信息流推荐技术不会识别视频的具体内容，其无选择推荐涉嫌侵权内容的主观意愿，不存在法律意义上的推荐行为。总体而言，字节跳动意在主张推送侵权视频是算法推荐技术所为，公司不具有主观过错。

由此，算法推荐的技术中立成为许多平台企业规避侵权责任的抗辩理由，若放任其规避应承担的相应责任，不仅可能导致受害者无法得到应有的补偿，还有可能导致算法推荐技术被滥用，成为平台企业规避法律责任的挡箭牌，不利于相关行业的健康有序发展。

那么应如何认定算法推荐侵权的法律责任呢？

算法推荐侵权归责的两种情形

算法推荐侵权的法律责任认定，应当结合个案具体情形进行判断，此处将区分几种情形进行分析，明确不同类型的算法推荐侵权的责任认定、责任分配以及责任承担方式。

在涉及算法推荐侵权的案件中，侵权行为通常可能牵涉三个主体，包括算法开发者、算法使用者、算法消费者。

其中，算法开发者是指开发设计算法推荐技术的主体；算法使用者是指使用算法推荐技术为用户提供服务，对算法的运行具有控制力、支配力的主体；算法消费者则是在数字经济背景下应运而生的一种新型消费者，是通过在智能算法接入互联网、物联网等网络空间，并在算法作用下为生活消费购买商品或接受服务的消费者，其具有身份上的多重性。

　　详言之，算法消费者相对于算法使用者而言，具有行为的对象属性，是算法使用者所作用的对象，在算法推荐下展开生活消费活动。同时，算法消费者通过使用算法功能来完成生活消费活动，在这一过程，基于人工智能算法的自学习能力，消费者其实也参与了算法的开发与完善。换言之，在人工智能算法技术广泛适用的情景下，所有参与其中的主体，无论是开发者、使用者抑或消费者，其身份和作用的界限只是相对的，是一个动态变化的过程。故在实践中对算法推荐侵权责任的认定，须结合个案场景予以分析，特别是对责任主体的识别需持开放多元的态度，再根据算法推荐是否直接导致侵权行为发生，以及不同主体在该算法推荐服务场景下的角色和作用予以责任划分。由此，可大抵分为两类情形予以考察。

　　第一类情形，算法推荐直接导致侵权发生。

　　在此情形中，损害结果是算法推荐技术运行造成的，而非人为所致。此时，如何对侵权行为法律责任进行认定与分配？

　　首先，需要考察算法推荐技术在设计上是否存在引发侵权损害发生的因素，并考察这些因素是否源于算法开发者的主观过错。即便算法推荐技术的自动化运行和深度学习过程无须人为干预，但需要注意，算法推荐技术的开发与设计中能够嵌入开发者的主观意图，使得算法能够在无须人为帮助的情况下，实现算法开发者想要达到的特定目的。若算法推荐技术本身存在导致侵权损害发生的因素，譬如，算法推荐技术在设计过程中加入歧视性的判定条件，导致算法输出结果具有明显的歧视性，则可以推定算法开发者存在主观过错，此时开发者应当对侵权损害的发生负有一定的法律责任。

　　其次，需要考察算法使用者在使用算法推荐技术过程的一系列关联行为是否存在侵权过错。这里主要聚焦平台企业作为算法使用者的情况，当平台所使用的算法推荐技术并不是由其开发设计时，平台作为使用者而非开发者，也可能会承担法律责任。原因在于，即便存在算法黑箱，平台使用者无法得知算法可能产生损害后果，其对算法的运行也具有实际控制力，因此，当其在知道或应当知道算法推荐技术的运行会导致侵权行为发生，仍放任该侵权算法运行时，同样需要承担相应的法律责任。

在此类情形中，一般不涉及算法消费者的法律责任，因为算法消费者仅是接受算法推荐服务的对象，对算法推荐技术无直接控制力。当然，由于在动态变化的算法互动场景中，无论是开发者、使用者抑或消费者的身份皆可能发生变化。因此，在一些情形中，算法消费者的身份也可能发生转化而需要担责。譬如，用户主动上传内容或主动关闭个性化推荐，都会对算法推荐的精准性产生影响，此时算法消费者与算法使用者的身份发生交融，成为算法推荐行为的共同实施者，由此可能需要对相应的行为效果承担责任。

简单来说，当算法作为一种商品出售或免费供算法消费者使用时，算法消费者拥有算法的直接控制权，能够基于其主观意志决定算法的运行与停止，为算法设定运行目标，其身份将会转化为算法使用者，当其使用和消费算法的行为直接导致侵权损害发生时，同样需要承担一定的法律责任。

再如，若算法消费者获得的是开源算法，当其在原算法基础上进行编辑时，可能会改变算法的原有运行逻辑和用途，此时算法消费者会转变为算法开发者，若侵权行为的发生与其编辑行为有关，则需要承担法律责任。

此外，还需要注意的是，人工智能算法的自学习能力，会基于算法消费者的行为或者上传的数据不断调整和优化算法，此时，算法消费者其实也在参与算法的开发，可视为辅助开发者。然而，此时的消费者与真正的算法开发者并不能画等号，前者是被动地参与算法的开发，无法真正参与算法的编辑过程，由此形成的算法并不包含消费者的主观意图。因此，即便算法因自动化学习导致侵权行为发生，这些被动的算法开发者并不存在主观过错，因而无须承担与真正的算法开发者相同的法律责任。但是，如果算法消费者存在主观故意的上传虚假信息，甚至存在利用算法获取不正当利益，将算法消费行为演化为妨碍、破坏算法的行为时，则应承担相应的侵权责任，严重者可能面临刑事责任。

对于侵权责任的分配，则需要考察对侵权发生存在主观过错的主体数量，若侵权行为仅由一方主体所致，且该主体具有主观过错，则由其承担全部的法律责任；若侵权行为由两个或者两个以上的主体所致，当这些主体存在共同故意或者过失时，或者虽无共同故意、共同过失，但其侵害行为直接结合发生同一损害后果的，构成共同侵权，则需由这些主体承担连带责任。若两个或两个以上的主体没有共同故意或者过失，但其分别实施的数个行为间接结合发生同一损害后果的，应根据过失大小或者原因力比例，各自承担相应的法律责任。

第二类情形，算法推荐间接致使侵权发生。

在此类情形下，算法推荐技术和服务并非导致侵权损失的直接原因，仅起到间接作用。前述爱奇艺诉字节跳动一案则属于此类案件，字节跳动所采用的信息流推荐技术，仅起到了向用户精准、高效推荐的作用，其本质上是该公司向用户提供网络服务的辅助工具，不会直接导致侵权损失的发生，只会导致侵权结果进一步扩大。

与第一类情形类似，在第二类情形中同样需要对算法的开发者、使用者以及消费者的法律责任进行区分认定。与第一类情形不同的是，第二类情形中的侵权损失主要是由人为所致。以爱奇艺诉字节跳动为例，作为发布涉案侵权短视频的消费者，其在明知或应知爱奇艺拥有该作品独家版权的情况下，发布涉案侵权视频，具有一定的主观过错，侵害了爱奇艺的作品信息网络传播权。

值得注意的是，该案中字节跳动所使用的算法是协同过滤推荐算法，这一算法的核心思路是用户喜好相似，则点击行为也接近。通过内容推荐收集到一定的用户点击量后，就会进行协同过滤推荐。协同过滤推荐技术不识别视频的内容，主要基于用户的点击进行计算和推荐。这意味着，浏览和搜索涉案侵权视频的算法消费者，实际上也参与了算法的使用过程，同时具备算法使用者的身份。

然而，算法使用者的身份并不当然导致这些消费者承担法律责任，因为他们的目的仅为浏览而非传播涉案侵权视频，且其被动参与算法使用过程，协同过滤算法推荐特定涉案视频并不属于这些算法消费者（使用者）的主观意愿，仅是源于协同过滤推荐算法原有设计者的初衷。故此，这些兼具算法使用者身份的消费者无须承担法律责任，最终导致侵权内容加速传播、侵权范围不断扩大、侵权后果加重的责任仍要追溯到作为控制、支配算法运行、凭借算法推荐获益的算法使用者上。

概言之，虽然该案中算法消费者和使用者对侵权损失的发生、扩大、加重共同发挥了作用，但是由于两者在主观意图、过错，应负有的相关义务，以及对算法推荐的实际控制及行为效果的获益等方面均有不同，即对侵权损失的形成、原因及效果比例上不尽相同，故在责任认定、分配及承担上亦应不同。但值得注意的是，未来对算法消费者的相应责任应予关注。

一般情况下，网络服务提供者对用户个体的侵权行为适用"通知—删除"规则，因为当用户上传侵权内容后，网络服务提供者只是基于构建网络环境的需要，被动地为网络用户提供信息接入、存储、定位等技术性服务，并不主动介入网络用户所提供信息的内容，故"通知—删除"规则已然能够阻止个体侵权信息的传播。

　　然而，在爱奇艺诉字节跳动一案中，平台在侵权过程中获得了巨大流量收益和竞争优势，即取得竞争优势与流量、经济利益与引发更大侵权风险并存，故从比例原则来看，理应承担更高的注意义务，采取更加有效的措施来阻止侵权行为发生，若仅要求其承担"通知—删除"义务，并不能达到有效制止、预防侵权行为发生的实质效果。

平台应承担更多义务

　　爱奇艺诉字节跳动一案作为中国算法推荐侵权第一案，不仅为将来随着算法推荐技术广泛应用而增多的算法推荐侵权案件提供指引，也为算法推荐服务行业做出了警示，"技术中立"已难以为算法推荐服务提供者提供"避风港"，其须承担更多的注意义务，以规避法律风险。

　　2022 年 1 月 4 日，国家网信办等四部门联合发布《互联网信息服务算法推荐管理规定》（简称《规定》）进一步细化了算法推荐服务者的义务，旨在规范互联网信息服务算法推荐活动，维护国家安全和社会公共利益，保护公民、法人和其他组织的合法权益，促进互联网信息服务健康发展。《规定》已于 2022 年 3 月 1 日起施行。

　　《规定》明确要求，算法推荐服务提供者应当加强信息安全管理，建立健全用于识别违法和不良信息的特征库，完善入库标准、规则和程序。发现未做显著标识的算法生成合成信息的，应当做出显著标识后，方可继续传输。发现违法信息的，应当立即停止传输，采取消除等处置措施，防止信息扩散，保存有关记录，并向网信部门和有关部门报告。

　　可见，与提供单纯的信息存储服务相比，算法推荐服务提供者或者说算法使用者具有更高的注意义务，故其不能再单纯依赖避风港原则，即认为收到侵权通知再采取必要措施即可免责。同时，在是否采取注意义务和合理措施的甄别上，不能以采取了删除、断开链接措施为由，抗辩其对侵权行为已经尽到了合理的注意义务。这就对作为算法推荐服务提供者或使用者的平台企业提出了更高的责任承担、义务履行，以及风险防范要求。

鉴于此，作为算法使用的主要主体和推荐服务的主要提供者，平台企业应不断提升算法推荐合规水平和合规能力，严格遵守《规定》所明确的义务，建立事前审查和实时完善多场景合规的立体、动态的规则体系，加强算法推荐服务版面页面生态管理，建立完善人工干预和用户自主选择机制，尤其是对于在首页首屏、热搜、精选、榜单类、弹窗等重点环节应当重点把关，避免侵权行为影响进一步扩大化。同时，也需加大对自动识别违法侵权内容的算法识别技术的研发。

总体而言，平台企业在享受算法技术为企业带来巨大红利的同时，也需承担相应的义务与责任，提升防范算法侵权风险的技术水平和治理能力。

（原文首发于《财经》App 2022 年 3 月 14 日，收录时有调整）

算法综合治理　关键在于"理"

　　近年来，随着信息通信技术和数字数据技术的应用场景、频次得到极大丰富和提升，海量的用户数据的生产、流动、使用、开发极大提速，算法技术的开发和应用也因此得到极大的激励。

　　算法的广泛应用不仅给人们带来了诸多便利，同时提高了数据要素的生成与采集效率，成了数字经济发展的新动能。

　　然而，算法技术在应用过程中也带来了诸多隐患，算法歧视、大数据杀熟、诱导沉迷、违法和不良信息推荐等问题的出现，对市场竞争秩序、消费者福利以及经营者创新产生实质性威胁。

　　2022 年 3 月 1 日，由国家网信办、工信部、公安部、市场监管总局联合发布的《互联网信息服务算法推荐管理规定》(简称《管理规定》) 正式施行，通过规范监管，无疑将有利于营造积极健康、向上向善的互联网信息服务环境，形成良好的信息传播秩序，进一步提升社会治理能力和成效。

2022 年 4 月 8 日，为有效推动《管理规定》落地见效，保护公民、法人和其他组织的合法权益，促进互联网信息服务健康有序发展，中央网信办宣布牵头开展"清朗·2022 年算法综合治理"专项行动。4 月 10 日，中共中央、国务院发布《关于加快建设全国统一大市场的意见》（简称《统一大市场意见》）发布，坚持问题导向、立破并举，从六个方面明确了加快建设全国统一大市场的重点任务。

整体而言，算法综合治理也将有助于实现"全面提升消费服务质量。改善消费环境，强化消费者权益保护"，以及"进一步规范不当市场竞争和市场干预行为"中"防止利用数据、算法、技术手段等方式排除、限制竞争"的要求。

要规范化、精细化施行《管理规定》的具体内容，有效开展算法综合治理，实现《统一大市场意见》所提出的要求与目标，关键在于"理"：一方面，要"理清"算法综合治理内容；另一方面，要将"理"贯穿算法综合治理的始终。

算法综合治理的内涵与范畴

总体上说，算法综合治理是对互联网信息服务算法的治理。从数据的角度看，算法治理主要归结于对数据信息的应用和服务行为层面，与针对算法推荐技术的《管理规定》内容有所交叉，但其内涵更广。

因此，此次算法综合治理专项行动，需要在深入理解《管理规定》的基础上，结合《统一大市场意见》的具体内容，理清参与治理的主体、基本内容、对象和方法。结合专项行动的有关事宜及算法服务应用的实际情况，可以发现，此次算法综合治理呈现出多元化特征，具体体现在主体多元、类型与场景多元、模式多元以及方法多元等方面。

参与治理的主体"多元"。与传统的由单一部门主导的专项治理不同，此次参与算法综合治理的主体包括政府、平台、企业、行业组织和社会公众，呈现出多元化的特征。

首先，此次专项行动要求中央网信办牵头会同有关部门和各地网信部门组成联合检查组，这是对《管理规定》第 3 条规定的落实，体现了中央政府与地方政府共同参与治理，中央负责统筹协调全国范围的治理与监管，而地方部门则负责本辖区内的治理工作。

其次，政府不同部门进行协同治理，根据《管理规定》第 3 条可知，除网信部门，还包括电信、公安、市场监管等有关部门，这些部门的职能不同，所监管的领域与行业也有差异，也使得此次算法综合治理具有了跨部门的特性。

同时，参与治理的主体还涉及其他市场参与者，包括企业、消费者、行业组织等。虽然在专项行动文件中仅涉及企业，要求企业自查自纠，但是，《管理规定》第 5 条还提出要鼓励相关行业组织加强行业自律，第 30 条也指出任何组织和个人发现违反本规定行为的，可以向网信部门和有关部门投诉、举报。这说明，消费者、行业组织等也是参与治理的重要主体。

治理涉及的类型与场景"多元"。在实践中，算法应用场景广泛，即便只是算法推荐技术，也可进一步细分为利用生成合成类、个性化推送类、排序精选类、检索过滤类等类型。虽然，推动《管理规定》落地见效是此次专项行动的重要目标，但这并不是意味着此次行动仅针对"应用算法推荐技术"，聚焦公众关切、解决算法难题、维护公众合法权益也是此次行动的重点。

如今，除了推荐型算法，还包括监督算法、平行算法、信号算法、自我学习算法等，这些算法的应用同样可能会产生滥用问题。以自我学习型算法为例，此类算法通过不断采集和分析数据来提高算法的准确性与效率，由于这种算法需要大量的数据积累，因此可能会诱发过度采集消费者数据的情况。

因此，不能忽视除推荐型算法外的其他类型算法。由于不同类型算法所发挥的功能存在一定的差异，因此其所应用的场景也不同。而此次算法综合治理所针对的对象不仅仅针对应用算法推荐技术一种类型的算法，还包括其他多种不同类型的算法，这意味着此次行动所涉及的场景将会遍及电商、社交、内容等多种不同的算法应用场景，具有多元性和复杂性。

治理涉及的模式"多元"。由于算法技术的应用面较广，其不仅可以应用于 B2B、B2C、C2C 等传统商业模式，而且也可应用于平台经济发展过程中衍生出的新模式。其中，B2T（Business To Team，被称为网络团购）是一种新的电商模式。借助算法技术将互不认识的消费者联系在一起，形成团体并借此聚集资金，提高与商家的谈判能力，以求得最优的价格。

除了 B2T，算法技术在 MCN 平台也发挥着重要作用，MCN 是一种多频道网络的产品形态，会联合多个自媒体创作者（网红），凭借算法技术整合内容输出、营销推广、商业变现，提高"网红"们的运营效率。可见，算法广泛应用于多种不同类型商业模式，且还包括新业态中的多种新模式。

治理采用的方法"多元"。此次专项行动并没有单纯采用传统的监管模式，而是采用了多种不同的治理方法和工具。其一是行政指导，在专项行动的主要任务中，有关部门将指导互联网企业对照《管理规定》有关要求，全面梳理算法应用情况。其二是行政调查，中央网信办牵头会同有关部门和各地网信部门组成联合检查组，对部分互联网企业开展现场检查。其三是行政约谈，对检查中发现的措施不健全、执行不到位、效果不理想等问题，向企业及时反馈并督促限期整改。其四是新的监管工具，即算法备案，这在《管理规定》中已明确提及，并被列入专项行动的主要任务中，有关部门将督促企业尽快完成算法应用情况梳理，并及时开展算法备案信息填报。

算法综合治理重在一个"理"字

在厘清算法综合治理的内容基础上，还需要正确理解治理的目的以及面临的困难，正确把握治理应当采用的方式和方法。多元化的特性无疑给治理带来了极大挑战，若是不能协调好中央地方、跨部门以及市场多主体之间的关系，针对不同算法类型以及场景采用相应的治理方案，将可能会面临管理混乱、"九龙治水"和条块分割等困境，甚至可能会影响算法的合理应用与创新，严重影响治理的成效。

为了正确处理和解决上述问题，还需按照《统一大市场意见》提出的"系统协同，稳妥推进""推进市场监管公平统一"等要求。这些要求对于算法综合治理的有序运行皆具有非常重要的指导意义，同时也有助于正确理解治理中"理"的内涵，从而能够将"理"贯穿算法综合治理的始终。

算法综合治理要有理性。理性是指为获得预期结果而采取有助于达成结果的可行方案。若要使治理合乎理性，就必须要根据此次行动的目标，采用合理的方法，避免结果与目标相悖。这次专项行动的目标虽然强调要处置违法和不良信息、整治算法滥用乱象等，但是这并非终极目的。结合《管理规定》第 1 条可知，算法综合治理的核心目的是保护公民、法人和其他组织的合法权益，维护社会公共利益和保护国家安全，促进互联网信息服务行业健康有序发展。

《统一大市场意见》提出，"对新业态新模式坚持监管规范和促进发展并重，及时补齐法规和标准空缺"。这就要求树立正确的治理理念，不能

"一罚了之，以罚代治"。"一刀切"可能会在短期内"立竿见影"，但长期来看可能会阻碍互联网信息产业的可持续健康发展。故在算法综合治理过程中，必须保持"理性"，注重治理的方式方法是否合乎比例、合乎发展目的，应始终坚持规范和发展并重。

在实践中要实现"理性"治理，根本上要遵循法治的基本逻辑，只有以法为据、依法治理，才能保障和实现对理性执法的刚性约束。

《统一大市场意见》中强调"坚持依法行政，公平公正监管，持续优化服务"。故算法综合治理不仅要有理性，更要遵守法制逻辑。

算法综合治理应有条理。条理即脉络、层次、秩序，这对于此次专项行动尤为重要。鉴于算法综合治理的多元化特征，就要求在治理过程中要有层次，循序渐进、持续稳定，实现常态化和规范化，避免出现"运动式或选择式"执法的问题。

对于多元治理主体中的相关部门，为避免管理混乱和缺位，需要理清多元治理主体间层次，建立秩序，进言之，需要推进市场准入、行业监管和竞争监管等环节更加紧密衔接，形成注重由监管个案对接向深层次制度对接转变，推动合力监管、整体监管、系统监管的思路。

《统一大市场意见》提出，要"强化部门联动，建立综合监管部门和行业监管部门联动的工作机制，统筹执法资源，减少执法层级，统一执法标准和程序""鼓励跨行政区域按规定联合发布统一监管政策法规及标准规范，积极开展联动执法，创新联合监管模式，加强调查取证和案件处置合作"。

对于市场内其他多元治理主体，则需要进一步发展和完善已初见格局的政府监管、社会监督、公民维权、企业自治的多元共治体系，畅通市场主体信息公开和反馈意见的各种渠道，调动各方积极性和参与度，让这些主体能够充分参与治理。正如《统一大市场意见》中提出的，要"充分发挥行业协会商会作用，建立有效的政企沟通机制，形成政府监管、平台自律、行业自治、社会监督的多元治理新模式""鼓励行业协会商会、新闻媒体、消费者和公众共同开展监督评议"。

对于多元治理方法，则需依据算法应用所涉及的内容类别、舆论属性、用户规模等因素，以及算法应用对网络安全可能产生的风险大小，对社会产生的损害范围及程度，进行分级分类的治理。根据不同治理方法对市场的干预程度区分层次和适用的顺序，尤其是在动态发展的算法应用服务市场中，建议对一时看不准的，设置一定的观察期，对观察期内出现的问题可采用柔性工具，对企业行为进行引导和纠正；对潜在风险大、可能造成严重不良后果的，则应及时采用刚性监管工具，对企业进行相应的矫正和采取处罚措施。其实这在《统一大市场意见》中也有要求，即要"坚持放管结合、放管并重，提升政府监管效能"。

算法综合治理要依"法理"。法理可从两方面予以理解。

一是在法治框架下阐释算法行为展开的基本逻辑与理据。在算法治理中主要体现为，针对算法使用行为进行规制应有明确的依据，只有当法律规则足够清晰，才能为算法的开发设计、使用、消费行为设好"红绿灯"，让算法开发者、使用者、消费者能够清晰地判断自己的行为是否合规，并能够预见行为可能产生的法律后果。《统一大市场意见》明确要求要"加强市场监管行政立法工作，完善市场监管程序，加强市场监管标准化规范化建设，依法公开监管标准和规则，增强市场监管制度和政策的稳定性、可预期性"。

二是法理也体现为依法治理的基本规律与要求。在算法综合治理的过程中，体现为治理所采用的方式和方法应当符合算法在不同场景中运行效果的规律。由于算法的多元特征，即便是同类算法，在不同的场景或者模式中，其作用和影响也可能存在差异，由此产生的风险以及风险的程度也可能不同。

若对多元场景中的多种算法依据相同的标准进行监管，将有违分类分级治理算法的基本法理。因此，需要清晰判断不同场景、不同类型算法造成的影响和风险等实际情况，制定不同标准和相应的治理方案，实现分类分级监管，从而提高治理的精准性与效能。

综上所述，算法综合治理要落地见效，关键是要理清治理的内容、核心目的与定位，认识到算法综合治理具有多元性。在笔者看来，治理也是一种服务，是面向社会、面向经济的一种公共服务。因此，治理不能简单"一刀切"、以"罚"代"理"，更不能采用单向的管理思维。为此，建立健全共建、共商、共理、共享的算法综合治理模式，将理性、条理、法理贯穿治理的始终，才能将算法综合治理的目标转为实际成效，促进互联网信息服务健康有序发展。

（原文首发于《财经》App 2022 年 4 月 14 日，收录时有调整）

以算法治理为抓手　促进数字经济发展

随着移动互联基础设施的大力建设和移动终端设备的广泛普及，信息通信技术和数字数据技术的应用场景和频次得到极大丰富和提升，海量的用户数据的生产、流动、使用、开发得到极大提速，算法技术的开发和应用得到极大激励。以海量数据为基础的人工智能算法与网约车、网络购物、灵活用工等应用场景的深度融合，给数字经济高质量发展注入强大动能。同时，由于算法技术及应用场景的深度商业化和广泛市场化，"大数据杀熟"、诱导用户沉迷网络、过度消费等算法技术在数字经济发展中引发的负效应已深度冲击了市场竞争秩序和社会管理秩序，给维护市场公平竞争、消费者合法权益、社会治理乃至国家安全都带来了诸多挑战，迫切需要对算法应用加强规范，保障和促进以"数据、算法、算力"为核心要素的数字经济健康发展。

2022年1月12日，国务院印发《"十四五"数字经济发展规划》（简称《规划》)。《规划》指出，我国数字经济发展迅速，但依然面临发展不平衡、不充分、不规范的问题，需要提高我国数字经济治理水平。应优化升级数字基础设施，推进"云网协同"和"算网融合"发展，加快构建算力、算法、数据、应用资源协同的全国一体化大数据中心体系。《规划》提出，应当坚持公平竞争、安全有序的基本原则，以竞争政策为基础，兼顾促进数字经济发展与保障市场运行安全，结合市场监管、宏观调控、政策法规等多种规制手段，协调多主体，共同搭建完善协同监管规则制度，推动平台经济健康发展。

作为互联网建设和应用大国，我国高度重视对互联网领域各类行为及相关数据安全的建设，目前已形成了包括《网络安全法》《数据安全法》《个人信息保护法》《互联网信息服务管理办法》《关于平台经济领域的反垄断指南》等多部法律法规在内的较为成熟的网络、数据及算法的监管体系。2021年12月31日，中央网信办、工信部、公安部、市场监督管理总局联合发布《互联网信息服务算法推荐管理规定》(简称《规定》)，将于2022年3月1日起正式施行。《规定》作为上述法规体系的重要组成部分，与《规划》中数字经济发展应坚持公平竞争、安全有序的基本原则相一致，是贯彻落实中央关于网络安全和信息化工作战略部署、推进互联网信息服务生态治理的重要举措。《规定》的发布为惩治算法乱象提供了明确且具有针对性和可操作性的法律规范，对规范和促进数字经济健康发展具有重大意义。

夯实安全发展底线　规范算法至善

《规划》指出，在发展数字经济的同时，还应牢牢守住安全底线，着力强化数字经济安全体系。要增强网络安全防护能力，提升数据安全保障水平，切实有效防范各类风险。其中算法治理作为整个数字经济整体治理与系统治理的关键环节，不仅涉及市场治理，还涉及社会治理与国家总体安全。正如《规定》第 6 条明确规定，算法推荐服务提供者不得利用算法推荐服务，从事危害国家安全和社会公共利益、扰乱经济秩序和社会秩序、侵犯他人合法权益等法律、行政法规禁止的活动；第 7 条明确要求算法推荐服务提供者应当落实算法安全主体责任，建立健全数据安全保护和个人信息保护等管理制度和技术措施。这在国家安全层面和个人信息保护层面，均对算法推荐服务提供者提出了新的要求，为国家安全、社会公共利益、个人隐私等提供了重要制度保障。

在实践中，算法服务提供者往往会借助算法技术对消费者用户数据进行分析整理，形成用户模型或用户标签，并以此为基础进行精准推送。用户模型或用户标签虽然可以提高信息推送效率，但是易形成信息茧房，使用户局限在自己熟悉的领域内，满足于被动的知识积累，无法获取全面、客观的信息；若将违法和不良信息关键词记入用户兴趣点或者作为用户标签并据以推送信息，还可能会对用户的身心健康产生不利影响。对此，《规定》第 10 条要求算法推荐服务提供者应当完善记入用户模型的兴趣点规则和用户标签管理规则，不得将违法和不良信息关键词记入用户兴趣点或者作为用户标签并据以推送信息。

当前，算法在降低公众筛选有效信息时间成本的同时，也扩大了网络生态失衡、失真的风险，操纵榜单或者检索结果排序、控制热搜或者精选等干预信息呈现的问题层出不穷。针对这些问题，《规定》第 14 条规定，算法推荐服务提供者不得利用算法虚假注册账号、非法交易账号、操纵用户账号或者虚假点赞、评论、转发，不得利用算法屏蔽信息、过度推荐、操纵榜单或者检索结果排序、控制热搜或者精选等干预信息呈现，实施影响网络舆论或者规避监督管理行为。此规定将有效规制借助算法技术对社会舆论产生不良影响的行为，畅通社会监督的渠道。

"以人为本"框定算法应用红线

当前，受到新冠肺炎疫情的影响，传统行业的就业者难以便捷就业，而以平台经济为基础的灵活用工形式则吸引了大量的劳动者就业，缓解了民生压力。外卖配送员、专车司机、网约家政等主体均依靠互联网平台经济获取订单，但这些劳动者的权益亦可能受到算法不合理的订单分配、奖惩规则及工作时间安排影响，被迫延长工作时间、超出工作强度，或是无法正常接收订单。对此，《规划》指出，应当切实有效防范各类风险，健全灵活就业人员参加社会保险制度和劳动者权益保障制度。《规定》第20条规定，算法推荐服务提供者向劳动者提供工作调度服务的，应当保护劳动者取得劳动报酬、休息休假等合法权益，建立完善平台订单分配、报酬构成及支付、工作时间、奖惩等相关算法。

同时，面对我国老龄化社会的加速到来，《规划》指出，优化基础设施智能升级，应当充分满足老年人等特殊群体的需求；强化数字经济安全体系，同样需要健全完善针对老年人等特殊群体的网络保护机制。当下，随着人工智能技术的应用范围扩大，整个社会都向着智能化方向不断发展。但是对于老年人群体来说，由于学习能力上也不如年轻人，面对新兴的算法推荐服务，老人可能难以有效掌握，故无法享受到算法推荐服务所带来的全新体验，甚至随着智能化设备不断取代传统的设备，也给老年人群体带来了诸多不便之处。对此，《规定》第19条规定，算法推荐服务提供者向老年人提供服务的，应当保障老年人依法享有的权益，充分考虑老年人出行、就医、消费、办事等需求，按照国家有关规定提供智能化适老服务，依法开展涉电信网络诈骗信息的监测、识别和处置，便利老年人安全使用算法推荐服务。

此外，由于未成年人尚未形成健全的价值观，难以甄别纷繁复杂的各类信息，易受互联网不良信息或应用服务的影响，尤其是网络游戏、短视频等应用软件导致未成年人沉迷的事件迭起，引发了公众的广泛热议。对此，《规划》指出，应当健全完善针对未成年人等特殊群体的网络保护机制。《规定》第 18 条明确要求，算法推荐服务提供者应当依法履行未成年人网络保护义务，提供适合未成年人特点的服务，便利未成年人获取有益身心健康的信息，不得向未成年人推送影响未成年人身心健康的信息，并且不得利用算法推荐服务诱导未成年人沉迷网络。

做好分类协同　提升算法治理水平

千人千面、个性化应用是算法的典型特征，故依据算法应用所涉及的内容类别、舆论属性以及用户规模等因素，以及算法应用对网络安全可能产生的风险大小，对社会产生的损害范围及程度，对其进行分类分级的治理是当前算法治理的主流观点和基本理论。如《规定》第 23 条明确了分类分级的差异化监管制度，要求网信部门会同电信、公安、市场监管等有关部门，根据算法推荐服务的舆论属性或者社会动员能力、内容类别、用户规模等要素对算法推荐服务提供者实施分类分级管理，更加全面地开展算法安全评估和监督检查等各项工作。

为进一步应对算法千人千面，难以把握的"黑箱"属性，《规定》第 24 条明确了算法备案制度，要求具有舆论属性或者社会动员能力的算法推荐服务提供者应通过互联网信息服务算法备案系统填报服务提供者的服务形式、应用领域、算法自评估报告等信息，履行备案手续。算法备案制度的建立有助于对算法推荐服务形成事前监管，更好预防算法可能带来的风险，同时也有助于在事后根据备案信息对服务提供者进行追责，避免责任规避的情况发生。

同时，《规划》明确指出为健全完善数字经济治理体系，需进一步强化协同治理和监管机制，增强政府数字化治理能力，完善多元共治新格局。

根据《规划》要求，规范算法应用，首先，应强化协同治理机制，加强政府内部不同部门之间的协同治理，应明晰主管部门、监管机构职责，强化跨部门、跨层级、跨区域协同监管，明确监管范围和统一规则，加强分工合作与协调配合。在《规定》第3条中所规定的参与算法推荐服务治理部门除了国家网信部门，还包括电信、公安、市场监管等有关部门，《规定》指出，这些部门依据各自职责负责算法推荐服务监督管理工作，地方部门则依据职责负责本行政区域内的监管工作。然而，由于算法推荐服务往往具有跨区域、跨领域等特性，在监管过程中亦可能同时牵涉多个监管部门或多个区域的地方监管部门，因此，为避免在监管过程中因职责交叉而导致相互推诿的情况发生，还需建立跨部门跨区域的协同监管机制，建立健全跨部门、跨区域执法联动响应和协作机制，形成监管合力。

其次，应建立完善多元共治。《规划》明确，要建立完善政府、平台、企业、行业组织和社会公众多元参与、有效协同的数字经济治理格局。

行业健康发展一方面需要法律规范和政府监管形成外部约束，另一方面也需要行业自律。为此，《规划》指出，要进一步推进行业服务标准建设和行业自律。为鼓励算法服务行业形成行业自律，《规定》第5条也明确强调，要鼓励相关行业组织加强行业自律，建立健全行业标准、行业准则和自律管理制度，督促指导算法服务提供者制定完善服务规范、依法提供服务并接受社会监督，尤其对当前社会各界普遍关注的大数据杀熟、信息茧房等算法热点问题及其法律责任进行了明确规范，为建立健全多元共治奠定制度基础。

目前，我国以数字经济为主要经济业态和行业的发展正站在新周期起点之上，数字经济由高速增长阶段转向高质量发展阶段。治理算法已构成保障和促进数字经济高质量发展的重中之重，其不仅关乎数字经济发展的效率，还涉及数字经济运行的安全，为此尽快搭建安全规范，"以人为本"覆盖算法应用全周期、全场景、全流程的分类协同治理机制及方式方法已成为引导算法至善、激励算法创新、释放算法正效能的关键。

（原文首发于《第一财经日报》2022 年 3 月 2 日第 A11 版，收录时有调整）

马斯克为什么要买下推特

美国当地时间 2022 年 4 月 25 日下午，马斯克宣布与社交媒体推特（Twitter）达成并购协议，交易并购总金额为 440 亿美元，交易将会在年内完成。

作为拥有 8300 万推特粉丝的全球首富，马斯克意图通过史上最大的并购杠杆之一，拿下世界级的社交平台，为世人所瞩目。有观点猜测，马斯克是因早前被推特删帖而置气，干脆把平台买下。但是，以一个理性经济人的视角思考，任何经济决策都应具有理性，即行动根源在于利益最大化。

特别是在数字经济席卷全球的当下，数据已成为平台企业竞争的重要资源与资产。我们认为，马斯克高价收购推特并非一时冲动，而是有其数据驱动型交易的内在商业逻辑。推特本身就具有巨大的数据要素价值，马斯克的收购完成后，有助于他实现数据资源整合、智能分析和深度开发利用，以实现更具竞争力的数字科技生态长远布局。

这笔价值 440 亿美元的交易是否会受到反垄断审查，各方有不同看法。譬如，奥巴马时期的美国司法部反垄断部门官员比尔·贝尔（Bill Baer）就认为，反垄断部门会密切关注交易给竞争和消费者带来的风险。而美国联邦贸易委员会（FTC）前主席威廉·科瓦奇（William Kovacic）表示"很难看出推特与这两家公司（特斯拉和 SpaceX）有多大关系"。

尽管不同于脸书（Facebook）收购瓦次普（WhatsApp）、微软（Microsoft）收购领英（Linkedin）等公司间并购，此次是马斯克以个人名义进行交易，但由于马斯克对特斯拉、Space X 等企业具有实际控制权，其收购行为客观上可能促进特斯拉、Space X 和推特之间展开某种业务上的交集。

虽然这几家公司目前的具体业务间没有直接关联，尚不存在"防御性并购"的风险。然而，马斯克以个人名义收购推特，并整合这几家公司的数据，这在现实中是很有可能发生的。

根据相关资料，截至 2021 年 8 月，马斯克持有 Space X 43.61% 的股份；截至 2021 年 12 月 31 日，马斯克对特斯拉持股为 21.2%。如果马斯克收购推特后对其股权掌控达到一定比例——持有推特高额比例股权，那么他对公司间的数据存储、转移、使用、共享等数据政策和行动就具有很大话语权。

举个例子，2020 年谷歌全面收购 Fitbit，不仅得到了 Fitbit 全部股权，还获得了 Fitbit 所拥有的用户的健康、健身运动及相关行为的数据（包括这些用户的个人信息、健康状况、运动习惯等隐私数据），以及 Fitbit 数据库的开发技术。虽然谷歌承诺不会使用 Fitbit 所收集的健康与健身数据来帮助其从事运动装备、健身器械、健身物资等商品的在线广告设计和推送，但是不能排除其在不改变数据储存位置的前提下通过加密算法来挖掘数据效能。

在马斯克收购推特后，如果让车联网数据和社交数据充分整合和开发利用，就可以推动算法模型的进化和优化。数据整合能够为马斯克在智能互联网产业链市场乃至星链计划等更大战略布局上提供基础。

就目前来看，这次收购因为反垄断被终止的概率很小，但仍是一个值得研究和观察的案例。

实际上，反垄断机构已在对这次收购给予关注，此前有媒体援引知情人士的话称，FTC 正在调查马斯克最初购买的推特 9% 股份的合规性，以及他是否遵守了反垄断报告要求。

收购推特是为了数据？

在数字经济背景下，数据驱动型并购已经成为新趋势，被并购一方往往持有强大数据流。并购后的平台企业拥有海量、多源、异构的数据资源，能有效实现数据整合，可以利用大数据和算法挖掘和分析数据信息，更好地追踪和分析用户的行为和偏好，提高产品和服务质量。

但是，这种并购也可能使得平台通过数据聚集巩固和强化自身的竞争优势，迅速提高市场集中度，强化"赢者通吃"的市场效果。值得注意的是，在平台生态系统的竞争层面，数据集中不再受制于具体行业和相关市场的限制，数据资源的联合和重组可能产生意想不到的竞争约束效果。

从这一趋势背景下来看，推特所掌握的海量用户社交数据有助于马斯克构建起他的数字科技帝国。

目前，马斯克控制的特斯拉已经在收集全球范围的地理位置、交通信息、出行数据等，他的星链也正在成为重要的网络接口。根据推特 2021 年三季度财报，推特平均日活跃用户达 2.11 亿，环比同比双增长。

虽然收购推特是马斯克的个人行为，但并不排除马斯克未来会推动特斯拉的交通数据和推特的社交数据实现充分联合和开发利用。如果这种情形发生，将为特斯拉带来更大的经济利益，使其增强在车联网领域、社交领域、社交车联网市场乃至更大数据市场的竞争力。

因此，马斯克的这次收购可能对数据聚集产生的影响值得重点关注。特斯拉作为车联网终端运行企业，有能力在全球范围内获取与驾驶者的身份信息（数据）、车辆及驾驶行为数据、车辆传感器采集的道路情况、自然环境等非驾驶行为数据、非驾驶性的用户消费数据（这里可能涉及用户利用车联网社交功能而产生的数据）等。推特则拥有用户的个人信息、健康状况、兴趣习惯、观点认知等社交数据、隐私数据。

需要认识到，数据时代任何场景下所生成的数据都具有联合计算的可能，如果特斯拉、Space X 等公司掌握了这些庞大的、拥有特定内容的数据集（库），可能会增加其损害数据相关市场公平竞争的可能性，以及侵害数据安全和用户隐私安全的风险。故而从数据融合的维度看，此次交易是否具有正当性与合法性，决定了马斯克是否能够如愿收购推特。

是否有不公平竞争风险？

从国内外数据驱动型并购审查的实践来看，主要争议点是评估并购带来的数据聚合是否有助于企业增强市场力量，提高市场进入壁垒，减少有效竞争，以及对消费者福利带来损害。

对于马斯克收购推特这一事件，不仅涉及车联网市场、在线社交市场，还涉及推特和特斯拉的交叉市场即"社交车联网"相关市场，作为在线社交内容和范畴的拓展，社交车联网市场能够补齐车联网内容维度，从而发展为大型规模社交市场，或者是通过社交市场上的数据来助力和巩固车联网市场优势。

因此，马斯克并购推特至少可能对上述三个相关市场竞争产生影响，对于并购在相关市场上产生的具体竞争效果，以下几点需要重点关注。

其一，是否强化特斯拉在车联网相关市场的支配地位。

评估数据驱动型并购对于竞争带来的影响时，首先是要评估数据聚集对于平台企业市场力量的影响。

特斯拉作为在车联网行业具有优势地位的平台，本身拥有大量车主用户的关键数据资源，推特的数据将进一步丰富特斯拉数据的维度和广度，即可以从更大范围上获取车主用户的出行数据、生活数据等，并形成精准画像，从而能够向他们提供更加精准化的服务，这意味着合并带来了效率的增进。

但是，由于特斯拉在车联网领域具有领先优势地位，一旦推特数据集被引入，能够使特斯拉用户进一步加深与好友、附近的车辆用户的社交通信。进而能够增加特斯拉和推特平台的网络效应和锁定效应，并促使两者市场支配力的形成和强化。

另外，推特和特斯拉的数据互联互通后，特斯拉可以向更多推特用户定向投放广告，而其持有的非车主用户的信息维度越丰富，其推送广告的精准度就越高，广告销售能力也就越强。这些都可能进一步增强和巩固特斯拉在车联网市场上的支配力。

其二，是否提高相关市场或关联市场的进入壁垒。

推特虽然不是收集社交数据的唯一平台，其拥有的社交数据也并非"独一无二"，但特斯拉在交通出行、地理位置等数据市场上的竞争者，想要获得类似推特的数据库或是拥有与之匹敌的数据收集能力，仍需要花费巨大成本。

这一判断要点在谷歌收购双击（DoubleClick）、脸书收购瓦次普、威瑞森（Verizon）收购雅虎（Yahoo）等案件中均有体现，欧盟委员会对被合并企业数据的独特性和其他竞争对手获取该数据的便利性等问题进行了详细论证，从而判定合并是否增加了现有和潜在竞争对手进入市场的难度。

同时，即便其他竞争者有能力获得相同体量或质量的数据资源，但由于基础力量的悬殊，其也难以在短时间内加以抗衡。换言之，此次收购需要具体研判潜在的数据聚集会否形成竞争对手难以获取和复制的数据集（库），从而强化了对用户的锁定效应，导致其他竞争者面临进入市场的壁垒。

其三，是否对相关市场中的创新产生影响。

从积极的方面来看，此次马斯克收购推特如果能成功，并将之与特斯拉实现数据共通，那么该公司的数据体量、数据质量、数据处理能力等都将有比较明显的提升，从而在要素的产品和服务创新方面取得突破。

目前实践中所担忧的收购对于市场创新损害影响，更多发生在被收购方为重要创新者，或是创新型中小企业的数据驱动型并购情形中，即马斯克通过收购推特获取大量社交数据，加固特斯拉在车联网领域竞争优势的同时，挤压这一领域其他经营者的创新空间，抑或对推特所在的在线社交市场上的创新产生一定负效应。

譬如，2014 年在收购瓦次普之前的几个月里，脸书高管反复强调，瓦次普等即时通信软件是对该公司核心业务的威胁，这也为美欧监管机构对脸书展开反垄断调查提供了潜在证据，从而判断脸书具有通过并购消除潜在竞争与创新的动机。

目前社交车联网行业拥有大量活跃的初创公司，譬如，中国的多家互联网头部企业都加大了与车企的合作力度，融合彼此优势，开发"车联网 +"软件及服务，有望构筑以车联网智能服务为基础的规模经济业态。因此，不能排除马斯克收购推特后，通过特斯拉拥有的数据、算法等明显优势，可能对这些竞争对手实施数据控制和封锁，从而妨碍其创新能力。

对用户隐私保护的担忧

当前，域外涉及数据聚集的经营者集中反垄断审查，很多都关注到了数据聚集对于用户个人信息和隐私保护的影响。

譬如，2008 年的谷歌收购双击案中，欧盟委员会和 FTC 都关注到了合并交易后的隐私保护问题是否构成竞争关注。

在 2014 年的脸书收购瓦次普案中，欧盟委员会虽然强调隐私保护问题不属于竞争法的管辖范围，但在竞争分析中指出，隐私保护已经成为移动社交网络服务领域的一个竞争维度。

在 2016 年的微软收购领英案中，欧盟委员会在进行竞争损害评估中明确考虑了隐私问题。欧盟委员会指出，隐私是消费者在选择社交网络服务时的重要考虑，封锁效应的进一步强化会边缘化这一领域的很多竞争对手，从而限制消费者基于隐私保护的选择。

这些典型案例已经反映出，当监管机构对涉及数据聚集的经营者集中进行竞争影响评估时，是否减损隐私保护水平已成为重要考量因素。

因此，如果马斯克收购推特受到反垄断审查，一个需要考察的问题是，推特面临的外部竞争约束变弱是否会降低行业创新者和消费者议价能力，以及是否会引发数据安全和隐私被侵犯的风险。

一方面，如果特斯拉与推特实现数据共通，则可能存在其利用竞争优势过度收集或滥用消费者的个人数据，特别是地理位置、身份信息、生活数据、搜索数据等敏感性数据，使得消费者数据安全存在风险。另一方面，数据共通后的强强联合，会增强两家公司的竞争优势，并可能利用其优势地位边缘化其他隐私保护水平更高的平台，减少消费者的选择，整体上减弱相关市场上的隐私保护竞争强度。

总体而言，虽然被终止的概率并不大，但马斯克能否如愿买下推特? 即使交易最终得以完成，马斯克是否会推动手中几家企业的数据聚集，进而引发约束竞争的效果? 这些都值得关注。

此外，推特的数据政策、用户协议或隐私政策，是否对数据的转让与共享进行明确禁止或限制，此项收购是否需要向其他竞争司法辖区的监管机构予以申报，这些问题都有待进一步观察。

从长远来看，收购推特可能只是马斯克布局数字科技生态的第一步，还需要持续关注其未来的收购动向。

（原文首发《财经》App 2022 年 5 月 6 日，收录时有调整）

后记

数字经济规范发展任重道远

　　囿于体例，还有些想写的字，无法放入正文中，于是借着后记的地儿再唠叨唠叨，一吐为快。

　　客观讲，挑选和整理已发表的短文，将它们结集出版，从学术增量上并没有多大意义。起初是为方便统计和规整已有文字，不至于一篇篇散落在多处，同时也是为了在遇见旧故新朋时，能够将近年来的一些思考集中地做汇报而不会担心线下有限的时间和自己较为拙劣的口头表达能力，文字对信息的传递可能更加稳定和准确。即便是在疫情防控常态化下也可以通过邮寄纸质版或发送电子版的方式传递信息，遂有了这样一种想法。然而，当通过出版社的选题会，签下出版合同时，却有畏难的情绪。

　　在规整文集时，不断感受到其中有些文章对所论及的问题还有待进一步澄清、更新甚或矫正，毕竟数字经济在国内外作为新业态、新模式、新技术、新产业，其发展迭代的速率非常快，对其中有些问题的认识和判断还需要时间，甚至有些问题已经随着时间的推移、技术的创新发展不再成为一个问题，或者呈现为其他形式。由此，引发对法治化治理的挑战集中表现在制度层面的供需失衡与失序并存，在治理层面的规制不足与过度规制并存，其根源还是在于对数字经济关键要素、底层逻辑及技术因素等还缺乏系统性、全面性及整体性的了解，这是推动数字经济健康发展法治化治理时最难有效应处的，其涉及多学科交叉，并非"法学、法律、法治"一个共同体能解决的，但是社会各界包括法学法律界都认为这是法学（律）人的活儿。每每想到这里，不免有些触头，感觉是自个儿挖了个深坑还得自己填，毕竟现在出版文集书号不易得，前期各项工作还有各位编辑老师的帮助都是难得，于是乎一边敲着键盘抱怨，一边细细默念坚持。

在编辑和规整文集的过程中，免不了会查阅拟收录的各篇短文写作的背景以及当时所使用的各种数据、文本规范、案件事例等素材，发现近一年多来——这些文字都集中在这一段时间——国内外有关数字经济发展及其治理的相关理论研究与实践例证非常多，且数字经济治理的具体内涵、范畴及方式方法的变化也很快速，同时，我国在数字经济尤其是平台经济领域的各项立法、执法、司法及企业自身的合规动作亦表现得很集中、很迫切，一时间数字经济发展与规范的问题成为社会各界普遍关注的重点、难点及热点，相关研究成果大量涌现，数字经济成为学术研究的热词与关键词。

具体到法学研究领域而言，数字经济与经济法治的关系尤为密切，例如数字经济发展对竞争政策的影响、数字经济新业态发展对现行法治的挑战、数字平台监管的多维度与多工具、数字经济发展核心要素的专项治理等都涉及市场经济法治理论创新、制度规范革新、实施方法出新等问题，为了及时捕捉和回应这些新挑战与新问题，作为一名高校研究工作者，可能最能发挥作用的方式就是奋笔疾书，现在应该说是疯狂打码去记述、提炼、发布相关要点、重点及观点，这在很大程度上也是成就此拙作的直接因由。

当然，如前面提及，回过头在整理这些文字的时候，难免感觉到有些急促，有些地方显得不够成熟，甚至是盲人摸象只触及了数字经济发展过程中的一个方面，所谈及的观点和结论可能存在碎片化、离散性的特征，对于数字经济发展过程中那些具有基础性、关键性、系统性及整体性的问题的法治化治理还有待进一步厘清和深入，甚或是矫正。正是基于这样一种考虑，在整理文集的时候，畏难情绪与日俱增，甚至一度想放弃，正所谓文章千古事，不可谓不慎重。然而，考虑到合同已然落笔签字，又不可违约失信，特别是好不容易得到了社会科学文献出版社的支持，必须坚持下去。

怀揣着不安，一步步推进，慢慢地那种寝食难安的情绪逐渐消退。好在文集收录的绝大多数文章都是已公开的，自个的观点和结论都印在上面，加上现在新媒体的内容抓取、生成、传播、储存的方式，都不允许也不需要做什么不必要的解释，最好的姿态就是积极认领。从这个角度来讲，将已经公开出版的文字归拢起来，做一些技术性的编辑和处理，使之能够类型化地聚焦相关主题，也不失为对自己思想和观点的一种提炼与温故，至少整理过程中可以直观展现数字经济发展与规范在现实中演进的脉络，因为每一篇短文发布的时间就是最好的标记，它通常标注着当时的具体情形和关注的重点。待编辑完所有想收录的短文，逐渐发现可以将其类型化如正文中的几个部分，从宏观到中微观，从规制需求、规制基调、规制体系到规制对象，分层次展开，从离散走向聚合，直指数字经济发展中的基点、要点及难点问题，形成了一个相对系统和完整的论述结构。

如此看来，之前的担忧似乎能减少一些，毕竟文集试图勾勒出数字经济发展中的阶段性、层次性及专门性的论述图景，也可以为读者提供一种较为简洁地碎片式阅读素材，起到对数字经济发展与规范治理的相关法治化信息和知识的传播作用。同时，在一定程度上也可以为研究人员提供一种对数字经济发展与规范治理进行深入系统研究的基础素材，至少为数字经济发展与规范中需要注意的基础问题和逻辑层次提供了一种参考，从这个意义上讲，还是期待收到各位读者的反馈建议和批评意见。

末了，出于惯例对参与并给予文集整理、编辑、校对及出版的各位朋友一一表示感谢，这不是客套，也非俗套，而是发自内心的表达谢意和敬意！特别感谢南开大学竞争法研究中心的张浩东、张天蓉两位研究生，在还未入门之前就主动加入文集的编排与校对中，表现出对学术研究的极大热情，值得鼓励与肯定。文集的出版还得益于国家哲学社会科学规划办公室、国家市场监督管理总局、天津市教育委员会、南开大学数字经济交叉科学中心等单位和机构的项目资助与支持。

文集的出版是对已有工作的总结，也是对下一步工作的规划，对数字经济发展问题的法治跟进一直在路上。希望下一部论著能聚焦对数据经济发展诸要素的法治化治理，从数字经济发展的底层逻辑入手，细致入微地观察数字经济发展中的真问题与新问题，这既是对广大读者的许诺，也是对自己的要求。

期望得到广大读者的批评意见和宝贵建议，大家一起努力推动数字经济规范持续健康发展！

陈　兵

南开大学法学楼

2022 年 7 月

图书在版编目（CIP）数据

法治推进下的数字经济规范发展 / 陈兵著. -- 北京:
社会科学文献出版社, 2022.9
（互联网法治文丛）
ISBN 978-7-5228-0532-0

Ⅰ.①法… Ⅱ.①陈… Ⅲ.①信息产业 – 产业发展 –
研究 – 中国 Ⅳ.①F492.3

中国版本图书馆CIP数据核字（2022）第143145号

· 互联网法治文丛 ·
法治推进下的数字经济规范发展

著　　者 / 陈　兵

出 版 人 / 王利民
组稿编辑 / 任文武
责任编辑 / 郭　峰
责任印制 / 王京美

出　　版 / 社会科学文献出版社·城市和绿色发展分社（010）59367143
　　　　　　地址：北京市北三环中路甲29号院华龙大厦　邮编：100029
　　　　　　网址：www.ssap.com.cn
发　　行 / 社会科学文献出版社（010）59367028
印　　装 / 三河市龙林印务有限公司

规　　格 / 开　本：787mm×1092mm 1/16
　　　　　　印　张：21.25　字　数：277千字
版　　次 / 2022年9月第1版　2022年9月第1次印刷
书　　号 / ISBN 978-7-5228-0532-0
定　　价 / 98.00元

读者服务电话：4008918866